KB070715

루이 라벨 Louis Lavelle

나르시스의 오류

L'erreur de
Narcisse

나르시스의 오류

1판 1쇄 발행 2022년 1월 18일

역자 이명곤

교정 주현강　**편집** 문서아
마케팅 박가영　**총괄** 신선미

펴낸곳 (주)하움출판사　**펴낸이** 문현광

이메일 haum1000@naver.com　**홈페이지** haum.kr
블로그 blog.naver.com/haum1000　**인스타그램** @haum1007

ISBN 979-11-6440-286-1(03160)

• 본 역서에서는 용어나 문구 등에서 '괄호' 안에 불어 원어를 병기한 단어가 많은 편이다. 이는 프랑스 현대 가톨릭 철학자들을 전공한 연구자들이 상대적으로 적은 한국적 상황을 감안하여 이 분야를 전공하고자 하는 후학들에게 조금이나마 도움을 주고자 철학적 용어들에 대한 원어를 병기한 것이다.

• 본문 중 [ ] 속의 단어들은 가독성을 위해서 역자가 삽입한 것이다.

• 일반적인 번역서에 비해 다소 많은 역주)가 포함되어 있다. 철학사적인 지식이 다소 부족하거나 유럽권 문화에 익숙하지 않은 독자들을 위해 최대한 친절을 베풀고자 했기 때문이다.

• 본 역서의 말미에 실은 해제는 그동안 본인의 국내 논문집에 발표한 내용들을 중심으로 루이 라벨의 사상을 전체적으로 알기 쉽게 소개하고자 하는 의도에서 작성된 것이다.

저자 소개

루이 라벨 Louis Lavelle

루이 라벨(Louis Lavelle, 1883~1951)은 '현대 유신론적 실존주의자'의 대표자 중 한 사람으로, 가브리엘 마르셀과 함께 프랑스의 대표적인 가톨릭 철학자이기도 하다. 1909년 26세의 젊은 나이에 철학 교수 자격시험에 합격하였으며, 1914년에는 전쟁에 참전하여 포로로 잡혔다. 감옥 생활 중에 많은 철학적인 글을 썼는데, 그의 박사 학위 논문인 《감각적 세계에 대한 변증법》도 이때 작성되었다. 철학자로서의 그의 명성은 1933년 《자아의식》이 출판되면서부터였으며, 1934년부터 파리의 오비에(Aubier) 출판사로부터 《정신의 철학》이란 철학 저널을 시리즈로 출간하였다. 《영원한 현재에 대한 변증법》, 《시간과 영원성에 관하여》, 《인간의 영혼에 관하여》 등 형이상학적인 저작들을 많이 저술하였는데, 《나르시스의 오류》는 이중 가장 대중적으로 알려진 작품으로 영어, 이태리어, 스페인어, 독일어, 네덜란드어, 일본어 등 가장 많은 언어로 번역되었다. 사람들은 그의 사상에 대해 인생의 진리에 대해 명료하고 잘 정리된 언어로 표현해 주고 있으며, 인간의 운명에 대해 명상하며 산책을 하고 있는 수도자를 연상케 한다고 말하고 있다.

역자 소개

이명곤

경북대학교 철학과를 졸업하고, 프랑스의 리옹가톨릭대학에서 토마스 아퀴나스를 전공 DEA 학위를 취득하였다. 파리1대학(판테옹 솔본느) 대학원에서 비교철학으로 DEA 학위를 취득하였으며, 토마스 아퀴나스의 '인간학과 영성'에 관한 주제로 '철학 박사 학위'를 받았다. 예술에도 관심이 많아 동 대학 예대에서 '조형미술 석사(한국화)' 및 '미학 석사 학위'를 취득하였으며, 2014년에 '영남미술대전'의 '초대작가(한국화)'로 등단하였다. 대구가톨릭대에서 연구 교수를, 그리고 경북대에서는 전임 연구원을 거쳐 2012년 이후 현재까지 제주대학교 철학과에 재직하면서 서양 고·중세철학, 예술철학, 종교철학 등을 강의하고 있다. 저서로는 《인간학의 지혜》, 《토마스 아퀴나스 읽기》, 《키르케고르 읽기》, 《철학, 인간을 사유하다》, 《토미즘의 생명사상과 영성 이론》, 《역사 속의 여성신비가와 존재의 신비》, 《종교철학 명상록》 등이 있으며, 역서로는 《토마스 아퀴나스: 존재의 형이상학》, 《키르케고르 신앙의 개념》 등 총 6권이 있고, 발표 논문으로는 《중세철학에서 내면성의 의미》 외 약 50여 편이 있다.

차 례

옮긴이 서문

소크라테스가 "너 자신을 알라!"라는 명언을 남긴 이후에 '자기 자신'에 대한 이해와 앎은 철학적 탐구의 중요한 한 축이 되고 있다. 아우구스티누스 역시 '자기 자신(자신의 영혼)'을 안다는 것을 철학의 최종 목표처럼 이해하였다. 《나르시스의 오류, *L'erreur de Narcisse*》라는 제목을 가진 철학자 루이 라벨(Louis Lavelle)의 이 책은 근본적으로 '나는 누구인가?'라는 질문에 답하고자 하는 책이다. 여기서 '나'란 추상적인 '인간' 혹은 '인류'를 의미하기도 하지만 구체적이고 역사적인 삶의 현장에서 매일매일을 살아가는 '개별적인 나'를 의미하는 것이다. 루이 라벨의 사상은 철학사적으로는 프랑스의 현대 형이상학을 갱신해 주고 있으며, 그 구체적인 범주로는 '정신의 철학' 혹은 '자아의 철학'이라고 불릴 수 있다. 사상적인 노선으로는 플라톤 아우구스티누스를 근간으로 하고 있는 유신론적인 실존주의자이지만 스콜라철학의 존재 개념을 근대적 자아 개념과 결부시켜 새로운 현대적 형이상학을 정초한 사상이라고 할 수 있다. 약 30여 권에 달하는 그의 저서 중에서 영어, 독어, 스페인어, 이태리어 그리고 일본어 등 가장 많은 외국으로 번역된 《나르시스의 오류》는 라벨의 초기 사상을 종합해 주는 책이며, 철학서라기보다는 문학서에 가까운 매우 일상적인 언어들로 매우 평범한 글을 통해서 대중에게 접근하고 있는 책이라 할 수 있다. 즉, 숙고된 사유들을 함축적인 언어로 잘 정리해 주고 있는 이 책은 철학을 전혀 접해 보지 못한 사람들도 쉽게 읽을 수 있을 만큼 일상적인 언어로 명료하게 그리고 명상의 방식으로 저술하고 있다. "분명하지 않은 것은 프랑스적인 것이 아니다."라는 말이 있듯이 이 책은 가장 심오한 주제들을 가장 알기 쉽게 제시해 주고 있다. 나아가 "구체적이지 않은 것은 프랑스 철학이 아니다."라는 말이 있는데, 라벨의 이 책에서는 삶의 여정 속에서 만나게 될 무수한 실존의 가치를 구체적으로 말하고 있다. 이러한 차원에서 이 책이 가장 프랑스적인 철학서 중 한 권이라고 한다는 것은 과장된 것이 아닐 것이다.

　내가 이 책에 매료된 것은 제목이 암시해 주듯이 인간은 누구나 삶에 있어서 '오류' 혹은 '실수'라는 것을 범하면서 살아간다는 사실을 부정할 수 없었기 때문이다. 작은 일상의 일에서부터 일생을 결정할 중요한 판단에 이르기까지 인생이란 '실수의 점철'이라고 할 만큼 우리의 정신은 불완전하고 우리의 판단은 모호하며 또한 우리의 의지는 박약하기 때문이다. 키르케고르가 "누구나 아담이 범했던 것과 동일한 원죄를 되풀이하고 있다."라고 말하였듯이 "누구나 나르시스가 범했던 동일한 오류를 범하고 있다."라는 이 사실을 부정할 수 없었기 때문에 이 책을 읽어 보지 않을 수가 없었던 것이다. 가끔 라벨의 철학을 〈영원의 철학(*philosophia perennis*)〉이라고 부르기도 하는데, 이 말의 의미는 시대와 역사가 바뀌어도 변하지 않는 항구한 어떤 진리를 말해 주는 사상을 지칭한다. 물론 현대인의 입장에서 이러한 철학을 거론한다는 것 자체가 매우 진부하고 보수적인 의미로 와닿을 수 있겠지만, 그럼에도 석기 시대나 21세기의 최첨단의 시대나 '인간성 그 자체'는 동일하다는 말이 의미 있는 것이라 한다면, '영원의 철학'이라는 말이 의미가 있을 뿐만 아니라 어쩌면 "진정한 철학이란 '영원의 철학'일 수밖에 없다."라고 말한다는 것도 가능할 것이다. 라벨의 사유는 근본적으로 혹은 단적으로 "인간은 무엇이며, 어디로 가야 하는가?"를 질문하고 시간적인 역사와 지엽적인 문화를 초월한 '인간', 즉 일종의 영원한 지점에서의 '나 자신'에 대해서 질문하고 있다. 즉, 인생을 총체적으로 혹은 절대적으로 바라보면서 '잘 산다는 것'에 대해서 질문하고 있는 것이다. 결국 이 말은 한 번뿐인 인생을 어떻게 가장 잘 살 수 있는가 혹은 어떠한 삶이 가장 인간다운 삶이며 가장 나다운 삶인가를 질문하고 있는 것이다.

　너무나 순수하고 아름다웠던 그리스 청년 '나르시스'가 자신의 순수함과 아름다움을 너무 사랑한 나머지 결국은 '공허한 자아'만을 안고 더 이상 살아갈 힘을 가질 수 없었을 때, 그 절규하는 모습은 마치 현대인의 자화상을 보여 주는 것 같다. 어쩌면 현대인들이 가진 그 무수한 비극, 삶의 환멸의 근본적인 원인이 바로 여기에 있는 것인지도 모른다. 자신이 누구이며, 자신을 어디로 데려가야 하는지를 전혀 알지 못하는 무지함으로 인하여 다른 모든 삶의 비극이 발생하고 있다고 보는 것은 과장된 것이 아니다. 라벨의 시선에서 한 개인이란 다만 물질과 신경 다발의 덩어리가 아니라, 다만 문화적 역사적 파생물의 축적이 아니라, 자신의 미래와 자아를 창조해 가는 자유로운 정신이며, 스스로의 의지에 의해 총체적인 세계와 존재 자체(신의 현존)와 관계를 맺으며 자신의 존재를 창조해 가는 영적인 존재이다. 이러한 의미에서 라벨의 사유는 '종교적 인간(Homo religiosus)이란 무엇인가'를 가장 철학적으로 말해 주는 사상이라고 할 수 있을 것이다.

2022년 12월 24일에
아라동 연구실에서 저자

나르시스의
오류

제1장

나르시스의 오류

1. 나르시스의 사건

나르시스[1]의 사건은 오비디우스[2] 이후로 모든 시인에게 영감을 주었다. 나르시스는 열여섯 살이었다. 그는 무엇을 갈망할 수가 없었다. 그런데 이 갈망할 수 없음이 하나의 보다 미묘한 갈망을 가지게 하였다. 그는 순수한 마음(le coeur pur)을 지니고 있었다. 그의 고유한 시선이 이 순수성을 감당할 수 없을 것이라는 두려움 때문에[3], 사람들은 그에게 만일 그가 전혀 자신에 대해서 알고자 하지 않는다면 오래 살 것이라고 말해 주었다. 그러나 운명은 이와는 전혀 다르게 흘러갔다. 자신의 순진무구한 목마름을 해결하기 위해서 나르

---

1 역주) 원이름은 나르키소스(Νάρκισσος, Narcissus)이며, 나르시스 또는 나르시시스라 불린다. 나르시스는 그리스 신화에 나오는 인물로 오비디우스의 《변신 이야기》에 등장한다. 일반적으로 나르키소소라는 말은 '잠' 혹은 '무감각'을 뜻하는 나르케(ναρκη, narke)에서 유래하였다고 추정하고 있다. 나르시스의 이야기가 전해 주는 교훈은 인간이 영혼을 가진 정신적인 존재임에도 물질적인 우주를 뜻하는 '자연'에 현혹되어, 자연에 비치는 지성이 없는 육신을 자신의 진정한 모습으로 생각하고 불멸의 자아를 형성할 기회를 박탈하게 된다는 것이다. 즉, 나르시스는 잠들은 영혼, 아직 영적인 존재가 되지 못하고, 육의 성품(fleshly nature)에 미혹되어 있는 상태의 영혼을 상징하는 인물이다. 저자 라벨은 모든 시대에 있어서 인간성이 범할 수 있는 가장 일반적인 오류가 나르시스의 오류에 있다고 보고 이를 인간의 '자아' 혹은 '자기의식'의 형성 과정에서 발생하는 다양한 사건을 통해서 해명하고 있다. 즉, 저자는 나르시스의 오류라는 주제를 통해서 어떻게 인간이 진정한 '자아'를 형성할 수 있는지, 그 과정에서 발생하는 오류와 참됨을 구별하면서 진정한 '자아(의식)의 형성'에 대해서 안내하고 있다.

2 역주) 오비디우스(B.C.43~A.D.17)는 고대 로마의 사람으로 주로 사랑을 주제로 한 시를 많이 쓴 시인이다.

3 역주) 자신의 시선이 자신의 순수함을 감당하지 못하는 이유는 아마도 세상은 전혀 순수하지 않기 때문에 세상과 자신의 마음의 괴리 때문일 것이며, 사람들이 이를 두려워한 것은 이러한 괴리에서 발생하는 불안과 두려움이 나르시스로 하여금 비극적인 삶으로 데려갈 것이라 생각하였기 때문이었을 것이다.

시스는 아직 아무도 비추어 보지 않은 순결한 연못을 향하여 나아가게 된 것이다. 나르시스는 갑자기 이 연못에서 자신의 아름다움을 발견하였고, 그 후 자신에 대한 갈망 외에 아무것도 원치 않게 된 것이다. 그때부터 자신을 고뇌하게 하고 [자신을] 자신으로부터 분리시킨 것은 바로 자신의 아름다움이었다. 그리고 자신에게 스스로를 찾도록 의무를 지우면서 그리고 자기 자신만을 바라보게 하면서 [역설적으로] 더 이상 자신이 아니도록 한 것 역시 바로 자신의 아름다움이었다.

그는 자신 앞에 자신과 유사한 하나의 대상, 자신과 함께 걸으며 그의 모든 발걸음을 뒤따르는 한 대상을 발견하였다. 나르시스는 스스로 다음과 같이 말하고 있다. "내가 너에게 미소 지으니, 너도 나에게 미소를 짓는구나. 내가 너에게 팔을 내미니, 너도 나에게 팔을 내미는구나. 만일 내가 너를 알 수 없어서 눈물을 흘린다면 너도 나와 함께 눈물을 흘릴 것이다. 그리고 우리의 갈망과 분열의 감정 안에서 우리를 연결하고 있는 동일한 눈물들이 투명한 수면을 모호하게 하고 갑자기 우리는 서로에 대해 숨고 말 것이다."

이렇게 하여 자신을 보기 위해서 자신으로부터 멀어지고, 스스로를 파악하기 위해서 자신에게로 돌진하게 되는 후퇴와 속임의 게임이 시작된다. 만일 그가 만나게 된다면 무(無)로 변해 버릴 자신이 사랑하는 자, [즉 수면에 비친 자신의 이미지]에게 하나의 대상을 부여하기 위해서 그는 스스로를 떠나야만 하였다. 오직 약간의 물만이 그 자신으로부터 이 대상을 분리시키고 있다. 그는 하나의 이미지에 지나지 않는 이 대상을 파악하기 위해서 연못 속에 그의 팔을 담근다. 그는 스스로에 대해 명상할 수 있을 뿐 스스로 자신을 껴안을 수는 없다. 그는 이 장소를 떠나지도 못하면서 쇠약해져 갔다. 그리고 그의 비참한 사건이 증언해 주듯이 그는 이제 오직 흰 꽃잎이 붉은 가슴을 둘러싸고 있는 사프란(safran)[4]으로만 연못가에 서 있을 수밖에 없었다.

2. 요정 에코(*Écho*)

나르시스는 그의 유일한 본질을 향유하기 위해서 완전히 순수한 모습을 요청하고 있다. 그리고 그의 순수한 모습이 그에게 오직 자신의 외향만을 제시할 뿐이었다는 사실은 자신을 파멸해 버린 드라마가 된다. 그 외향[5]은 말이 없었고, 자신의 말을 듣고자 하지도 않았다. 아직 여전히 자기 자신에 대한 욕망을 불안하게 하고, 자신에 대한 소유를 분열시키는 어떤 불안한 주도권이[6] 자신의 육체에 주어질 수 있겠지만, 그는 오직 [자신의 외향을] 바라볼 것만을 원하였고, 마치 약탈품처럼 아름답고 말이 없는 그의 육체를 파악할 것만을 요청할 뿐이었다.

그러나 그의 실패 그 자체가 그로 하여금 하나의 부름을 요청하고, 하나의 대답을 간청하도록 초대하고 있다. 그가 거주하고 있으며 그리고 그가 극복할 수 있다고 믿은 이 고독으로 인해 불안해진 그는 순수한 침묵의 일치를 깨뜨릴 것을 받아들이고, 연못 안에서 무의미하게 그의 고유한 삶의 징표들을 추구하던 행위를 멈추는 것을 받아들인다. 이 연못은 그 자신의 것과 유사하지만 그러나 복사된 것에 지나지 않는 그러한 형식일 뿐이었기 때문이다. 그런데 '에코'가 마치 나르시스가 혼자라는 것을 그리고 [자신이] 자신의 고독

---

4 역주) '사프란'은 수선화의 일종으로 붓꽃과에 속하는 다년생 식물이다. 중앙에 황금빛 혹은 붉은빛 암술을 가지며, 꽃잎은 보라색을 띠는 것도 있고 흰색인 것도 있다. 그리고 암술과 꽃잎이 모두 진노랑인 것도 있다. 암술은 말려서 음식의 맛이나 색을 내거나 염료로 쓰이기도 한다. 꽃말은 '환희' 혹은 '지나간 행복'을 뜻한다. '사프란'에 얽힌 이야기는 다양하다. 학명인 크로크스(Crocus)의 어원은 실을 뜻하는 그리스어 '크로세(croce)'에서 기인하였다고 알려져 있기도 하고, 다른 한편 위에서 라벨이 말하고 있는 것처럼 그리스 신화에 '미소년' '크로크스'가 죽어서 된 꽃이라는 설도 있으며, 또 다른 곳에서는 '플로라'가 초원에서 아기 양을 위해 피워 낸 꽃이라고 전하는가 하면, 안데르센의 동화에서는 죽음의 신을 피하기 위해 사프란으로 모습을 바꾼 어린이가 나오기도 한다. 그리고 사프란이란 이름은 '구약 성경'의 '아가서'에 나오는 향기 좋은 풀 중에서 따온 것으로 전해지기도 한다. 사프란이 인도에 전해진 뒤 부처의 임종 뒤에 승려들의 옷을 사프란색으로 바꾸었다고 전해지고 있다. 현재 지구상에서 가장 값비싼 향료가 '사프란'인데 이란은 세계 최대의 사프란 수출국이다.

5 역주) 이 외향은 물론 샘물 속에 비친 그의 '이미지'이다.

6 역주) 이러한 주도권은 물론 '정신적인 존재'이고자 하는 '정신(혹은 의식)'의 주도권이다.

함 그 자체에 대한 울림이라는 것을 증언이라도 하듯이 나르시스의 고유한 음성으로 반향한다. 그 자신의 말들을 흉내 내고 대답에 대한 모방에 지나지 않는 이 대답은 나르시스를 그 자신으로부터 완전하게 분리시키고, 자신의 고유한 실존을 흩어 버리고 자신에게서 달아나는 하나의 환상적인 세계로 그를 데려간다.

　나르시스의 징벌은 오직 요정 에코만을 통해서 사랑받을 수 있었다는 것이다. 그는 연못 속에서 자신을 사랑할 수 있는 다른 하나의 존재를 추구하였다. 그러나 그는 거기서 이러한 자를 찾을 수가 없었다. 그는 그 자신으로부터 벗어날 수가 없었다. 오직 그가 자신에 대해서 지니고 있던 그 사랑만이, 그가 이 사랑을 피하고자 할 때조차도, 자신을 추격하는 것을 멈추지 않았다.

3. 샘(fontaine) 혹은 근원

　나르시스에게 성실하고 이미 형성된 이미지를 제공해 주는 샘[7]은 어디에도 없다. 그가 바라보는 샘물은 그곳에서 스스로 조금씩 삶으로 나타나는 하나의 근원이다. 물은 멈춤 없이 이미지를 받아들이고, 수면을 주름지게 하면서 흔들리는 윤곽을 고정시키는 것을 방해한다. 그럼에도 우리는 우리가 인지할 수 없는 어느 한순간 동안 물이 솟아나는 것을 멈추고 물의 표면이 진짜 거울처럼 고요하고 평평하게 된다는 사태를 가정해 볼 수 있다. 이때 나르시스는 이 투명한 젤리 안에 휘어 잡힌 것처럼 그렇게 자신을 명상할 수 있을 것인가? 여기서 역시 그는 모든 희망을 상실하게 될 것이다. 왜냐하면 이 거울은 그의 숨소리 하나조차에도 흐리게 될 만큼 매우 섬세한 것이기 때문이다. 그는 물 위의 자신에게로 다가갈 것이며, 물의 표면은 자기 자신에게로 다가오겠지만, 마치 외부에서 불어오는 바람처럼 그의 숨결은 더 이상 자신

---

[7]　역주) 여기서 '샘' 혹은 '샘물'이라고 번역한 불어 용어는 '라 퐁텐느(la fontaine)'이다. '라 퐁텐느'는 땅에서 물이 솟아 올라오는 작은 샘물을 지칭하는 용어이다. "나르시스는 자신의 모습을 연못에 비춰 보았다."라고 우리가 통속적으로 알고 있는 것과는 달리 저자는 의도적으로 '물이 솟아나는 샘물'로 가정하고 있다. 이는 근원에 대한 의미를 부각하기 위한 것이며, 또는 끊임없이 솟아오르는 물에 의해서 수면이 항상 흔들리고 있음을 강조하기 위한 것이다. 이 책에서는 문맥에 따라서 샘, 샘물 혹은 연못으로 번역하고 있다.

이 진정시킬 수 없는 수천의 파동을 야기할 것이기 때문이다.

나르시스는 이 감상적이고도 모순되는 기획을 그 자신으로 남아 있기를 원하면서 완수한다. 즉, 눈에 보이지 않는 자유, 의문이 드는 생각과 하나의 순수한 감정의 비밀을 간직한 채, 그럼에도 시선을 중단한 어떤 것처럼, 펼쳐진 풍경처럼, 제시되어진 얼굴처럼 그렇게 통찰하고자 하면서 완수하는 것이다. 그는 그 자신의 관객이 되기를 원한다. 다시 말해서 그것을 통해서 끊임없이 삶으로 태어나지만, 결국 스스로 소멸되어 버리는 풍경인 이 내적인 행위가 되기를 원하는 것이다. 그는 삶을 사는 것 대신에 그 자신을 바라보기를 원하는데, 이는 그가 범한 첫 번째 죄(péché)[8]가 된다. 그는 자신의 본질을 추구하지만 끊임없이 자신을 실망시킬 그의 이미지(image)만을 발견할 뿐이다. 그는 자기 자신에 대해서 여전히 순수한 자신의 아름다운 육체의 '반영(reflet)'만을 볼 뿐이다. 그러나 자기 자신에게 던지는 그의 시선은 이 반영을 흔들어 버리기에 충분하며, 이후 그는 살아갈 힘을 가지지 못한다.

4. 거울과 '텡(tain)[9]'

나르시스가 거울 속에서 자신을 보기 위해서는 [유리의] 투명함만으로는 충분하지 않다. 여기서 [얼굴을 반사해 줄] '텡'이 무엇인지를 묻지 않으면 안 된다. 그런데 나르시스는 그 자신에게 존재와 삶의 무한한 깊이를 감추고 있다. 그리고 그의 얼굴은 그 끝을 알 수 없는 그 자신에로의 하강(침거) 안에서 멈추는 그 순간에 표출된다. 그는 여기서 그의 영혼을 찾고 있지만 스스로를

---

8 역주) '죄'를 의미하는 불어 용어는 두 가지가 있다. 하나는 사회적 범죄를 의미하는 '크림(crime)'이고 다른 하나는 '종교적인 의미의 죄'인 '뻬쉐(péché)'이다. 따라서 여기서의 죄란 '종교적 의미의 죄'이다. 하지만 우리는 저자가 말하고 있는 이 죄를 '존재론적인 죄'라고 할 수 있을 것이다. 마치 감나무가 감을 생산하지 않고 사과를 생산할 때 자연의 법칙을 어기는 것처럼, 자신의 삶을 현실적으로 살지 않고 곧 사라져 버릴 상상(이미지)만으로 삶을 고안하고, 이를 바라보기만 하면서 자신의 내면이 공허하게 되어 버리는 그러한 죄다. 보다 쉽게 말해서 '인생을 허비한 죄'라고 할 수 있을 것이다.

9 역주) '텡(tain)'이란 거울에서 사물이 반사되도록 유리의 뒷면에 칠하는 '주석과 납의 혼합 용액'을 말한다. 한국어에 달리 적절한 말이 없고 '불어의 표현'이 단순하여 불어 발음으로 표기하였다.

소유하고자 하는 자기-사랑은 그의 추구를 한계 지우면서[10] 그에게 그의 육체의 이미지를 제시하는 '텡(tain)'을 형성하게 된다. 그럼에도 그에게 그 자신에 대한 발견을 제시하는 정감(émotion)은 그가 참여하고 있는 절대(l'absolu)에 대한 발견을 제시하는 정감이다. 하지만 이 정감은 결코 완성되지 않으며, 이 정감을 고정시켜 줄 대상은 어디에도 없다. 만일 사람들이 거울 앞에 있는 나르시스를 상상한다면 유리와 금속의 저항은 그의 시도들에 있어서 하나의 장벽으로 대립하게 된다. [나르시스는] 이 장벽에 대항하여 그의 머리와 주먹을 쥐어박을 것이다. 만일 그가 출발점으로 되돌아온다면 그는 아무것도 발견하지 못할 것이다. 거울은 그에게 그가 포착하지 못하는 하나의 '뒤편 세계'를 가둬 두고 있다. 이 세계란 [이곳에서 나르시스가] 자신을 파악하지 못한 채, 좁힐 수는 있겠지만 뛰어넘을 수는 없는 거짓 간격을 통해 그 자신과 분리되어 있는 세계이다.

이와 반대로 샘물은 그에게 있어서 열려진 길이다.[11] 그의 이미지를 발견하기 전에, 그는 수면의 투명함을 향유하고 어떠한 손길도 닿지 않은 이 완벽한 순수성을 향유하는 것이다. 샘물이 형성하는 자신의 이미지와 만나기 위해서는 극단적인 명철함으로도 충분하지 않을 것이며, 그는 샘물의 수면을 통과해야 할 것이다. 하지만 그를 수용하는 이 세계는 그를 영원히 포로로 잡아 놓을 것이며, 그는 죽지 않고서는 여기를 통과할 수 없을 것이다.

---

10 역주) 저자가 '정신의 본질로서의 자기 자신'에 대한 소유(즉, 자아에 대한 소유)를 한계 지우는 것을 '자기-사랑'이라고 본 것과 이러한 '자기-사랑'이 이미지를 반사해 줄 '텡'을 형성하게 된다는 분석을 이해하기 위해서는 이를 키르케고르의 실존의 3단계(심미적-윤리적-종교적)에 적용시켜 보는 것이 도움이 될 것이다. 심미적 단계의 실존은 본질적으로 '자기 자신에 대한 사랑'에 근거하고 있으며, 윤리적 단계의 실존은 자신의 사랑이 타자를 향하게 된다. 그리고 이 윤리적 단계의 타자에 대한 사랑이 '정의', '자비', '관용' 등의 다양한 정신적인 가치를 유발시킨다. 그렇기 때문에 자기-사랑은 근본적으로 윤리적 존재로 도약하는 것을 방해하는 것이며, 진정한 정신적인 존재로 나아가는 것을 방해하는 요소이다. 나르시스의 자기 자신에 대한 추구에서 이미지를 반사해 주는 '텡'은 바로 이러한 심미적인 실존 그 자체라고 볼 수 있다.

11 역주) '텡'과 '샘물'의 차이는 텡은 '고정된 이미지'만을 반사해 주지만, '샘물'은 흔들리는 수면으로 인해 항상 이미지를 흩어 버릴 가능성을 가지고 있다. 즉, 샘물은 헛된 이미지에 집착하는 것을 벗어나게 하는 가능성을 제시해 주는 하나의 '길'이 될 수 있는 것이다.

5. 과거와 죽음

내가 나 자신을 볼 수 있는 것은 오직 내가 나의 고유한 과거로 향해, 즉 '이미 내가 아닌 나의 존재(un être que déjè je ne suis plus)'를 향해 돌아서면서 뿐이다. 그러나 산다는 것은 나의 의지를 '아직은 내가 아닌 나의 미래(un avenir où je ne suis pas encore)'를 향해 돌아서면서 나 자신을 창조한다는 것이다. 이 미래의 나는 오직 내가 그곳에 도착했을 때 그리고 [현재의] 이곳을 넘어섰을 때만 내가 바라볼 수 있는 하나의 대상이 될 수 있는 것이다.

그런데 스스로 자신을 찾고자 하는 나르시스의 의식은 그에게서 '살고자 하는 의지', 즉 '행동'을 박탈해 버린다. 왜냐하면 행동하기 위해서는 자기 자신을 보고 자신을 생각하는 것을 중단해야 하기 때문이다. 그는 그곳에서 자신의 근원을 보여 주는 샘물에 자신을 맡기는 것을 거부하여야 한다. 자신을 정화시키고 자신을 먹여 주고 자신을 강하게 하도록 되어 있는 샘의 물을 거부하여야 한다.

하지만 [나르시스는] 어느 날엔가 스스로 흩어져 버릴 운명인 그의 육체에 대한, 자신을 피해 가고 그림자를 보고 달리도록 요구하는 이 과거에 대한 너무나 강한 애착을 지니고 있었다. 나르시스는 아직 끝나기도 전에 자신의 기억들을 글로 쓰고 그의 고유한 역사를 향유하고자 하는 그러한 사람과 유사하다. 거울 안에서 자신을 들여다본다는 것, 이는 그의 역사가 자기 자신에게로 향해 나아가는 것을 본다는 것이다. 어떤 사람도 이 거울 안에서는 그의 운명의 비밀에서 물러나는 것만을 볼 수 있을 뿐이다.

따라서 나르시스는 그의 비-정의로움으로부터 벌을 받게 되었다. 왜냐하면 그는 자신의 존재를 스스로 산출하기 이전에 이를 명상하고자 했기 때문이다. 그는 그 자신의 실존(existence)을 소유하기 위해서 그것을 자기 자신에게서 발견하고자 하였지만, 이 실존은 전혀 실행되지 않고서는 하나의 순수한 능력(가능성, puissance)에 지나지 않는 것이다. 나르시스는 이 순수한 가능성으로 만족하였다. 그는 이 가능성을 속임수의 이미지(image trompeuse)로 환원하였다. 이후 나르시스가 거주할 곳은 바로 이 속임수의 이미지이며 결코 그의 존재 자체가 아니다. 그리고 나르시스가 범할 수 있는 가장 심각한 오류는 자신을 명상하기 위해 자신의 외관을 창조하면서, 마치 진정한 자신의 존재를 창조한 것으로 착각한다는 것이다.[12]

인간이 자기 자신을 바라본다는 것은 오직 그가 삶으로 나아간다는 전제 아래서이다. 만일 그가 자기 자신에게로 되돌아온다면, 그는 그가 나아간 길을 측정해 보고 여기서 자신의 발자국의 흔적들을 발견하는 것이다. 나르시스가 자기 자신을 비추어 보던 근원은 오직 황혼에만 방문되어야 할 것이다. 나르시스는 이 근원에서 오직 자신을 흐리게 하는 하나의 형상만을 볼 수 있을 뿐이며, 이 형상은 그 자신이 하나의 그림자로 변하는 그 순간에 그의 쇠락에 근접해 있는 형상일 뿐이다. 그의 존재와 그의 이미지가 유사하여 나르시스는 이 둘을 혼동해 버린 것이다. 그런 다음 이 젊은 나르시스는 새벽에 샘물 안에서 자신을 비춰 보기 위해서 왔다. 그는 결코 보아서는 안 될 그것을 보고자 하였다. 그리고 그의 비극적인 운명은 그가 파악하고자 하였던 이미지 그 자체에 그의 고유한 육체를 넘겨주도록 요구한 것이다.

이제 그는 이 건조한 인형만을 만날 수 있을 뿐이다. 그는 '조숙하고 불필요한 죽음(mort précoce et inutile)'을 선고받았다. 왜냐하면 그는 오직 죽음만이 인간에게 줄 수 있는 그 특권을, 이를 받을 수 있는 자격을 가지기 이전에 획득하고자 원했기 때문이다. 그의 고유한 작품을 그 자신에게서 명상하기 위해서는 오직 그것이 완수된 다음에만 가능한 것이다.

6. 자기 자신인 한 이방인

누구도 반성의 거울이 자기 자신에 대해 보여 주는 인형 안에서는 자신을 완전히 알 수가 없다. 이 인형은 자신이지만 그러나 자신이 아니다. 나르시스가 아무리 신중하게 자신에 대해서 분할한다고 할지라도, 자기 자신을 대

---

12 역주) 플라톤이 시인들을 추방하여야 한다고 말한 이유나 키르케고르가 자신이 여전히 시인에 머물고 있음을 개탄하는 이유를 말해 주고 있는 대목이다. 물론 여기서 시인이란 시작(詩作)을 하는 실제 시인이 아니라, 자신의 이미지를 진정한 자신의 본질로 대신하고자 하는 '상징적인 인물'이다. 가령 전혀 영웅이 아니면서 '자서전'을 통해서 자신을 영웅으로 미화시키는 기업가나 독재자는 이러한 상징의 대표적인 인물이라고 할 수 있다.

면하고 그 자신 앞에 역방향과 보충된 이미지를 제시한다고 할지라도[13] 이는 자기가 아니다. 나르시스는 삶에 대해서 우리가 지니고 있는 의식들의 선택을 의미하는 자기 자신과 자신의 이미지에 대한 지속적인 대화이다. 그리고 자신과 자신의 이미지 모두를 파괴해 버릴 이러한 [자신과 자신의 외적 이미지의] 정확한 일치를 통해서는 결코 [삶에 대한 의식을] 획득하지 못할 것이다.

이처럼 우리는 전혀 다른 사람이 아닌 우리 자신을 마치 다른 사람처럼 보는 것이다. 그럼에도 이 다른 사람이란 우리의 손이 그를 잡지도 못하고 거울도 계속 보존하지 못하는 하나의 외관일 뿐이며, 항상 우리 자신인 실제 모델을 배신하는 거짓 외관을 우리에게 제공하는 것이다.

나르시스는 자기 자신을 알기 위해서 스스로 물러나기만 하면 될 만큼 매우 자신에게 가까이 있다. 그러나 그는 더 이상 자기 자신과 만날 수가 없다. 그리고 샘물은 그에게 항상 그와 동일한 이미지를 제공하지만, 그러나 이 이미지는 그에게 항상 새로운 것 같다. 왜냐하면 이 이미지는 자기 자신에게 동일한 이방인(étranger)을, 즉 항상 알 수 없는 사람을 제공하기 때문이다.[14] 나르시스는 마치 다른 사람이 보는 것처럼 그렇게 불 수 있는 존재에 자신의 고유한 존재를 변환하는 기적을 찾고 있다. 이는 마치 다른 사람이 자신을 사랑하는 것처럼 그렇게 자기가 자기-자신을 사랑하고자 하는 그러한 욕구이다. 이러한 자기 자신에 대한 사랑은 자신이 타인에게 제공할 외관을 알고자 추구하게 하는 그것이다. 그런데 이 외관에서 타인은 삶을 차용하겠지만, 나르시스는 이 삶과 분리된다.

그런데 여기서 하나의 드라마가 시작된다. 왜냐하면 나르시스가 자기 자신으로부터 만든 이미지는 가장 부서지기 쉬운 대상의 지속성마저도 지니고 있지 않기 때문이다. 멀리 멀어져 가면서만 우리를 속이는 하나의 신기루와

---

13 역주) 거울 속에 비친 나의 모습은 '실제의 나'와는 반대 방향이며, 또한 뒷모습은 보이지 않는다. 그렇기 때문에 실제의 나와 동일한 것이 되기 위해서는 '방향을 바꾸고' 보이지 않는 모습을 '보충해 주어야' 하는 것이다.

14 역주) 돈을 주고 멋진 '자서전'을 주문한 기업가는 후일 이 '자서전'을 읽을 때, 여기서 진정한 자기-자신이 아닌 낯선 이방인을 발견할 뿐이다. 그가 이 멋진 자서전 속의 인물에 집착할수록 그는 진정한 삶과 멀어지게 될 것이다.

는 반대로 이 이미지는 아주 조금만 멀어져도 즉시 흩어져 버릴 만큼 항상 그와 매우 가까이 머물고 있기 때문이다. 이처럼 나르시스는 하나의 불가능한 것을 시도하는 영웅이다. 왜냐하면 그는 이 이미지와는 결코 참된 분리도, 정확한 일치도, 모든 진정한 행동의 흔적인 행위와 고뇌의 상호성(réciprocité)도 획득할 수가 없기 때문이다.

나르시스는 자신이 실존한다는 것을 느끼기 위해서 움직인다. 그는 주시하면서 지금까지 자신이 수용하였던 자신이 아닌 존재들과 유사한 자신에 대한 이미지를 산출한다. 그는 자신이 관망자이자 동시에 제작자인 운동들을 통해서 이 이미지를 새롭게 하고 이를 다양화시킨다. 그는 그 자신과의 교감을 시도한다. 하지만 샘물 안에서 그를 바라보고 있는 이 이미지는 자신의 팔을 나르시스가 아닌 다른 존재로 향한다.

나르시스는 자기 자신으로부터 소외된다.[15] 그는 자기 자신의 바깥에 존재하며, 갑자기 자기 자신의 눈에도 낯선 이방인이 된다. 그는 자신을 떠나 자기 자신을 뒤쫓는 미치광이가 되고, 마치 오필리아(Ophélie)[16]처럼 죽음을 맞이한다. 삶을 영위하고 있는 그에게 있어서 자기 자신을 위한 것이 아닌, 타인들을 위해 만들어진 그의 고유한 삶의 이미지가 필요한 것일까?

7. 그림자의 그림자

만일 나르시스가 스스로 자신을 둘로 분리한 것이 사실이라고 한다면[17], 자신의 이중의 모습 안에서 그 자신의 조각을 발견하였을 것이다. 하지만 자

---

15 역주) 여기서 '소외'는 마르크스의 소외 이론과 유사하나 다른 점이 있다. 마르크스에게 자본주의는 노동자로 하여금 '상품 생산의 도구'가 되게 하면서, 노동자로 하여금 '인간성'으로부터의 소외를 야기한다. 하지만 나르시스는 '자신의 삶' 대신에 '자신의 이미지'를 추구하면서 '진정한 자기 자신(자아)'을 가지지 못하기 때문에 '자기-자신에 대한 소외'를 체험하는 것이다.

16 역주) 오필리아는 셰익스피어의 《햄릿》에 등장하는 햄릿의 연인이다. 자신의 아버지가 햄릿을 죽였다는 것을 알고서 스스로 죽음을 택하는데, 사랑을 꽃피워 보지도 못한 채, 청순하고 아름다운 자태로 비극적인 죽음을 맞이한 이 여성은 '순수성과 비극적인 죽음'의 상징이 되고 있으며, 많은 화가에게 영감을 준 인물이다.

17 역주) 가령 우리는 자신을 보다 잘 이해하기 위해서, 감성적인 자신(심리적인 자아)과 이성적인 자신(정신적인 자아)을 분리해 볼 수 있을 것이다.

신을 이원화하는 대신에 보이지 않는 그의 고유한 실재를 보기 위해서 [자신의 이미지를] 배가하였다. 그리고 그가 여기서 보이도록 한 것은 실재가 없는 하나의 그림자에 지나지 않았다.

나르시스는 그의 고유한 실존에 대해서 확신할 필요가 있었다. 그는 이를 의심하였기 때문에 자신의 이미지를 보기 원했던 것이다. 하지만 세상을 보는 그는 자신을 보는 것을 포기해야만 한다. 왜냐하면 세상을 보는 그가 어떻게 자신을 볼 수 있겠는가. 만일 그렇지 않다면 그 스스로 보이는 어떤 사물로 자신을 변모시키면서, 자기 자신은 부재(不在)하지 않겠는가? 모든 것을 포용하는 사람이 어떻게 자기 자신을 포용할 수 있는가? 자기 자신을 소유하기 위해서는 자기 자신을 떠나야 하고, 자기 자신을 찾기 위해서는 자기 자신이 소진되어야만 한다.

모든 현존(presences)의 기원인 그, 모든 것인 그것(tout ce qui est)과 소통하는 현존이 어떻게 그 스스로 현존이 될 수 있겠는가? 앎을 소유한 그는 그가 알고 있는 것의 실존을 소유할 수가 없다. 그런데 나르시스는 그의 동일한 정신의 행위 안에서 존재와 앎을 일치시키고자 원하고 있다.[18] 그는 자신의 고유한 실존이 세상에 대한 앎을 통해서만 실현된다는 사실에 대해 무지하였던 것이다. 그러나 그는 자신의 삶을 알기 위해서 자신의 삶을 중단하고, 삶 그 자체가 뒤로 물러나는 하나의 가공의 것(simulacre)에서만 그 자신에 대해서 알 수 있었을 뿐이다. 이 가공의 것은 하나의 빈 항아리일 뿐이고, 이를 채우고 있는 내용이란 오직 그의 형식뿐이다. 그가 비춰 보는 이 근원으로부터, 그늘을 드리우는 잎들로부터, 자신을 둘러싸고 있는 막대한 세계로부터 나르시스는 아무것도 알 수가 없다. 그는 오직 자신에 대한 부서지기 쉬운 반영만을 알 수 있을 뿐이다. 이 반영은 사물들에 대한 움푹 팬 자국만을 형성할 뿐이며, 이러한 자국들 없이는 이 반영은 아무것도 아닌 것이다.

나르시스는 자신에게 나타나는 계시 앞에서 실망의 감정으로 떨고 있다.

---

18 역주) 전통 형이상학에서 '존재와 앎'이 일치하는 존재는 오직 절대자밖에 없다. 중세 철학자들은 신의 존재 방식은 '앎과 존재'가 정확히 일치하는 것으로, 그 외 지성적인 존재들은 항상 앎과 존재 사이에 무한한 간격이 있다고 파악하였다. 왜냐하면 신만이 무제약적인 존재이기 때문이다. 인간으로 존재한다는 것은 자신의 앎에 자신의 존재를 일치시키고자 무한히 노력해 가는 존재이다. 하지만 나르시스는 이 과정을 생략하고 '아는 것(이미지로 보이는 것)'을 곧 자신의 존재로 착각한 것이다.

마치 하나의 창조의 행위처럼 그리고 동시에 명상(정관)의 행위처럼 그렇게 그의 시선으로부터 솟아나는 우주 전체의 풍경 이외에는 어떠한 것도 그를 만족하게 하지는 못할 것이었다. 하지만 이와 반대로 자기 자신으로부터 획득한 매우 불충분하고 무능한 이미지 앞에서 갑자기 우주가 그에게서 사라져 버린 것이었다.

자기 자신에 대해서 명상하기 위해서 창조주의 업적을 명상하기를 거부하는 것, 이는 사물들의 질서에 위배되고 불충분한 비전을 가져다주는 것이며, 자기 자신을 스스로 창조하지도 않고 자신으로부터 자신의 고유한 과업을 시도하지도 않는 것이다.[19] 그런데 나르시스는 존재하는 것도 행동하는 것도 견딜 수가 없었다. 섬세한 공고라(Gongora)[20]가 "그는 메아리들을 요청하기에 이르렀고, 근원들을 경멸하기에 이르렀다."라고 말하는 것처럼 되어 버렸다. 그는 그 자신인 것(ce qu'il est)보다는 그에게 아첨하는 것을 추구하였다. 나르시스의 육체는 그를 둘러싸고 있는 모든 것을 위한 자신의 현존의 징표인 이미지에 불과하였지만, 나르시스는 샘물 안에서 스스로 무엇을 추구하였던가? 그가 추구한 것은 이 징표의 징표, 이 이미지의 이미지[21]가 아니었던가?

8. 나르시스의 자기만족

나르시스는 타인에 대해서는 극단적인 겸손을 보여 주지만 자기 자신에

---

19 역주) 여기서 저자는 인간 정신의 사명을 망각한 나르시스의 오류를 지적하고 있다. 토미스트인 요셉 라삼(Joseph Rassam)은 "인간은 정신을 통해서 자연과 세계를 명상하면서 자신의 내면에 자기 세계를 창조해 가는 존재이며, 여기서 신의 창조 행위를 모방한다."라고 하였다. 하지만 나르시스는 이러한 정신의 노력을 거부하고 오직 자연이 반영해 주는 감각적 이미지(자기 이미지)로 만족하였다. 이는 곧 신과 닮은 인간의 참모습을 거부하는 자기-부정의 오류인 것이다.

20 역주) '공고라'는 스페인의 시인 '공고라 이 아르고테(Góngora y Argote, 1561~1627)'의 이름이다. 여기서 인용되는 문장은 공고라의 시에 있는 어떤 구절이라 추정된다. '공고라'의 문체로부터 '공고리즘(gongorisme)'이라는 문학 형식이 발생하였는데, 섬세하고 치밀하게 계산된 비유나 난해하고 현학적인 시의 표현법으로 알려져 있다.

21 역주) 여기서 '이 이미지의 이미지(l'image de cette image)'라는 표현은 매우 플라톤적이다. 플라톤에게 있어서 '감각적 외관(phainomena)'은 '형상(eidos)'의 이미지이며, 이 형상은 또한 '이데아(진리)'의 이미지이다. 저자 라벨은 '육체'를 '자신의 현존(정신적 존재로서의)'에 대한 이미지라고 보며, 물에 비친 그림자는 이 육체의 이미지, 즉 자신의 현존에 대한 이미지(육체)의 이미지(그림자)라고 말하고 있다.

대해서는 모든 겸손을 박탈하였다. 그는 이 겸손의 부재(不在) 안에서 기뻐하였다. 나르시스는 자기 스스로 하나의 대상이 된다는 것에 놀랐고, 마치 한 낯선 자가 보는 것처럼 자신을 볼 수 있다는 것에 대해 기뻐하였지만, 그 자신에게서 이 낯선 자를 파괴하는 비밀스러운 기쁨을 가지면서 그러하였다. 나르시스의 갈망, 그것은 자기 자신 외에는 어떠한 관객도 가지지 않고자 한 것이며, 자기 자신 외에 다른 어떠한 연인도 가지지 않고자 하였다는 것이다. 이는 그 혼자서 사랑하는 자와 사랑받는 대상이 되고자 하는 것이다. 이는 그 자신에게서 서로 대립하면서만 산출할 수 있는 두 가지 행위를 일치시키고자 한 것이다. 이는 자신을 떠나면서 자신을 발견하는 것, 말하자면 각자가 세상 안에서 알아야 할 하나의 대상 혹은 사랑해야 할 하나의 존재를 찾기 위해서 자신을 떠나야만 한다고 생각할 수밖에 없는 그 순간에, 다시 자신에게로 되돌아가는 것을 말하는 것이다.

그런데 스스로 만족하는 자신에게로 되돌아가는 이 신비로운 귀환 안에서 나르시스는 그 어떤 외부적인 것도 자신을 자신에게서 분리하지 못한다는 사실에 대해 기뻐하고 있으며, 또한 자신에게서 독립된 어떠한 존재도 그 자신의 의지에 대립하지 않는다는 사실에 대해 기뻐하고 있다. 나르시스는 자기 자신과 하나의 공동체를 이루기 위해서 그의 고유한 고독 안에 스스로를 감금하였다. 하지만 그가 원하였던 이 완벽한 충분성 안에서 그는 자신의 무능함을 체험하게 된다. 그는 자기 자신에 대한 앎과 자신에 대한 사랑에 관한 언어들을 고안하였지만, 이 언어들이 지칭하는 그 행위들을 수행하는 것이 불가능하다는 것을 알고 고뇌하였다. 왜냐하면 그는 자신을 알고 자신을 사랑하는 자기 자신과 함께하고자 한 것이지, 자신의 앎과 사랑으로부터 추구하고자 했던 헛된 이미지와 함께하고자 한 것은 아니라는 사실을 잘 알고 있었기 때문이다.

자기 자신에게 알려지고 사랑받는다는 사실은 나르시스에게 알고 사랑하는 순수한 능력(가능성)에 더 추가하는 것이 아무것도 없다. 이 순수한 가능성이 행위를 한다는 것은 [전혀 실체가 없는] 하나의 외관에 불과한 것이다.

나르시스의 죄, 그것은 결국 자신의 이미지를 자기 자신으로 취하였다는 것이다. 자신의 이미지와 결합한다는 것의 불가능성은 그에게 있어서 오직 절망만을 산출할 뿐이다. 나르시스는 자신이 소유할 수 없는 대상을 사랑한다. 하지만 이 대상을 보기 위해서 몸을 굽히자마자 그가 갈망한 것은 죽음이었다. 자신의 고유한 이미지와 결합한다는 것과 이 이미지와 자신을 혼동한다는 것, 이것이 곧 죽는다는 것이다.[22] 이는 움직이는 파도 안에서 라인강의 딸을 찾는 것만큼이나 부질없는 것이었다.

나르시스는 그의 이미지를 통찰하기 위해서는 자신의 육체를 떠나야 한다는 것을 알지 못한다. 그는 스스로를 명상하면서 자신의 말씀(Verbe)을 창조한 신을 모방하기를 원한 것이다.[23] 그는 그 자신에게서 오직 그의 육체의 이미지만 볼 수 있었다. 하지만 이미지 안에서 그는 다른 어떤 풍경들보다도 더 아름다운 것을 보았고, 이 발견이 그로 하여금 혼절하게 하였다. 그는 샘물 안으로 사라져 버렸다. 왜냐하면 그는, 루시퍼가 사탄이 되었을 때 일어났던 일처럼, 너무나 아름다운 그의 이미지가 그의 존재의 모든 장소를 차지하기를 바랐기 때문이다. 나르시스는 그의 육체의 이미지 그 자체에 대한 이념을 통해서 기뻐하고자 하였다. 이는 그의 정신을 비약하게 할 수밖에 없는 대담하고 범죄적인 시도인 것이다.

9. 정신에 반하는 죄

나르시스는 비밀스럽고 고독하다. 그의 오류는 미묘하다. 나르시스는 그 자신에게 그 스스로 놀라운 광경을 주려고 한 정신이다. 그는 마치 정신이 육체들을 파악하듯이 [정신인] 자기 자신을 파악하고자 원하였던 그러한 죄, 즉 정신에 반하는 죄를 범하였다. 하지만 그는 이것에 도달하지 못하였고, 그의 고유한 이미지 안에서 자신을 무화(無化)시켜 버린 것은 그의 육체였다. 이 이

22　역주) 이러한 죽음을 우리는 '정신 혹은 영혼의 죽음' 또는 '실존의 죽음'이라고 할 수 있을 것이다.

23　역주) 그리스도교의 신은 존재 자체(Ipsum Esse)이기에, 그의 사유와 존재는 일치한다. 즉, 그가 생각하는 것은 곧 존재가 된다. 그래서 신의 말씀(Verbe)은 곧 '실재(존재)'가 된다. 하지만 유한한 인간에게 있어서 사유가 된 것은 곧 존재가 되지 못한다. 이는 행위를 통해 끊임없이 실현한다는 한에서 '존재'가 된다. 하지만 나르시스는 이러한 인간성의 한계를 망각하고 '명상한 것(본 것)'이 곧 '존재(현실)'가 된 것인 양 착각한 것이다. 그래서 라벨은 이러한 나르시스의 오류를 '신의 창조 행위를 모방하고자 한 것'이라고 지적하고 있는 것이다.

미지는 나르시스를 유혹하고 매혹한다. 이 이미지는 나르시스로 하여금 모든 실제적인 대상을 비켜 가게 하고, 그는 더 이상 이 이미지 외에 다른 어떤 목적에 대한 시각을 가지고 있지 않다. 나르시스가 마침내 자신이 기뻐할 수 있는 대상을 발견하기 위해서 자기 자신에 대한 하나의 우상(idole)을 만든 것은 자기 자신에 대한 기쁨을 획득하기 위해서였다. 하지만 이처럼 자기 자신에 대한 이미지를 산출할 수 있는 사람은 몽상가뿐이다.

나르시스의 비극, 그것은 그 스스로가 형성한 것이 아닌, 자기 자신의 반영인 인형을 연못이 자신에게 제공하였다는 것이다. 이 인형은 반성(réflexion)의 산물이며, 오직 이 반성만이 그에게 자신을 알게 하고 있다. 하지만 이 반성은 스스로를 반성하는 한 존재를 가정하고 있는데, 그럼에도 이 존재에 대해서는 전혀 관심이 없는 것이다. 이렇게 나르시스는 자신이 가졌던 것을 가장 많이 상실하고 그가 원하는 것을 가장 적게 상실하면서[24], 이 둘의 교환은 거부되었다. 그러나 그가 추락하였던 비참에서 그를 구원하고 그가 상실한 존재를 되찾게 하는 것은 가장 겸손한 행위[25]만으로 충분하다. 이러한 것이 그의 영원한 모험의 '정신(도덕성, moralité)'인 것이다.

10. 죽음 혹은 탄생

나르시스가 자신이 가진 아름다움을 보면서 그리고 자신에게는 이 아름다움이 순수한 광경에 불과한 것을 보면서 슬픔으로 죽었다고 사람들은 말할 수 있을 것인가? 사실 나르시스가 파악하고자 하는 이 이미지는 그 자신보다 더 아름다운 것이다. 하지만 모든 그림자나 반영이 그러한 것처럼 이 이미지는 통찰될 수 없는 것이며, 잡을 수 없는 것이다. 사람들은 또 나르시스의 슬

---

24 역주) 여기서 나르시스가 가졌던 것이나 상실한 것은 물론 '정신적인 존재' 혹은 '영적으로 될 수 있는 가능성'으로서의 존재이며, 그가 원하였던 것은 '감각적인 외관 혹은 이미지'이다.

25 역주) 여기서 '겸손한 행위'란 앞서 말한 '자신이 가졌던 것(가능성으로서의 정신적 존재)'을 긍정하고, '자신이 원한 것(외관으로서의 감각적 이미지)'을 부정하는 '교환의 행위'를 말한다. 사람들은 어떤 사람에 대해 외적으로 드러난 사실에 대해서 칭찬하고 존경을 표현한다. 하지만 만일 이러한 외적으로 드러난 존재가 사실은 자신의 진정한 모습이 아니며, 진정한 자신은 아직 '가능성 중에' 혹은 '실현의 과정 중에' 있는 것에 불과하다고 생각할 때, 우리는 이러한 사람을 겸손한 사람으로 생각하게 되는 것이다.

품은 오직 순수한 정신이 되고자 한 그가 이 이미지를 통해서 하나의 물질적인 형상을 지니고 있는 것을 발견하는 그것이라고 말할 수 있을까? 그리고 신화가 그렇게 바라듯이, 나르시스의 죽음이 그의 젊음과 불행한 여정을 영원히 끝내는 것이라고 생각할 수 있을까? 사람들은 여기서 하나의 다른 관점을 제시할 수 있다. 헤르메스(Hermès)[26]는 나르시스의 죽음으로부터 하나의 탄생을 야기하고 있는데, 이는 여기서 이 두 모순된 관점이 어떤 점에서 서로 불가분한 것인지를 말해 주고 있다.

인간이 물속에서 자신의 형상을 보았을 때 혹은 땅 위에 있는 자신의 그림자를 보았을 때, 그리고 그가 이 형상이 아름다운 것임을 발견하였을 때, 그는 이 형상에 대한 사랑에 휘어 잡히고, 이를 소유하고자 원하게 된다. 바로 이 갈망이 그로 하여금 이 형상의 포로가 되게 하는 것이다. 이 형상은 자신의 사랑을 파악하고, 인간을 휘어잡는다. 그리고 이 둘은 서로 복합적인 사랑에 빠지게 된다. 이러한 것이 그의 육체적인 삶이 시작하는 순간에 발생하는 나르시스의 육화(l'incarnation de Narcisse)에 대한 이야기가 말하고 있는 것이다.[27]

---

26 역주) 헤르메스(Ε ρμής)는 그리스 신화에 나오는 신(神)으로, 신들의 사자(使者) 역할을 하면서, 목자, 나그네, 상인, 도둑의 수호신으로 알려진 신이다. 헤르메스라는 낱말의 어원은 헤르마(Herma)인데, 이는 '경계석' 혹은 '경계점'을 말한다. 즉, 어느 한 지역과 다른 한 지역으로 건너가는 경계선에서 이러한 것을 관장하는 신이 곧 헤르메스이다. 운송, 전달, 전이, 변환, 초월 등 모든 종류의 '건너감'에 있어서 이러한 '건너감'을 관장하는 신이다. '해석학'을 의미하는 '헤르메네우틱스(hermeneutics)'도 헤르메스에서 기원된 용어이다. 그리스 신화에서는 사람이 죽었을 때, '사후 세계(하데스)'로 건너가는 영혼이 길을 잃지 않도록 잘 인도하는 신이 또한 헤르메스이다.

27 역주) 저자 라벨은 나르시스의 슬픈 이야기가 단순히 인간의 비극을 이야기하는 것이 아니라, '헤르메스'라는 그리스의 개념을 통해서 인간사의 어떤 하나의 현상 혹은 심리학적인 해석이 내포되어 있다고 보고 있다. 즉, 애초에 정신인 인간이 어떻게 육체적인 삶이라는 것을 시작하게 되는지, 그리고 어떻게 정신인 존재가 육체적인 것과 완전히 하나가 될 수 있는지 하는 그 현상을 설명해 주는 것이 곧 나르시스의 육화(肉化), 즉 '정신의 육체화됨'에 대한 이야기라고 해석하는 것이다.

11. 나르시스와 피그말리온(Pygmalion)[28]

상상력은 모든 창조적인 작업에 숨결을 불어넣는 것 같다. 다음과 같이 말할 수 있는 몽상가가 [자신 안에] 살고 있지 않은 사람은 전혀 없을 것이다. "나는 어느 날 알렉산드르의 이미지를 불러낼 것이다. 그는 내 앞에서 조금씩 생명을 가지게 될 것이며, 머지않아 젊은이는 스스로 움직이기 시작할 것이며, 현존과 생명의 모든 징표를 가지게 될 것이다. 그는 칼럼니스트들이 그렇게 말하듯이 젊은이의 얼굴을 하고 있고, 약간 측면으로 기울어져 있으며, 둥그스름하지만 살찌지 않고, 그리 싫지 않은 얼굴선과 아름답고 고요하며 약간은 음산한 모양을 하고 있다." 하지만 이러한 몽상은 즉시 사라져 버린다.

모든 사람은 단지 그의 정신의 행위만으로 순식간에 하나의 이미지를 만들고 이를 사랑할 수 있다고 생각한다. 하지만 그는 [상상하는] 능력의 한순간에는 취하게 되겠지만, 결국 실망으로 끝나 버릴 것이다. 왜냐하면 창조가 신의 마음에 영원히 기쁨이 되는 것은 오직 신이 하나의 육체와 하나의 영혼을 지니며 고유한 자아를 가진 진정한 존재를 삶으로 불러내었기 때문이며, 이 창조된 존재를 부르고 창조된 존재가 이에 응답하기 때문이다.[29] 그런데 상

---

28 역주) 피그말리온은 그리스 신화에 나오는 인물로 키프로스의 왕이다. 키프로스섬의 여인들이 나그네들을 박대하자, 미의 여신인 아프로디테는 저주를 내려 이 여인들이 나그네들에게 몸을 팔게 하였다. 이러한 사실을 알게 된 피그말리온은 여성들의 방탕함에 실망을 하고 독신으로 살 것을 결심한다. 대신 그는 상아로 된 아름다운 여인의 조각을 만들어 자신의 곁에 두고 함께 살았다. 아프로디테의 축제 날 그는 귀한 제물을 바치고 자신이 만든 조각상이 진짜 사람이 될 수 있도록 소원을 빌게 된다. 이에 아프로디테는 사랑의 요정 에로스를 보내어 조각상에 입 맞추게 하여 살아 있는 사람이 되게 하였다. 이 여인의 이름을 '갈라테이아'라고 불렀는데, 피그말리온은 갈라테이아와 결혼을 하여 '열정'을 의미하는 '파토스'라는 딸을 낳았다. 피그말리온의 이야기는 이후 많은 시인과 소설가의 창작의 원천이 되었고, 괴테는 갈라테이아를 '엘리제'라고 불렀다. 하지만 중세 때에는 '피그말리온의 행위'를 우상 숭배의 상징처럼 여겼고, 근대 이후 '피그말리오니즘'이라는 부정적인 의미의 개념이 생겼는데, 이는 현실과 단절된 채 자신이 만든 이상적인 존재에 빠져 살아가는 것을 지칭하는 학술 용어이다. 라벨은 여기서 이러한 피그말리오니즘의 의미를 통해 나르시스의 행위를 해석하고 있다.

29 역주) '상상력에 의한 인간의 창조'와 '신의 창조' 사이에서 그 차이점을 설명하는 저자의 구분은 매우 흥미롭다. 인간이 창조한 대상은 전혀 인간의 부름에 응답할 수 없지만, 신의 피조물(인간)은 신의 부름에 응답한다. 이러한 사유는 '영성(靈性)적인 삶'이 가장 인간성의 근원적인 본질에 적합한 것임을 말해 주는 관점이라 하겠다.

상력은 우리 자신을 혼자이게 한다. 나르시스의 운명과 피그말리온의 운명 사이에는 하나의 유사한 비극이 있다. 피그말리온은 어느 시점까지는 어떠한 여인도 사랑하지 않은 채 혼자였다. 하지만 그는 자신이 만든 조각상을 관조하였고 그것이 매우 아름다운 것임을 발견하였다. 그 조각상은 자신의 손으로 만든 작품이었고, 그가 그 작품으로부터 분리되어야 할 순간에 그의 마음이 움직이기 시작하였다. 그는 비너스(Vénus)에게 간청하였다. 그가 비너스에게 간청한 내면의 기도는 상아를 부드럽게 하고, 이로써 하나의 육체를 형성하게 한 것 같다. 이 부동의 육체는 단지 겸손한 관계들을 통해서 유지되었던 그것보다 훨씬 아름다웠다. 피그말리온은 이 육체에 상처를 입힐 것 같아서 두려워하였다. 하지만 그는 곧 이 육체를 어루만지는 것을 상상하게 된다. 그리고 그는 자신의 사랑이 너무 열정적이어서 생기가 없는 그 육체를 한 여성의 육체로 변환시키는 데 동의를 얻기에 충분하다고 생각하게 된다. 여기서 사람들은 여인의 육체를 생기 없는 육체로 바꿔 버리는 무능하고 거부된 사랑의 모든 흔적과는 대조적으로 [조각상을 여인의 육체로 변화시키는] 열렬함의 기적을 발견한다.

피그말리온은 만일 자신이 관상하고 찬미하는 하나의 사물로만 남아 있다면 오직 실망만을 안겨 줄 뿐인 자기 자신의 작품과 사랑에 빠졌다. 따라서 이 작품의 노예가 되는 것을 중단하기 위해서는 그가 이 작품을 포기하고 이 작품에 대해 무관심해야만 하였다.

피그말리온이 자신과 다른 하나의 형상을 만들기 위해서 어느 정도의 물질로 세계를 흉내 낸 것과는 달리 나르시스는 자신 앞에서 오직 그의 고유한 이미지만을 발견하였다. 그[30]는 자신이 산출한 하나의 것을 관상할 수 있고, 이 것으로 하나의 존재를 만들기를 원했다. 그는 자신이 자신의 작품에 대해 가지고 있었던 사랑 안에서 그가 원했던 생명을 줄 수 있다고 믿었을 만큼 큰 신뢰를 가지고 있었다. 바로 여기에 그의 불경함(impiété)이 있다. 왜냐하면 그가 한 생명에게 자신을 내어 줄 수 있기 위해서는, [즉 그가 한 생명을 사랑하기 위해서는], 그 전에 우선 '스스로에게 존재를 줄 수 있는(se donner l'être à

---

30 역주) 여기서 '그'라고 표현된 대명사는 문맥상 피그말리온을 말한다. 하지만 나르시스의 오류를 이해하기 위해서 이 주어를 나르시스로 이해하여도 무방할 것이다.

elle-même)' 그러한 생명을 전제하여야 하기 때문이다.[31]

12. 아담과 이브

신은 그의 최상의 지혜 안에서 아담이 마치 나르시스처럼 자기-자신을 찾고 있는 것을 보았다. 그리고 아담의 갈망에 따라서 그를 둘로 나누면서 그의 앞에 여인의 육체가 나타나게 하였다. 아담은 스스로 무화(無化)되지 않으면서 이 육체와 하나가 될 수 있었다. 하지만 나르시스는 자신의 유일한 능력을 통해서 그의 어리석은 행동을 흉내 내는 한 유령에 의해 둘로 나누어졌다. 그는 자신의 참된 존재를 찾고자 노력하였지만, 이 참된 존재를 자신을 실망하게 하는 하나의 환영으로 대신하였던 것이다.

밀턴(Milton)[32]은 이러한 신화를 다른 방식으로 이야기하고 있다. 그는 이 신화에서 우선 자각하고 있는 '자신에 대한 의식(la conscience de soi)' 혹은 자신과의 존재의 관계들에 대해 묘사하고 있다. 하지만 이러한 자신과 존재와의 관계들은 만일 이 관계들이 남자와 여자의 관계 그리고 각각의 존재들과의 관계를 통해서 완성되지 않는다면, 무기력한 서원(약속)을 숨기고 있을 뿐이다. 나르시스는 자신을 속이는 자기에게 있는 이 여성성(féminité)에 대한 의심으로 그리고 자신을 만족시킬 수 없음으로 인해 죽을 지경이다.

하지만 갑자기 이브가 빛 속에 나타나고 그녀가 누구인가에 대한 해명을

---

[31] 역주) 라벨이 이러한 사유를 통해서 피그말리온과 나르시스가 범하는 공통되는 오류를 지적하고 있다. 이를 좀 더 쉽게 설명하면 다음과 같다. 한 인간의 진정한 사랑의 대상은 '인격적인 존재'여야 한다. 왜냐하면 진정한 사랑은 서로의 존재를 증여하는 것으로 '상호적인 것'이어야 하기 때문이다. '내가 누구인 것'의 자기-존재가 없는 사람은 사랑하는 대상에게 줄 수 있는 '자기-존재'가 없기 때문에 이러한 상호적인 사랑의 행위가 불가능하다. 사랑은 어떤 의미에서 서로가 서로에게 자기-존재를 증여하면서 서로의 '자기-존재'를 완성해 가는 과정이다. 그렇기 때문에 '너'라는 인격이 아닌 '사물'이나 '작품' 혹은 '자기 자신의 이미지'는 진정한 사랑의 대상이 될 수가 없는 것이다.

[32] 역주) 존 밀튼(John Milton)은 《실낙원》을 저술한 17세기 영국의 시인이다. 그는 《실낙원》에서 성경에 나오는 아담과 이브의 이야기를 통해서 인간의 기원과 타락(원죄)에 대해 해명하고 있는데, 이는 인류가 범하는 보편적인 오류 혹은 원죄에 대한 정신심리학적인 차원에서의 해석이다. 《실낙원》에서 유명한 구절은 "낙원에서 봉사하는 것보다는, 지옥에서 지배하는 것이 더 낫다."라는 악마의 유혹의 말이다. 라벨은 지금까지와는 달리 이브의 일화를 통하여 예술가들의 영감의 원천이 되는 '나르시시즘'의 긍정적인 측면에 대해서 말하고 있다.

찾고 있다.[33] 그녀는 자신이 어디서 왔는지 모르고 있다. 자연은 그녀에게 아직 아무것도 가르쳐 주지 않았다. 그녀는, 하늘의 순수함을 반영해 주고, 다른 하늘처럼 나타나는 수면 위로 자신의 얼굴을 기울인다. 수면 위로 얼굴을 기울이면서 즉시 그녀에게 나타나는 하나의 모습을 보게 된다. "나는 그녀를 바라보고 그녀는 나를 바라본다. 내가 주춤하면서 물러나자, 그녀도 주춤하면서 물러선다. 하나의 비밀스러운 매력이 나에게 접근하고, 동일한 매력이 그녀를 끈다. 교감으로부터의 상호적인 움직임들이 우리에게 서로를 위해서 알려 준다." 하지만 이 매력적인 대상은 그녀에게 유지되지 않는다. 그녀는 친절하게 이 매력적인 대상에 자신의 시선을 던지기를 망설이지 않는다. 이 매력적인 대상에 있는 것이 무엇인지를, 자신에게 나타난 것은 그녀의 실존 자체라고 그녀에게 알려 줄 다른 목소리가 필요한 것이다. "네가 보고 있는 아름다운 피조물, 이는 너 자신이다." 하지만 그녀가 통찰하고 있다고 믿고 있는 이 존재는 그녀와는 다른 존재이다. 그녀가 찬미하기 시작한 이 존재는 [그녀와는] 다른 존재이다. 왜냐하면 그녀가 추적하고 있고 소유하기를 원하는 것은 그녀 자신에 대한 이미지가 아니었기 때문이다. 이는 그녀와는 다른 한 존재였다. 하지만 이 이미지는 그녀에게 이미지가 그녀와 매우 유사한 것임을 알게 하였다. 시인(밀턴)은 다음과 같이 말하고 있다. 이브는 이 이미지와 결합하고, 이 이미지에게 그녀를 살아 있는 것들의 어머니라고 부르게 될 다양한 자녀를 주게 될 것이다.

---

33 역주) 여기서 '갑자기 나타난 이브'는 나르시스가 지니고 있는 '여성성'이라고 볼 수도 있고, 예술가들에게 창작의 원천이 되는 '영감'이라고도 볼 수가 있다. 저자 라벨은 이 문단의 마지막 구절에서 마치 예술가가 이러한 이브의 이미지를 통해서 다양한 작품을 산출하는 것처럼 말하고 있다.

제2장

내밀성의 비밀

1. 너 자신을 알라

나르시스는 자신에게서 세계의 비밀을 찾고 있는데, 바로 이 때문에 그는 자신을 보는 것에서 실망하고 만다. 이 세계의 신성한 비밀은 그 자신에게 있지만 자신보다 더 내밀한 것으로서 순수한 존재(Être pur)[34]의 내밀성(l'intimité)이다. 이 존재에게 있어서는 어떠한 이미지도 없다. 이 순수한 존재는 나르시스의 시선에 이미지를 반사시키던 연못에는 전혀 거주하지 않으며, 이 시선이 소멸되면 즉시 자신의 신비로 되돌아간다. 이 순수한 존재는 모든 이미지와 모든 거울의 저편에 존재하면서 다만 순수한 정신적인 시선에만 자신을 드러낸다.

내가 이 세상에서 보다 고귀하고 보다 아름다운 것에 대해 상상할 수 있는 모든 것, 나에게서 가치의 흔적을 지니고 있는 모든 것, 그리고 내가 사랑할 수 있는 것, 이것이 가장 심오한 나의 '내밀성'이다. 그리고 나로서는 불가능하고 나는 그럴 자격이 없다는 핑계로 내가 이 내밀성을 회피할 때, 내가 피하고 있는 것은 '나 자신(moi-même)'[35]이다. 나를 끌어당기고 나를 붙잡고 있

---

[34] 역주) 이 순수한 존재는 하이데거식의 '존재 개념'으로 이해해도 좋을 것이며, 중세 철학자들이 말하는 '신의 존재', 즉 모든 존재자를 존재하게 하면서 이 모든 존재자로부터 초월하는 존재 자체로서의 神 존재로 이해해야 할 것이다. 신 존재의 내밀성이 인간 자신보다 더 내밀하다는 것은 우리의 존재를 지탱하고 있지만 우리의 의식이 이를 인식하거나 의식할 수 없기 때문이다. 그래서 중세의 아우구스티누스는 "신은 나 자신보다 더 깊이 나 자신에게 존재한다."라고 한 것이다.

[35] 역주) 이러한 '나 자신'은 내가 가공한 모든 것 이전에 나에게 존재하는 것이라는 차원에서 '근원적인 자아'라고 할 수도 있고, 또한 '내가 지니고 있는 모든 가능성으로서의 이상적인 나 자신'이란 차원에서 단적으로 '나의 인격(persona)'이라고 할 수 있는 것이다.

는 가장 피상적이고 가장 미천한 것들은 나로 하여금 [근원적인] 나 자신에게서 멀어지게 하는 하나의 오락거리에 불과하다. 왜냐하면 엄밀히 말하자면 [내가 나의 내밀성을 회피하는 것은] '나인 것(ce que je suis)'의 모습을 내가 지탱할 수 없기 때문도 아니고, 내가 나 자신에게서 발견한 요청들에 응답할 수 없기 때문도 아니며, 다만 내가 지니고 있는 나의 능력들을 실행할 용기가 없기 때문이다.

우리는 우리의 존재를 이 비밀스러운 내밀성 안에 거주하는 것으로만 발견할 수 있을 뿐인데, 하지만 내성(introspection)의 도움 없이는 이 내밀성을 알기 위해 내밀성에 침투할 수가 없으며, 우리 자신 외에 그 누구도 여기에 침투할 수가 없다. 하지만 '자아(le moi)'는 실현되고 있는 하나의 가능성에 불과하다. 자아는 결코 완수될 수 없으며, 형성되기를 멈추지 않는다. 바로 이 때문에 두 개의 '내성'이 존재하는 것이다. 하나는 가장 나쁜 것인데, 이는 나에게 나 자신을 끊임없이 고뇌하게 하는 나의 모든 순간적인 상태를 보여 주는 것이다. 다른 하나는 가장 좋은 것인데, 이는 나로 하여금 나에게 속하는 행위(activité)와 내가 자각하는 능력들에 주의 깊게 하는 것이다. 그리고 이러한 능력들을 통해 과업을 실현하는 것은 오직 나에게 달려 있다. 나아가 이러한 내성은 마침내 하나의 몸체를 부여하기 위해서 내가 인정하고자 추구하는 가치들에 대해 주의 깊게 한다.

왜냐하면 [자신에 대한] 의식(conscience)이란 이미 존재하는 실재를 변화시키는 것 없이 이 실재를 비추는 빛이 아니라, 자신의 결정에 대해서 스스로 질문하고, 자신의 고유한 운명을 자신의 양손 안에 간직하고 있는 그러한 행위이기 때문이다. 소크라테스는 마치 나르시스에게 충고를 하듯이 "너 자신을 알라."라고 말하였다. 그런데 소크라테스는 자기 자신을 아는 사람은 자신을 깊게 하고 자신을 초월하는 것을 멈추지 않으리라는 사실을 잘 알고 있었다. 만일 고대인들이 "너 자신을 알라."라고 말하였다면, 크리스천들은 "너 자신을 잊어라."라고 말하였는데, 이들은 동일한 '나 자신'을 말하고 있는 것이 아니다. 그리고 사람들은 하나를 잊어버린다는 조건하에서만 다른 하나

를 알 수 있을 뿐이다.[36]

2. 자신과의 내밀성 그리고 타인과의 내밀성

내밀성(l'intimité), 이는 모든 시선을 피해 가는 '내면'이다. 하지만 이는 또한 '실재의 극단적인 지반(l'ultime fond du réel)'[37]이며, 사람들은 이보다 더 멀리 나아갈 수가 없다. 그리고 의심의 여지 없이 이는 사람들이 피상적인 모든 층을 통과한 뒤에야 도달할 수 있는 그러한 것이며, 여기서 헛된 것, 손쉬운 것 혹은 습관적인 것 등이 이 층들을 차례로 포장하고 있다. 이 지반은 제 사물이 뿌리를 내리는 곳이며, 모든 기원과 탄생, 근원과 고향, 의도와 의미가 시작되는 장소이다.

내밀성을 발견한다는 것은 어려운 일이며, 일단 사람들이 이를 발견한 뒤에도 자신을 여기에서 형성하여야 한다. 그런데 우리가 우리의 힘의 원리를 발견하고 우리의 모든 악을 치유하는 것도 이 내밀성이다. 그토록 많은 사람이 이를 알지 못하기 때문에 외적인 것을 통하여 기분 전환을 원하거나 혹은 세상을 개혁할 수 있다고 믿고 있는 것이다. 그러나 내밀성 안으로 들어가는 데 성공한 사람은 더 이상 이러한 것들의 포로가 되지 않는다. 그에게 있어서 기분 전환과 외적인 행위의 모든 이득은 철회된다. 사람들이 자주 그렇게 믿고 있듯이 내밀성은 고독의 마지막 보루이다. 하지만 또한 우리에게 있어서 고독을 멈추게 하는 것도 이 내밀성을 발견하는 것으로 충분하다. 이 내밀성은 우리로 하여금 우리 자신에게 있는 하나의 세계를 발견하게 하는데, 이 세계 안에서는 모든 존재가 다 수용될 수 있다. 그럼에도 우리가 여전히 혼자라

---

36 역주) 여기서 이 '두 가지 나'란 위에서 말하고 있는 두 가지 내성이 발견하는 나 자신이다. 따라서 잊어버려야 할 '나'란 '나에게 고뇌를 떠올리게 하는 나'일 것이며, 알아야 하는 '나'란 '나의 능력을 자각하고 작품을 실현하게 하는 행위성'으로서의 '나'인 것이다.

37 역주) '실재의 극단적인 지반'은 모든 존재자의 존재를 지탱해 주는 '존재 자체(être même)'라고 할 수 있다. 이 경우 이는 곧 신의 존재이다. 따라서 저자 라벨이 말하는 '내밀성'은 신비가들, 예를 들어 아빌라의 데레사가 말하고 있는 신이 거주하는 장소로서의 '영혼의 성'으로 이해하여도 무방할 것이다. 저자 라벨은 이러한 내밀성을 직접적으로 '인격적인 신'을 대면하는 장소처럼 표현하지는 않고, 다만 절대적인 존재의 현존을 체험하는 장소로 이해하고 있다.

는 의심과 이 세계는 하나의 꿈으로 이루어진 섬에 지나지 않는다는 의심이 나타날 수 있다. 그런데 갑자기 다른 하나의 존재가 우리와 함께 이 세계에 들어오고, 이 꿈이 실현되고 섬은 대륙이 된다. 이렇게 하여 우리가 느낄 수 있는 가장 강력한 감정이 산출된다. 이 감정은 우리에게 가장 비밀스러운 우리의 세계를 계시해 주고, 우리가 매우 부서지기 쉽다고 생각하는 이 세계가 모두에게 있어서 공통되는 세계라는 것을, 이 세계가 외관이 아닌 유일한 것이며, 우리에게 있는 하나의 절대적인 현존이며, 우리 앞에 열려 있고 우리가 그곳에서 살아가도록 부름을 받은 세계라는 것을 계시해 준다.

따라서 내밀성은 개별적인 것이며 동시에 보편적인 것이다. 내가 나 자신과 소유하고 있다고 믿고 있는 내밀성은 다른 한 사람과의 나의 고유한 소통의 내밀성 안에서만 발견될 수 있다. 그리고 모든 내밀성은 상호적인(réciproque) 것이다. 용어의 사용 그 자체가 이를 확인해 주고 있다.[38] 내가 나인 것을 내어 주지 않는 한, 나는 나 자신과 분리된 채 남아 있을 것이며, 나 자신을 내어 주면서 나 자신을 발견하는 것이다. 자기 자신의 내밀성을 내어 주는 사람은 더 이상 자신에 대해서 말하지 않으며, 그 자신이 지니고 있는 하나의 영적인 세계(un univers spirituel)에 대해서 말하는 것이다. 그리고 이 세계는 사실상 모두에게 있어서 동일한 세계이다. 그는 이 세계에 일종의 전율 없이는 결코 진입하지 않는다. 하지만 가장 일상적인 영혼들은 임계점을 넘어서지 않으며, 가장 낮은 영혼들은 이를 피해 가고 타락한 것을 추구한다. 가장 참된 존재는 바로 이 영적인 세계에 있으며, 다른 곳에 있지 않다. 하지만 이 낮은 영혼들은 이 참된 존재에 대해서 경멸과 증오만을 체험할 뿐이다.

3. 모두에게 공통되는 비밀

우리에게는 우리의 고유한 시선이 침투하고자 거의 시도하지 못하는 하나의 비밀스러운 본질이 있다. 이 비밀스러운 본질을 우리의 고유한 시선이 들여다본다는 것은 그 자체 하나의 낯선 시선인 것처럼 이미 이 본질을 찢고 폭

---

38 역주) '내밀성'이란 내적이고 비밀스러운 것을 지칭한다. 저자는 이러한 내적이고 비밀스러운 것의 일반적인 언어에 있어서는 '타인과의 관계성' 속에서 주어지는 것임을 염두에 두고 있다.

력적이 되어 버린다. 오직 기적만이 내가 갑자기 나 자신의 비밀을 바라볼 때 이는 또한 당신의 비밀이기도 한 것으로 발견하게 하고, 실재가 없는 꿈이 아니라, 실제로 존재하는 것으로 발견하게 한다. 그런데 세계가 하나의 꿈인 이 실재 자체(réalité même)[39]는 일종의 침묵적인 목소리이지만, 반향(écho)을 야기할 수 있는 유일의 것이다. 왜냐하면 각자가 자신에게로 칩거하는 이 지점은 또한 자신이 타인에게 진정으로 문을 여는 그러한 지점이기 때문이다. 그리고 자아의 신비(le mystère du moi)는 이 신비가 가장 심오한 것이 되고, 진정으로 유일한 것으로 느껴지고 표현 불가능하다고 느낄 때, 자신을 빛나게 하는 일종의 고독의 초월을 산출하는 것이다. 왜냐하면 이 고독은 모두에게 있어서 동일한 것이기 때문이다.

바로 이러한 때에 비로소 감탄할 만한 다음의 말을 사용할 권리가 있는 것이다. '당신에게 나를 연다는 것', 즉 나의 모든 비밀을 무너뜨린다는 것은 이와 동시에 당신을 수용하고, 당신의 고유한 비밀을 나에게 진입하도록 한다는 것이다.

왜냐하면 이러한 정신적인 실존 안에서 그가 나를 확인하고 나를 확고하게 해 줄 것을 내가 기다릴 수 있는 것은 오직 다른 하나의 존재를 통해서이기 때문이며, 이러한 그의 증언이 없다면 나에게 있어서 이 정신적인 실존은 주관적이고 환영과도 같은 것으로 남아 있을 것이기 때문이다. 이는 외적인 대상이 문제가 될 때와 마찬가지로 마치 나의 실존이 나를 속일 수 있었던 것처럼, 그의 경험에 도움을 청하는 그러한 것은 전혀 아니다. 여기서는 모든 사람에게 주어진 하나의 광경, 그 안에서 모든 사람의 시선이 서로 교차하게 되는 그러한 광경이 문제가 되는 것은 아니다. 여기서 문제가 되고 있는 것은 가끔 내가 나의 가장 개별적인 삶의 양식을 길어 낸다고 믿고 있는 보이지 않

---

39 역주) '세계가 꿈인 이 실재 자체(cette réalité même dont le monde est le rêve)'라는 표현은 매우 흥미롭다. 이는 마치 장자가 나비의 꿈을 꾸면서 그 꿈이 너무 생생하여 '나비가 실제 장자이고, 현실의 자신이 곧 꿈이 아닐까'를 의심하게 한 사건을 떠 올리게 한다. 그리고 이 문장의 의미를 "내 영혼이 거주하는 곳이 세계 안이 아니며, 오히려 내 영혼 안에 존재하는 것이 곧 세계."라고 말한 철학자 버클리의 관점을 통해 이해할 수도 있을 것이다. 하지만 라벨에게 있어서 세계가 곧 꿈이 되는 이 실재란 플라톤처럼, 세계의 진정한 면모를 통찰하였을 때, 감각적으로 보고 있는 이 세계가 마치 진정한 세계를 반사해 주는 이미지처럼 이해된다는 의미로 이해해야 할 것이다. 종교적으로 말해 이 진정한 세계는 '신이 현존하는 세계'라고 할 수 있을 것이다.

는 실재이다. 하지만 이 보이지 않는 실재는 여전히 나에게 있어서 부서지기 쉽고 불확실한 것으로 나타나며, 내가 이를 나의 것으로 바라볼 동안에만 감히 소유하고자 할 수 있는 그러한 실재이다. 그런데 이제 다른 한 존재가 이 보이지 않는 실재에서 역시 하나의 현존(présence)으로서 나에게 계시되는데, 이 현존은 일종의 기적적인 빛을 나에게 가져온다. 이 현존은 놀라운 밀도와 두드러짐을 수용하면서, 이전에는 나에게 그토록 분명하고 확실하였던 눈에 보이는 세계를 갑자기 뒤로 물러나게 하고 마치 하나의 장식품처럼 얇아지도록 하는 것이다.[40]

4. 깊어지고 부서진 고독

자신에 대한 앎의 독방 안에서, '자기(le soi)'는 마치 감옥 안에서처럼 감금되어 있다. 여기서 자기는 그 자신에게서 제거될 수도, 그 자신으로부터 자유롭게 될 수 있는 능력도 없어 괴로워하고 있다. 그는 항상 혼자이나, 그럼에도 그인 모든 것(tout ce qui est)과 소통할 수 있는 능력을 가지고 있다. 이 능력이 그로 하여금 정신이 되게 하는 것이다. 하지만 소통하는 이 능력은 자신을 아는 데 있어서 혼자 남아 있으며, 이를 실행하는 데 있어서도 혼자이다. 우리는 이 능력이 그의 고독을 부술 수도 있으며, 동시에 이 고독을 심화시킬 수도 있다고 말할 수 있다.

자신에 대한 앎 안에서 결코 너무 큰 자기만족을 취해서는 안 된다. 그렇지 않다면 이 자신에 대한 앎은 우리한테서 초조함과 욕망을 강하게 할 것이다. 이 경우 이 자신에 대한 앎은 존재와 삶을 '자기-사랑'을 즐기기 위해 소유하고자 하는 사물들로 환원하고 말 것이다. 하지만 존재와 삶의 뿌리 그 자체까

---

40 역주) 여기서 라벨이 설명하고 있는 '현존(présence)'의 의미는 매우 추상적이다. 아마도 보다 구체적으로 설명하자면, 세계의 모든 존재에 현존하고 있는 절대자의 현존이라고 할 수 있다. 성 프란치스코처럼 어떤 사람이 자연과 세계 안에 현존하는 신의 현존을 체험하게 되면, 매우 하찮은 것 같은 존재들도 매우 의미 있고 소중하게 다가오는 것을 느끼게 된다. 여기서 자연적인 대상들이 매우 소중하고 의미 있는 것으로 체험되는 이유는 이 물질적인 세계와 대상이 정신적이고 영적인 존재가 현존하는 장소처럼 체험되기 때문이다. 그래서 이 현존을 체험하는 사람들에게 있어서 물질적인 세계는 뒤로 물러나는 것처럼 보이고, 장식에 지나지 않는 것처럼 보이는 것이다.

지 내려가는 것은 결코 자신에 대한 앎에서가 아니다. 자기 자신을 위해 제시하는 이 독점적인 관심 안에서, 자아는 스스로 일어선다고 생각하겠지만 실패로 끝나 버릴 것이다. 왜냐하면 그는 그가 알고 있는 대상과 그가 사랑하는 존재로부터 자신의 모든 실존을 유지하기 때문이다. 따라서 알기 위해서 그리고 사랑하기 위해서 자기 자신으로부터 벗어나야 한다. 즉, 말하자면 그가 단김에 파악하고자 하였던 자신의 실존을 스스로에게 제공하고자 하는 생각에서 벗어나야 한다. 오직 이러한 때에만 그는 앎의 비밀과 사랑의 비밀을 발견하게 될 것이다.

고독이 우리에게 있어서 하나의 유혹이며, 이를 유지하고 보호하기 위해서는 많은 기교가 필요하다고 생각될 때가 있다. 하지만 지혜로운 자는 이 고독에서 일종의 정신적인(영적인) 훈련만을 추구할 뿐이며, 이 정신적인 훈련은 우선적으로 고독이 소멸된 것처럼 나타나는 외부 세계와의 관계들 안에서 그의 가치와 그의 풍요로움을 증명해야 한다. 따라서 우리는 우리가 혼자가 되었을 때 그렇게 살아야 한다고 우리가 상상하는 것처럼 그렇게 살아가는 것을 배울 뿐이다. 만일 우리가 고독 안에서, 우리 자신과 우주와 그리고 모든 존재와 함께 하나의 완벽한 사회에 대한 이념을 형성한다면, 이는 일종의 역설(paradoxe)을 통하여 이러한 고독을 중단하면서 이 사회를 실현하고 그 결실을 유지하기를 의무 지우는 세계 안으로 되돌아오면서이다.[41]

5. 다른 한 사람과의 만남

우리의 인생길 위에서 발견한 모든 사람과의 만남에는 이 만남과 불가분한 하나의 감정이 있다. 이는 모호함이 가득하고 두려움과 희망이 뒤섞인 감정이다. 우리가 상대방의 얼굴은 볼 수 있지만, 우리 자신의 얼굴은 볼 수 없는 이 상황에서 우리의 얼굴과 유사한 이의 얼굴 뒤편에 무엇이 일어나고 있

---

41 역주) 프랑스의 토미스트인 프랑수와 제니트(F. Genuyt)는 이러한 고독에 대한 역설적인 상황을 '절대적인 무관심(désintéressement absolu)'과 '절대적인 관심(intéressement absolu)'이라는 말로 표현해 주고 있다. 세상의 모든 것에 대해서 자신의 개별적인 이익을 초월한다는 것은 매우 고독한 일이지만, 역설적으로 이렇게 될 때라야만 절대적인(순수한) 관심이 가능하고 완전한 일치가 가능하고, 이상적인 공동체가 가능하다는 것이다.

는가? 우리는 평화를 알릴 것인가, 전쟁을 알릴 것인가? 그는 우리가 행동하고 우리의 실존의 한계들을 강화하는 공간으로 침입하고, 우리가 차지하고 있는 비좁은 영역을 차지하기 위해 우리를 몰아낼 것인가? 이와 반대로 그가 우리의 지평을 넓히고, 우리의 삶을 보다 깊게 해 주며, 우리의 힘을 성장하게 하고, 우리의 갈망을 촉진시키며, 우리를 고독에서 구해 줄 영적인 대화를 창조하며, 우리 자신과 가지는 대화에서 더 이상 우리 자신의 메아리가 아닌 진정한 대화자가 되어, 마침내 우리로 하여금 새롭고 예기치 않았던 계시를 듣게 할 것인가?

우리는 우리가 가장 잘 안다고 믿고 있고, 우리가 가장 사랑한다고 믿고 있는 한 사람 앞에서 항상 이러한 감정을 체험하곤 한다. 우리 자신은 아니지만, 우리 자신과 마찬가지로, 살아 있고 자유로우며 사유할 수 있고 갈망할 수 있는 그 사람, 그리고 최소한의 시도도 우리의 감정과 사유의 본성을 그리고 우리의 운명 그 자체를 변화시킬 수 있다고 느끼는 그 사람 앞에서 이를 체험하는 것이다. 그와의 관계의 역사, 이는 우리에게 멈춤 없이 주어지는 이 감정의 역사 자체이다. 이 역사는 선택들을 통해 흘러가고, 감정들이 말해 주는 약속들의 역사이며, 여기서 발생하는 제 사건은 가끔은 우리를 충만하게 하고, 가끔은 우리를 실망하게 한다.

하지만 이 감정들이 거의 즉시 소멸해 버리는 때가 있다. 두려움과 희망이 이 감정 속에서 뒤섞이고 조금씩 이 감정을 지워 버리는 때가 있는 것이다. 이때는 우리 앞에서 지나간 사람이 길 위의 돌들처럼 우리에게 무의미한 한 행인에 지나지 않는다. 우리의 시선은 어느 한 순간 그를 외면해 버렸고, 우리는 살아 있는 그 사람을 무(無)로 취급한 것이다. 첫 만남에 동반된 분리될 수 없고 모순된 가능성에 대한 이러한 과도한 근심은 이를 통해서 우리가 시작되고 있는 모험에 대해서 질문을 던지게 되는 것이지만, 이 근심은 첫 발자국부터 소멸되기 시작한다. 따라서 우리는 여기서 현존을 택해야 할 것인지 혹은 부재를 택해야 할 것인지, 사랑이 탄생할 것인지 증오가 탄생할 것인지, 우리에게 선물을 가져올 것인지 보다 많은 상처를 안겨 줄 것인지 알 수가 없어서 내적인 동요를 겪게 되는 것이다. 그리고 우리는 이미 가장 내밀한 관계들 안에서 이 모든 것이 예외 없이 동시에 우리를 향해 다가올 것임을 예감하는 것이다.

6. 상호성

만일 우리의 여정을 지배하는 가장 깊은 갈망이 함께 인생을 사랑할 사람을 발견하거나 혹은 우리가 보다 조촐하게 되고 보다 자신감이 부족할 때 함께 삶을 견디어 나갈 수 있는 사람들을 발견하는 일이라는 사실을 우리가 알게 되었을 때 놀라지 말아야 한다. 왜냐하면 우리는 인간에게 있어서 다른 사람들과 함께 어떻게 이해하며 소통할 것인가 하는 문제 외에 다른 문제가 없다는 것을 아주 잘 알고 있기 때문이다. 그리고 삶의 모든 불행은 이러한 것에 도달한다는 것이 불가능하다는 것에서 비롯된다.

다른 사람과 나 사이의 단절에 대한 가장 은밀한 증언도 나의 모든 내적인 움직임을 멈추어 버리기에 충분하다. 단지 나를 그 사람에게 데려온 사람들에 대해서 뿐만 아니라, 고독한 마음속에서 그들과의 관계를 포기한 생각들 자체에 대해서도 그러한 것이다. 하지만 의도적일 필요도 없이, 의식적이지 않더라도, 일치(communion)에 대한 최소한의 징표가 이들을 되살리고, 이들 앞에서 무한한 정신적인 공간을 열게 하는 데 충분하다.

그러나 다음과 같은 일이 자주 일어난다. 단지 받아들이는 것이 아니라 우리의 자유를 확산하고, 기쁨의 가장 심오한 근원이 되기를 바라면서 갈망하고 사랑했던 이 타인의 현존이 우리의 기대와는 반대로 우리를 구속하고 슬프게 하며, 우리는 이를 참아 내기 위해 괴로워해야 한다는 것이다. 그럼에도 우리가 타인과의 대화와 유사한 우리 자신과의 대화를 시작할 때, 우리는 항상 '우리인 것(ce que nous somme)'을 인내하지는 못한다는 사실을 잊어서는 안 된다. 왜냐하면 우리에게는 수많은 요청을 하는 사람들이 있고, 어떠한 개인도 이에 응답할 만한 은총을 가지고 있지는 않기 때문이다. 하지만 인내의 고유함은 우리의 내부와 외부에 있는 모든 개별적인 존재의 비참함에 대해 고통받기를 배운다는 것이다. 그리고 사랑(charité)의 고유함은 이들에게 도움을 가져간다는 것이다.

대부분의 사람이 그들 자신에 대해서보다는 타인들에 대해서 보다 거칠다는 것은 사실이다. 그리고 덕의 흔적은 이러한 자연적인 질서를 역전하는 것에 있는 것 같다. 하지만 '우리(nous)'에게 있는 '나(moi)'는 우리 자신과는 '다른 사람'이라는 사실을 잘못 이해해서는 안 된다. 자기 자신에게 온유함을 보여 주지 못하는 사람은 어떤 사람에게도 이를 보여 주지 못할 것이다. 그리고 가장 최악은 그가 이 온유함을 가장한다는 것이다.

만일 다른 사람들이 나를 고통스럽게 하는 태도들에 대해서 내가 불평한다면, 나는 분명 잘못하는 것이다. 왜냐하면 그들의 태도가 나를 고통스럽게 하는 것은 항상 내가 그들에게 상처를 주는 태도에 대한 한 효과이자 이미지이기 때문이다. 그런데 만일 내가 충분히 사랑받지 못한 것에 대해서 슬퍼한다면 이는 나 스스로 충분히 사랑하지 못했기 때문이다. 다른 사람들이 나를 수용하는 것은 나에게 있는 수용의 능력 때문이며, 그들이 나를 외면하는 것은 나의 마음속 깊은 곳에서 이미 내가 그들을 외면하였기 때문이다.

그런데 인간이란 이러한 상호성이 비켜 가도록 그렇게 만들어졌다. 인간은 자신이 무관심한 사람들로부터 인지되기를 바라고, 자신이 경멸하는 사람들로부터 인정받기를 원한다. '하지만 사람들은 당신이 다른 사람들을 판단하였던 것과 동일한 방식으로 당신을 판단할 것이다.' 나는 타인들을 비평하는 것을 멈추지 않는다. 그들을 경멸하면서 더 이상 그들을 알기를 원치 않는다. 내가 그들에 대해 가지는 이 경멸은 내가 그들을 평가해야 한다는 필요성 그 자체의 징표일 뿐이며, 이는 다음과 같은 의무를 말해 주고 있다. 즉, 그들을 나의 평가에 적합한 사람이 될 수 있도록 하기 위해서 그들에게 충분한 사랑을 주어야 한다는 의무이다.

7. 자신에 대한 앎과 타인에 대한 앎

존재한다는 것은 항상 안다는 것보다 풍요로운 것이다. 왜냐하면 앎이란 우리가 우리 자신에게 주는 하나의 광경(spectacle)이기 때문이다. 마찬가지로 '우리 자신인 존재(l'être que nous sommes)'보다도 우리에게 덜 알려진 것은 없다. 우리는 결코 우리의 존재로부터 우리의 이미지를 분리하는 데는 이르지는 못한다. 어떤 의미에서 모든 사람은 나에 대해서 나 자신보다 더 많이 알고 있다고 말할 수 있다. 하지만 이는 그에게 있어서 유익한 것은 아니다. 왜냐하면 완전히 '그인 그 사람(celui que l'on est)'[42]이 될 수 있도록 하기 위해서 '그인 그것(ce que l'on est)'을 너무 정확하게 알려고 하지는 말아야 하기 때문이다. 내가 타인들에 대해서 나 자신보다 더 잘 안다는 것은 자연적인 것이다. 왜냐하면 나는 나 자신의 일에 골몰해 있기 때문이다. 바로 이 때문에 내가 나 자신을 고려하는 노력 안에는 수많은 헛됨, 거짓 유사성, 시간의 낭비가 있으며 내가 행동해야만 하는 때에 행동이 늦어지는 것이다. '되어야만 할 나 자신'에 대해서 전혀 직접적인 상관이 없는 '나에 대한 앎'과 그리고 나 자신과는 반대로, 나를 실현할 수 있는 능력보다는 이미 실현된 나의 존재에 대해서 더 많은 관심을 가지고 있는 타인을 통해서 '나에 대한 앎'을 가지고자 하는 것을 포기하여야 한다. 그는 나에게서 오직 나타난 인간, 나의 성격과 나의 연약한 점들을 통해서 다른 모든 이와 구별되는 '나'를 볼 뿐이다. 그리고 내가 되고자 하는 사람, 항상 나의 본성을 넘어서고자 하고 나의 불완전함을 교정하고자 하는 그러한 사람을 보는 것은 아니다. 나는 아직 나에게서 실행된 적이 없는 하나의 능력의 현존, 아직 한 번도 실망한 적인 없던 희망의 현존을 무한정으로 체험한다. 다른 사람은 나에게서 오직 내가 보여 줄 수 있는 존재만을 관찰할 뿐이지만, 나에게서 [내가 관찰하고 있는] 이 존재는 결코 제시할 수 없는 존재이다. 그가 보는 것과는 반대로, 나는 항상 나인 것보다는 내가 아닌 것에, 나의 현 상태보다는 나의 이상적인 것에, 나와 나의 갈망을 분리하는 간격보다는 나의 갈망의 최종점에 시선을 고정하고 있다.

사람들 사이에 존재하는 오해들은 항상 각자가 자신과 타인을 바라보는 서로 다른 지평(perspective)에서 발생한다. 왜냐하면 그는 자신한테서는 오직 자신의 능력(puissance)만을 보며, 타인한테서는 그의 행동(action)만을 보면서, 자신에게 부여하고 있는 신뢰를 타인에게는 거부하기 때문이다. 하지만 두 사

---

42 역주) '그인 그 사람'이란 한 사람의 인격적인 특성을 규정하는 내적인 존재라고 할 수 있다. 즉, 그는 친절하며, 온유하며, 매우 현명하며, 내성적이며, 종교적인 성향을 가지고 있다는 등의 "그는 어떤 사람인가?"에 응답할 수 있는 한 개인의 '존재론적인 특성'을 말하는 것이다. 반면 뒤이어 말하는 '그인 그것'은 외향적으로 드러나는 혹은 객관적으로 드러난 사회적인 정체성을 말하는 것이라고 할 수 있다. 가령 그는 교사이고, 한국인이고, 남자이며, 김씨 집안의 장손이며, 이러저러한 학위를 가지고 있으며, 외국어 능력이 어느 정도라는 등의 '그의 정체성'을 말하는 것이다.

람 모두가 보여 줄 수 있는 것을 초월하여 이미 침묵의 협조를 의미하는 복합적인 신뢰를 형성하자마자 일종의 형제 관계가 형성된다. 이와 반대로 이기주의는 일종의 눈멀음을 유발하는데, 이 눈멀음은 자신한테서는 느끼고 생각하고 행동하는 존재를 발견하는 순간에 다른 사람한테서는 내가 기술하는 대상이나 나를 위해서 사용할 수 있는 도구만을 발견하는 그러한 눈멀음이다. 따라서 다른 사람에 대해서 다른 모든 것을 알고 있는 사람이 자기 자신에 대해서는 알지 못하고, 나아가 이와 반대의 이유로, 각자는 그 자신에 대해서 그리고 타인에 대해서도 알려지지 않은 채 있다는 사실에 대해서도 놀랄 필요는 없다.

다른 사람들과의 관계들 안에서 가장 힘겨운 것은 어쩌면 가장 단순하게 나타나는 것이다. 그것은 우리와 유사하지만 우리와는 다른 그들의 고유한 실존을 인정하는 것이다. 그들에게 있는 이 현존은 그들 자신에게 속한 유일한 개별성이며, 고유한 것이며, 자유이며, 하나의 소명이다. 우리는 이를 시기하지 않고, 이를 우리의 실존에 적합하게 하기 위해서 변형하지 않고, 이들이 이를 실현하도록 도와주어야 한다. 바로 이것이 우리에게 있어서 사랑(charité)[43]의 첫 언어이며, 어쩌면 마지막 언어일 것이다.

8. 화가와 초상화

플라톤은 사람들은 자기 자신을 타인의 눈의 동공을 통해서 본다고 말하였다. 나 자신에게 나를 계시해 주는 사람은 다른 사람들이다. 나는 타인들이 나에 대해서 보여 주는 생각들과 느낌들, 즉 제안한 것들에 대해서 생각하고 느낀 것을 체험하게 된다. 그리고 이들의 행위는 '나인 것'에 대한 이미지가 된다. 그들이 나의 실존에 스며들었거나 그들이 나의 실존에 대답하는 것으로서 이러한 이미지가 형성된다. 이와 반대로 누구를 이해한다는 것은 그에 대해 관찰한 모든 움직임을 나 자신한테서 발견한다는 것이다. 이는 어느 한 순간 나 자신을 포기한다는 것이다. 그 결과 이러한 움직임을 추적하고자 생

---

43 역주) 불어에서 '샤리떼(charité)'는 종교적인 의미의 사랑을 말한다. 남녀 간의 사랑은 '아무르(amour)'이다.

각하는 순간 이를 추구하는 것은 자기 자신이 된다. 이처럼 사람들은 [타인에 대해서] 타인들 자신보다 앞서가는 경우가 생기는 것이다.

사람들은 서로 분리되어서는 결코 스스로를 알 수가 없으며, 오직 서로서로 그들 사이의 유사점과 차이점을 밝혀 주는 복합적인 비교를 통해서만 알 수 있을 뿐이다. 각자가 자신의 고유한 능력들을 발견하고 체험하는 이 비교는 위험을 동반하지 않고서는 실행되지 않는다. 왜냐하면 이 비교는 가끔은 우리 자신을 풍요롭게 한다는 핑계 아래, 우리가 차용한 다른 존재 안에서 우리 자신을 부숴 버리는 하나의 모방을 강요하고, 가끔은 우리 자신한테서는 부족한 모든 것을 가볍게 보면서 우리 자신을 강하게 한다고 믿고 있는 타인에 대한 경멸을 야기하기 때문이다. 그럼에도 우리가 가지는 모든 만남에는 만남이 야기하는 저항들, 만남이 요청하는 노력, 만남이 산출하는 빛, 갑자기 예감하게 되는 비밀스러운 일치 등이 동시적으로 이루어지고, 이를 통해서 어떤 측면에서 우리에게 자신에 대한 앎과 타인에 대한 앎이 섞여 있는지를 보여 준다.

우리는 이를 화가의 예를 통해서 잘 알 수 있다. 화가가 자신의 초상화를 그리려고 할 때, 그는 다른 한 사람의 초상화를 그리게 되고, 그가 다른 사람의 초상화를 그리고자 할 때는 또한 그 자신의 자화상을 그리게 된다. 왜냐하면 그는 그 자신이 아닌 것 외에는 아무것도 그릴 수 없기 때문이다. 즉, 자신과는 구별되는 것, 자신에게 대립하는 것만을 그릴 수 있을 뿐이기 때문이다. 이처럼 화가가 그 자신을 그리고자 할 때, 그는 자신에 대해서 다른 사람이 보고 있는 그 얼굴 자체를 발견하고자 스스로 의무 지우는 것이다. 그런데 화가가 다른 사람으로부터 그리게 되는 초상화는 화가 자신에게서 탄생하는 작품이며, 어떤 사람도 다르게 볼 수 없는 그것을 모든 시선에 제공하는 것이며, 세계로부터는 보이지 않는 그의 고유한 비전을 그리는 것이다. 하지만 '자신을 안다는 것'은 나로 하여금 다른 사람이 되게 하면서, 이와 동시에 다른 사람과 나 자신을 대면하게 하는 것이다. 반면 '당신을 안다는 것'은 나 자신에게 스며든다는 것이며, 당신한테서 나를 발견한다는 것이다. 나는 나한테서는 순수한 실행(exercice pur) 안에서만 파악할 수 있는 행위를 발견하고, 당신한테서는 이 행위의 광경(spectacle)을 발견한다.

이처럼 나는 타인 안에서 오직 나 자신에 대한 한 반영(reflet)만을 발견할 뿐이다. 여기서 가끔은 [타인에게서 나타나는 흔적들은] 나 자신의 흔적들과는 반대되거나 보완해 주고 있으며, 가끔은 보다 비판적이며, 가끔은 덜 비판적이다. 하지만 모든 사람이 자신들의 고유한 이미지를 서로에게 반영하면서 하나의 형상을 부여하는 그러한 삶을 나 자신에게서 체험하고 있다는 한에서만 이러한 흔적들이 의미가 있다. 모든 사람은 열정적이며 동시에 냉담한 자신의 고유한 이미지를 고독 안에서조차 서로에게 반사한다.

우리 각자 안에는 다양한 개성이 있다. 다른 사람들에게 멋진 외관을 제시하고자 하지만 다른 사람들에게는 오직 경멸과 질투만을 유발하게 하는 허영심의 개성, 그리고 남의 시선을 끌고자 애쓰지만 소심함과 겁쟁이로 가득 차 있는 어색한 개성이 있다. 하지만 우리는 이보다는 더 깊고 더 참된 다른 한 개성을 우리 자신한테서 느끼고 있기 때문에, 진정한 우리의 개성은 항상 우리 자신에게서 달아나는 것같이 보이며, 우리가 자신한테서 느끼는 개성은 항상 우리 자신을 배신하는 것처럼 보이는 것이다. 두 사람이 서로 안에서 이 비밀스러운 개성을 자각하게 하는 데 성공하게 되는 만남 이외에 진정한 영적인 만남은 없다. 이 비밀스러운 개성 안에서 두 존재가 서로를 인정하게 되고, 이와 동시에 서로를 초월하면서 서로 일치하게 되는 것이다.

누구도 다른 사람에게 그만의 고유한 상태 안에서 그 자신을 확인하는 매우 익숙한 감정을 자신에게 넘겨줄 것을 요구하지는 않으며, 어쩌면 누구도 이러한 요구를 용서할 수 없을 것이다.[44] 다른 사람과의 진정한 소통은 오직 상위적인 운동의 덕분에 그들 자신보다 상위적인 차원에서만 이루어질 수 있는데, 이 상위적인 운동을 통하여 각자가 더 이상 자신만을 생각하지 않고 이웃을 보다 더 높은 삶으로 부르는 데 도움이 될 수 있으며, 그가 이웃에게 주고자 희망한 그 동일한 삶을 즉시 수용하게 되는 것이다.

---

44 역주) 이러한 타인의 감정을 요구할 수 없거나, 이러한 요구를 용서할 수 없는 이유는 이러한 요구는 마치 '평소에 당신이 자신에 대해서 느끼는 있는 그대로의 감정'을 나에게 말해 보라는 요구와 같은 것이며, 이러한 요구는 치유를 목적으로 하는 '상담'의 경우가 아니라면, 매우 인격 모독적인 것이기 때문이다. 누구도 다른 사람의 건강 상태를 그 사람 스스로가 느끼는 그대로를 말해 보라거나, 상대방이 스스로 느끼는 죄스러운 감정들을 숨김없이 그대로 말해 보라고 요구할 수는 없기 때문이다.

제3장

자기-자신이 되기

1. 의식의 다층적(polyphonie) 목소리

의식의 드라마, 그것은 스스로 형성하기 위해서는 자아의 통일성을 해체하여야 한다는 것이다. 그런 다음 의식은 자아를 정복하는 데 소진하게 되겠지만, 스스로 파괴되지 않고서는 여기에 도달할 수가 없다. 다른 존재들과 세계와의 일종의 대화(dialogue)를 의미하는 의식은 자기-자신과의 대화를 통해서 시작된다. 마치 비슷한 이미지이지만 그럼에도 다른 두 개의 이미지에 대한 놀이처럼, 인간에게는 보기 위해서 두 눈이 필요하고, 듣기 위해서 두 귀가 필요하다. 더 나아가 시각도 청각도 결코 혼자서는 실행되지 않고, 하나가 다른 하나를 참조하면서 혹은 이들이 일깨운 다른 몇 가지 감각과 함께 공조하며 실행된다. 이처럼 다층적 목소리(polyphonie)가 형성되며, 여기서 모든 영혼의 목소리가 모든 자연의 목소리에 응답하는 것이다. 이뿐만이 아니다. 인식은 결코 [인식기관] 홀로 실행되지 않는다. 인식은 인식에 반향하는 관념과 추억 그리고 감정과 의도를 일깨우고, 우리에게 현재와 과거, 과거와 미래 그리고 우주와 정신, 우리가 생각하는 것과 우리가 느끼는 것, 우리가 느끼는 것과 우리가 원하는 것 사이에 새로운 대화를 형성한다. 결국 인식은 우리인 것과 우리가 소유한 것, 우리가 소유한 것과 우리가 갈망하는 것 사이에 항상 하나의 간격을 창조한다. 그리고 인식은 결코 성공하지는 못하겠지만 항상 이 간격을 채우고자 추구한다.

내가 나의 성실함(sincérité)[45]을 질문할 때, 그 대상은 결코 나를 만족시키지

---

[45] 역주) 여기서 '성실함'이란 어떤 것을 인식하는 데 있어서 왜곡하거나 과장하거나 풍자하지 않고, 인식 대상의 있는 그대로의 모습에 진지하다는 것을 의미하는 것으로 '인식의 성실성'이라고 말할 수 있다.

못할 만큼 너무나 유동적이다. 이 대상은 나의 인식이 이 대상을 변질시키거나 조각내지 않고서는 이를 표현할 수 없을 만큼 너무나 복잡하다. 성실하게 되는 것의 어려움, 이는 우리가 말하고 있는 그것에 현존(現存)하는 것의 어려움이며, 나 자신의 총체와 함께 인식대상에 현존하는 것의 어려움이다. 왜냐하면 이들은 항상 스스로 분열되며, 우리가 제시할 수 있는 것은 어떤 것도 참된 것이라고 할 수 없는 어떤 특정한 국면들뿐이기 때문이다. 하지만 '가장 올바른 의식(la conscience la plus droite)'은 자신이 어느 한 부분을 선택하는 그 순간에 다른 것들을 잊어버리지 않는다. 이 의식은 이 나머지 부분을 무(無)의 심연에 던져 버리지 않고, 이들로 인해 불필요한 후회들로 자신을 소모하지 않으며, 자신이 선택한 그 부분에 이들을 삽입하고자 노력하면서 긍정적인 본질(l'essence positive)과 원래의 맛(l'originale saveur)을 취하고자 원하는 것이다.[46]

논리와 도덕은 우리에게 사유하고 행동하는 데 있어서, 마치 제3의 영역이 전혀 존재하지 않고 항상 '예' 혹은 '아니요'라고 말해야 하는 것처럼, 그렇게 선택적인 것으로 나타나고 있다. 하지만 이러한 방식은 다소 딱딱한 영혼들 그리고 다음의 사실에 무지한 영혼들에게 적합한 방식이다. 즉, 제3의 영역이란 '예'와 '아니요' 사이에 있는 것이 아니라, 이 둘 사이의 선택에 있어서 이 둘로 항상 '하나'를 형성해 내는 보다 차원 높은 '예' 안에 있는 것이다.[47]

2. 냉소주의

우리 중 각자가 '그인 것'과 '그가 제시하는 것' 사이에서 하나의 냉소적인 비교를 하면서, 그의 의식을 통과하는 모든 감정을, 최소한 스쳐 가는 빛처럼, 밝혀 보고자 시도하는 사람은 이 세상에서 하나도 없다고 생각한다. 하지만 누군가 자신을 이렇게 해 보고자 생각하는 순간 그는 스스로 하나의 스캔

---

46 역주) 한마디로 말해 '올바른 의식'이란 인식하는 대상에 대해서 위에서 말한 '인식의 성실성'을 최대한 간직하고자 하는 그러한 의식이다.

47 역주) '예'와 '아니요' 사이에 어느 하나를 선택하는 것이 아니라, 이 둘을 '하나'로 형성하는 차원 높은 '긍정(예)'은 인식의 성실성을 가급적 유지하기 위해서 일종의 '변증법(정-반-합)'의 원리를 통한 생산적 긍정이라고 할 수 있을 것이다. 이러한 변증법을 통해서 칸트의 용어를 빌리자면 무한히 '물자체(Ding an Sich)'에 접근해 가는 것이다.

들의 대상이 된다.[48] 그에게는 얼굴을 붉히지도 않고 이러한 감정들을 너무 가까이서 다룬다는 것은 불가능하다고 생각되는 것이다.

이러한 사실은 각각의 사람 안에는 가장 최상의 것과 가장 최악의 것이 함께하는 전체적인 사람이 있다는 것을 말해 주고 있다. 하지만 진정한 성실함 (sincérité)이란 우리 각자 안에서 스케치가 되는 모든 모호한 충동, 모든 불확실한 순간적인 의도, 모든 결정되지 않은 유혹이 우리에게 거주하기도 전에 그리고 우리가 이들에게 어느 정도의 지속성을 부여하기도 전에 마치 실제적인 것처럼 그리고 이미 우리에게 소속된 것처럼 다루는 것을 의미하지 않는다. 진정한 성실함이란 우리가 최종적으로 되기를 원하는 그것을 발견하기 위해서 우리 자신의 근원까지 내려갈 수 있도록 이들(모호한 충동들, 순간적인 의도들 등)을 통과하는 그것을 말한다. 그런데 공포를 느끼면서 우리가 그렇게 된다고 믿고 있는 피상적인 하나의 성실함이 있는데, 이는 만일 우리의 신중함이 갑자기 멈추어 버리게 된다면 그때 우리가 그렇게 될 수 있는 존재일 뿐이다.

이는 우리의 의식에는 자신의 가능성들에 대한 모호함을 가지고 있음을 말해 주고 있다. 만일 사람들이 의식한테서 의식을 형성하고 있는 능력 자체가 아닌, 이미 형성된 실재를 추구하고자 한다면, 의식은 모든 용기의 상실과 모든 실패의 원리가 되어 버릴 것이다. 따라서 탄생하고 있는 감정들을 우리 자신의 것으로 만들 수 있는 유일한 것인 내적인 행위(l'acte intérieur)를 수행하기 이전에, 탄생하고 있는 감정들을 표현하고 말을 통하여 여기에 몸체를 부여하는 것으로 만족할 때만 성실하게 되는 것이다. 그리고 우리 자신을 판단하는 데 있어서 중요한 것은 우리가 이러한 감정들에 부여하는 동의(le consen-

---

48 역주) '의로운 사람'이라고 생각하고 모두가 그렇게 인정하는 사람이라고 할지라도, 그의 마음속에서 발생하는 감정들은 밝혀 보고자 한다면, 전혀 의로운 것과 무관하거나 '부도덕한' 것 같은 감정들이 너무나 많이 발생하고 있음을 알게 될 것이다. 그렇기 때문에 이러한 시도를 하고자 하는 사람이라면 누구나 즉시 자기 자신이 '부도덕한 존재'임을, 즉 '스캔들의 대상'임을 알게 된다는 것이다.

tement)에 대해서 뿐이다.[49]

　이처럼 성실함은 자주 우리가 우리의 삶이 나쁘다는 것을 인정하지만, 이미 우리가 이 삶이 좋은 것임을 보여 주기 시작하는 '회개'처럼 그렇게 나타나고 있다. 이는 사람들이 그렇게 말하듯이 왜 고백하는 사람의 고백이 그를 변화시키고, 고백의 수치스러움을 극복하는가를 말해 주고 있다. 만일 우리의 과거를 감싸고 있는 빛이 과거를 정화시키면서 우리와 과거를 화해시킨다면, 이는 이 빛이 우리에게 있는 하나의 능력을 불러일으키기 때문이며, 이 빛은 우리로 하여금 지금부터는 이 능력을 가장 잘 사용하고자 하는 행동 자체를 이끌어 내기 때문이다. 그렇기 때문에 우리가 큰 관심을 가지고 있고 가장 매력을 느끼는 사람이 모든 사악함으로부터 자유롭게 된 사람이 아니라, 항상 이를 날카롭게 느끼면서 이를 통해서 그의 모든 영적인 삶을 자극시키는 그러한 사람이라는 사실에 놀랄 필요는 없는 것이다.

3. 자기-자신에 대한 배우

　쉽게 자기-자신에 대한 배우가 될 위험이 있는 사람은 가장 정신적인 사람이다. 그는 그 자신에게서 발견한 것에 대해서 결코 만족하지 않는다. 그는 이를 반복적으로 생각하면서 이를 변화시키기를 멈추지 않는다. 그에게 있어서 진정한 그의 존재는 항상 현재의 그의 존재보다 아래에 있거나 혹은 그 너머에 있다. 그는 결코 자신이 상상하는 것을 자신이 느끼는 것과 구별하는 데 도달하지 못한다. 그는 자신 안에서 수천의 개성(혹은 인격, personnage)을 발견한다. 그는 그에게 주어진 실재를 여러모로 넘어서는 수천의 가능성을 통찰한다. 그에게는 이러한 가능성으로 나아가기 위한 노력이 필요하고, 그의 시선을 이 가능성에 고정시키고 이 가능성을 매우 가까이서 휘어잡는다. 반면 우리는 자주 원하는 것 없이도 약간의 단순성과 약간의 사랑으로 이러한

49　역주) 이 문단에서 저자가 말하고자 하는 것은 우리가 어떤 대상을 인식하거나 의식할 때, 우리의 의식 안에 있는 기존의 이와 유사한 인식 결과물로 대신해서는 안 되며, 매 순간 현재 느끼는 감정들에 충실하여야 하며, 또한 이러한 현재의 감정들로 자신을 판단하지 않을 때만 성실하다고 말하는 것이다. 이러한 감정이 '나의 것' 혹은 '나 자신'으로 판단되기 위해서는 나의 내적인 행위, 즉 '내적 동의'를 통해서 나 자신의 것(의식)으로 형성할 때에만 가능한 것이다.

것에 도달하기에 충분하다는 사실을 체험한다.

　내가 나 자신을 바라볼 때, 다른 한 사람이 여기에 있다. 이 다른 사람은 내가 제시하는 나 자신을 관망하는 사람이며, 이 사람 옆에서 나는 항상 나타나기만 하는 그러한 낯선 관망자와 유사하다. 나는 더 이상 한 존재가 아니라, 이미 내가 구성하고 있는 하나의 것, 하나의 외관에 불과하다.

　나르시스의 대화는 이중성(duplicité) 없이는 지속되지 않는다.[50] 이중적이 되는 것, 이는 의식 그 자체이다. '나인 것'과 '내가 제시하는 것' 사이의 거리는 반성의 산물이며, 내가 성실하게 되기 위해 행하는 노력의 결과물이다. 그 결과 나는 결코 여기에 [이 간격을 메우는 것에] 성공하지 못할 것 같은 인상을 가지게 된다. 이처럼 성실함은 항상 하나의 문제이며, 누구도 나의 성실함이나 타인의 성실함에 대해서 판단하지 못하는 것이다.

4. 속임수의 불가능성

　사람들 사이의 제 관계 안에서, 항상 실제적인 존재에 자신을 대체하고자 하는 한 외적인 존재가 스스로 형성되고 있다. 이는 자신에 대한 포기 혹은 자신에 대한 겸손을 가정하고 있지만, 하나의 무가치한 속임수가 이들을 숨기고 있기 때문에 사람들은 이에 대해서 충분히 인지하지 못하고 있는 것이다. 왜냐하면 우리의 실제적인 존재(être réel)는 우리의 외적인 존재(être apparent)가 지지되고 있는 견해로부터 유익함을 얻고자 하기 때문이다.[51]

　그런데 나는 내가 '나 자신인 것'의 실재를 위해서 제시하는 외관을 사람들

50　역주) 나르시스의 오류는 바로 이러한 '이중성'을 긍정하지 못한 데 있다. 즉, 사람들은 글이나 말 혹은 예술 작품 등을 통해서 자신을 표현하고자 하지만, 표현된 자신과 '실제의 자신'은 항상 거리감이 있다. 자기 자신과의 대화란 바로 이러한 '실제 자신'과 '표현된 자신' 사이의 거리를 인정하고, 이 간격을 메우기 위해서 끊임없이 노력하는 과정이다. 하지만 나르시스는 연못에 비친 자신의 모습(표현된 자신)을 곧 '실제의 자기'로 착각을 하였기 때문에 어느 순간 더 이상 자신과의 대화를 지속할 힘을 완전히 상실하고 만 것이다.

51　역주) 가령 '실제로 정의롭지 못한 정치가(실제적인 존재)'가 대중들의 견해를 통해서 '정의로운 정치가로 인정받을 때(외적으로 드러나는 존재)', 후자가 더욱 자신에게 도움이 되기 때문에 의식적이든 무의식적이든 이 두 존재 사이의 차이나 다름에 대해서 '인지하지 않게' 되는 혹은 '인지하지 않고자' 하는 것이다.

이 취하기를 진정으로 희망하고 있는가? 나의 각각의 말 안에서, 나의 각각의 몸짓 안에서, 비록 내가 사람들이 그렇게 믿도록 할 수 있어도, 가끔은 사람들이 누구도 속이지 못하는 자기-사랑(amour-propre)의 흔적을 관찰하고, 가끔은 기다렸고, 가끔은 염탐하였지만 그럼에도 거의 쓸모없는 고백을 관찰한다. 이 고백에 대해서 어떤 사람들은 나를 도와주기 위해서 이를 없애고자 하고, 어떤 사람들은 나를 압도하기 위해서 이를 없애고자 한다.

숨긴다는 것은 사람들이 생각하는 것보다 훨씬 어렵다. 육체, 목소리, 시선, 얼굴 등은 다만 증언하는 것들이 아니라, 존재 자체이다. 그리고 이러한 것들은 충분히 섬세한 관찰자에게 있어서는 가장 비밀스러운 의도까지도 감지할 수 있게 해 준다. 마치 자신의 반지의 색깔이 변할 것을 두려워하여 어떠한 거짓말도 하지 못하였던 북유럽 소녀의 전설에서 잘 볼 수 있듯이, 이러한 것들은 어떠한 것도 밝혀 주지 못할 것이라는 의도까지도 감지하게 한다. 이러한 일은 가장 무뚝뚝한 얼굴이나 가장 대담한 얼굴을 한 이에게도 일어나는 일이다. 만일 얼굴 표정이 변하지 않고 남아 있다고 하더라도, 그럼에도 가장 섬세한 시선은 변화할 것이며, 혹은 그의 존재에게 가장 자연적인 거동을 주고 있는 거의 느낄 수 없는 이 조화는 변화할 것이다.

사람들은 항상 자신을 [타인에게] 열어 보이는 것을 거절하거나 혹은 이에 대한 겸손을 말한다. 하지만 이를 하거나 하지 않거나 하나의 동일한 불가능성이 있다. 왜냐하면 성실함이란 모호하며, 그리고 사람들은 자신을 제시하는 것만큼이나 동일하게 어려운 것이 자신을 숨긴다는 것이라고 말할 수 있기 때문이다. 우리는 자주 내가 그 사람한테서 발견하고자 찾고 있는 것 자체를 [그 사람에게] 드러내어 주는 것보다 더 어려운 것은 없다는 것을 체험한다. 내가 도달할 수 있는 성실함은 나 자신에게 달린 것만큼이나 그에게 달려 있다. 의지적인 성실함(sincérité volontaire)의 저편에 우정이 측정하고 우정이 체험하는 가능한 성실함(sincérité possible)이 있다.[52]

반대로 은폐하는 것 역시 현존하고 있는 두 존재의 복합적인 공모(complic-ité)를 가정하고 있다. 이들은 서로 그들이 숨기고 있는 것보다는 그들이 제시

52　역주) 이 말은 두 사람 사이에서의 성실함이란 의지한다고 되는 것이 아니라, 오직 우정만이 가능하게 하는 성실함이라는 의미이다.

하고 있는 것에 보다 큰 실재를 부여하는 데 동의하며, 한 사람이 다른 한 사람에게 그들 자신을 고백하는 것을 거부하고 있다. 이들은 그들이 숨기고자 하는 이 실재를 보기 위해서만 시선을 가지고 있다는 사실을 부정하며, 항상 어떤 다른 방식으로 자신을 보는 것, 즉 자신을 숨기는 행위를 받아들이는 것이다.

하지만 각자는 다른 사람들을 속이기 이전에 우선적으로 자기-자신을 속이는 경우가 있다. 그는 자신에 대한 고유한 사랑을 통해서 타인들을 설득하기 이전에 자기 스스로를 설득한다. 그는 타인들에 대해서 획득할 수 있는 자신에 대한 성공의 첫 번째 증언자이자 척도이다. 하지만 그는 실패한다. 그는 이 절망적인 동일한 시도를 지속하지 못한다. 왜냐하면 사람들은 외적이고 허위적인 세계에서 상호 합의에 따라서 살고 있기 때문이다. 비록 총체적인 진리가 그들 앞에 있지만, 그리고 그들의 시선이 잠겨 있는 것은 이 총체적인 진리이지만, 그럼에도 사람들의 목소리가 반향하는 것은 바로 이 외적이고 허위적인 세계에 대해서이기 때문이다. 이러한 불일치에 대한 의식은 그들에게 하나의 잔인한 기쁨(une jouissance cruelle)[53]을 주기도 하는 것이다.

5. 기게스(Gygès)의 반지

만일 '나인 것'이 '내가 생각하는 그것'보다는 훨씬 더 '내가 행하는 것'에 일치하는 것이라고 한다면, "어떻게 성실하게 되지 않는 것이 가능한가?"라고 사람들은 물을 수 있을까? 그리고 만일 '내가 행하는 것'과 '내가 보여 주는 것' 사이에 전혀 간격이 없다고 한다면, '내가 보여 주는 것'과 '나인 것' 사이에는 간격은 있는 것인가?

---

[53] 역주) 여기서 '잔인한 기쁨'이 구체적으로 무엇을 말하는 것인지는 불분명하다. 하지만 우리는 우리의 체험을 통해서 이러한 '잔인한 기쁨'이 무엇을 말하는 것인지 유추해 볼 수 있을 것이다. 예를 들어 학회에서 논평을 하거나 비평가가 예술 논평을 하거나 할 때, 불성실하고 조잡한 작품이지만 서로 간의 인간적인 결탁으로 인하여 호평을 하고 찬사를 보내는 경우가 있다. 아우 좋고 매부 좋은 식의 이러한 결탁은 언론과 대중으로부터 주목받는 성공을 이룰 수 있을 것이며, 성공으로 인한 기쁨을 가질 수 있겠지만, 잔인한 기쁨에 지나지 않는다. 왜냐하면 이러한 위선적 기쁨이 늘어날수록 그의 '실제적인 존재'는 공허하게 되고 그의 영혼은 황폐하게 될 것이기 때문이다.

변화를 주고자 하는 하나의 의지에 불과한 이러한 불성실함(insincérité)[54]은 한쪽으로 제쳐 두자. 이 불성실함은 타인이 충분히 통찰하지 못한다는 한에서 타인을 속일 수 있지만, 이는 결코 나 자신을 스스로 속이지는 못한다. 이 불성실함은 내가 어떤 특정한 효과에 도달하고자 하는 한시적인 방법일 뿐이다. 하지만 이를 산출하고자 하는 의지는 나 자신에게 있어서 내가 더 이상 나 자신과 분리될 수 없다는 흔적을 나타내고 있다.

사람들은 '자신들이 누구인 것'에 대해서 아무것도 숨길 수가 없다는 것을 잘 알고 있다. 그리고 만일 사람들이 '기게스의 반지'[55]를 [실제로] 가질 수 있다고 한다면, 누구나가 이러한 능력을 가지고자 요청할 것이다. 왜냐하면 이 반지는 우리의 육체를 숨겨 줄 것이며, 그 결과 이 반지는 눈에 보이는 사물들의 세계 안에서 그 원인이 보이지 않는, 즉 원인이 이 세계에 속하지 않는 하나의 사태를 실현하도록 해 줄 것이다. 이는 의심의 여지 없이 첫 번째의 기적이다. 하지만 기적은 반지가 우리를 다른 사람들에게는 보이지 않게 하면서, 우리 자신에 대해서도 이처럼 완벽하게 내적이게 하고, 투명하게 할 때만 완수되는 것이다. 즉, 반지가 신화에 나오는 연못 속의 나르시스로부터 하나의 실재를 만들어 낼 때 완수되는 것이다.

다행스럽게도 반지는 우리에게 전혀 주어지지 않았다. 이는 우리에게 최상

---

54 역주) 앞서 3장 1절에서 우리는 성실함을 '인식하는 데 있어서 왜곡하거나 과장하거나 풍자하지 않고, 인식대상의 있는 그대로의 모습에 진지하다는 것'이라고 규정한 바 있다. 따라서 여기서 '불성실함'이란 인지하는 데 있어서 의도적으로 왜곡, 변모, 과장 등을 하는 것을 말한다. 그래서 저자는 이 불성실함을 '변화를 주고자 하는 의지'에 불과한 것이라고 말하고 있는 것이다.

55 역주) 리디아의 기게스(Gygēs)왕은 헤로도투스의 《역사》에 나오는 7세기의 인물이다. 동일한 인물인지는 알 수가 없지만 플라톤의 《국가론》, 2권(359d~360c)에 '기게스의 반지'라는 일화로 이 인물이 등장하고 있다. 리디아의 통치자에게 고용된 기게스족의 한 목자가 지진으로 갈라진 땅속에서 이상한 금반지를 주웠는데, 그 금반지의 받침대를 자기 쪽으로 돌리면 자신의 모습이 보이지 않게 되는 신비로운 능력이 있음을 발견하였다. 이 힘을 이용해 그는 왕비와 간통을 하고 함께 왕을 살해한 후 자신이 왕이 된다는 일화이다. 플라톤은 이 일화를 통해서 '반지의 절대적인 힘'을 가진 자는 그가 의로운 자라고 하더라도 결국 욕망의 노예가 되고 말 것이라는 사실을 말해 주면서 절대 권력의 위험성을 알리고 있다. 하지만 라벨은 여기서 이러한 의미로 '기게스의 반지'의 일화를 차용하지 않고, 자신을 숨겨 주는 반지의 능력을 다른 관점에서 차용하고 있다. 즉, 사람들은 이러한 반지가 나쁜 것인 줄 알지만, 만일 이러한 반지가 있다면 누구나 이를 가지려 할 것이지만, 자기 자신을 숨겨 줄 이러한 반지가 없기 때문에, 만인이 볼 수 있는 행동이라는 것을 통해서 '책임성'을 가질 수밖에 없다고 말하고 있으며, 또한 이러한 책임성을 가지는 데 매우 취약함을 말해 주고 있다.

의 시험일 것이다. 실존의 불안과 책임성의 비밀은 우리가 이를 모든 이가 볼 수 있는 행동으로 환원하는 지점에 구체적으로 거주하고 있는데, 이 책임성은 세계 안에 우리의 지울 수 없는 흔적을 남기는 것이며, 우선적으로는 오직 우리 자신을 위한 실존을 가지기 위한 책임성이다. 하지만 사람들에게 이러한 반지는 주어지지 않기 때문에, 대다수의 사람은 말을 하는 것으로 그치거나, 그들의 침묵과 작품들을 통해서, 그들인 것이 아닌, 그리고 그들이 원하는 그러한 존재도 아닌, 다른 사람들이 그렇게 믿고 있는 것에 대한 자기 자신의 이미지를 산출하는 것에서 그치고 마는 것이다.

6. 나인 것 혹은 내가 아닌 것

가장 높은 의무, 가장 섬세한 어려움, 가장 심각한 책임성, 이는 '나인 것'에서의 모든 일과 이에 따르는 것들을 완수하면서 '나인 모든 것(tout ce que l'on est)'이 실현되는 것[56]이다. 솔직함은 이를 실현하는 용기를 주면서 나를 자유롭게 하지만, 거짓말은 나를 얽어매는 것이다.

의식의 고유함은 나 자신을 소유하도록 나를 의무 지우는 것이다. 그리고 이러한 소유하기는 하나의 창조 행위와 유사하다. 왜냐하면 이러한 자신의 소유는 가능한 하나의 존재를 실현하는 것에 달려 있기 때문이며, 여기서 기질은 나 자신에게 주어져 있기 때문이다. 그런데 가능성의 상태에 남아 있다는 것, 이는 존재하지(존재를 실현하지) 않겠다는 것을 말한다. 따라서 나는 존재하지(존재를 실현하지) 않을 수 있으며, 나에게 끊임없이 주어지고 있는 이 실존을 받아들이지 않을 수 있다. 하지만 나는 [현재의] 내가 아닌 것' 외에 다른 것이 될 수가 없다. 나 자신이 소멸되지 않고서, 다른 한 존재가 된다는 것은 모순된 것이다. 자신을 통하여(par le moi) 자신의 존재 자체(son être même)에 대해 거부한다는 것은 거짓말이다.

사유하기 시작하고, 반성하기 시작하고, 그의 본성과 자유 사이에 최소한의 구별을 시작한 인간에게 있어서, '그인 것이 된다는 것(Être ce que l'on est)'

---

56 역주) '나인 모든 것(tout ce que l'on est)'이 실현되는 것이란 고대, 중세 철학에서 보자면 나의 '잠재성 혹은 가능태(potentia)'가 '현실성 혹은 현실태(actus)'로 되게 한다는 것을 의미한다.

보다 더 어려운 것은 의심의 여지 없이 아무것도 없다. 오직 그의 본성만을 따를 것인가?[57] 하지만 인간은 이 본성에 대해 신음하면서 가끔은 이 본성을 단죄하면서 판단하지 않는가? 혹은 마치 더 이상 본성이 없는 것처럼 자신에 대한 신뢰를 오직 자신의 판단하는 능력과 행동의 자유 안에 둘 것인가?[58] 하지만 본성은 결코 잊히지 않는다. 본성을 침묵하도록 만드는 데는 이를 경멸하는 것만으로는 충분치 않다. 우리의 기질에 우리의 모든 능력을 놓아두는 것은 본성이며, 성실함은 이들을 식별하고 이들을 업적(작품)으로 만든다.

성실하다는 것, 이는 우리에게 속하는 재능들을 발견하기 위해서 우리 자신의 지반(au fond de nous-même)으로 내려간다는 것이다. 하지만 이 지반은 그 무엇도 아니다.[59] 그렇지 않다면 다만 우리가 이를 사용하는 방식에 따라서 무엇이 될 수 있을 뿐이다. 가능성의 어둠들 안에서 우리 자신의 깊은 곳에 안주해 있다는 것은 [성실함을] 방해하는 것이다. 한낮의 빛 속으로 재능들이 산출되고 세계의 모든 풍요함을 증가시킨다는 것은 [성실함을] 실현하는 것이다. 성실함이란 그것을 통해서 각자가 스스로를 아는 것이요, 자신들의 힘에 따라서 창조의 과업에 기여할 것을 받아들인다는 것이다.

7. 나를 발견하기

타인에 대한 성실함(sincérité)이란 우리의 '실제적인 존재'와 '나타난 존재' 사이에 있는 모든 차이점을 제거하고자 하는 노력을 의미한다. 하지만 진정한 성실함은 자신에 대한 성실함이다. 이는 고유하게 '그 자신인 것'을 '드러

---

57 역주) 이러한 관점은 맹자나 아리스토텔레스식의 전통적인 윤리적 관점에서 볼 수 있는 사유이다. 동물은 동물답고, 사람은 사람답고, 백성은 백성답고, 신하는 신하다우며, 왕이 왕다운 것에서 가장 이상적인 사회가 이루어질 것이라는, 즉 모두가 주어진 자신의 본성을 잘 따르는 것에서 가장 이상적인 사회가 형성될 것이라는 관점이다.

58 역주) 이러한 관점은 사르트르나 푸코처럼 인간의 본성이나 본질을 규정하는 모든 과거의 사유를 오류이거나 허상으로 치부하면서 인간 그 자체를 '자유'로 규정하는 그러한 사유에서 볼 수 있다.

59 역주) 이러한 지반을 중세의 형이상학이나 하이데거 같은 철학자는 '존재(esse)'라고 부르고 있다. 이 '존재'는 모든 존재하는 것의 존재함을 가능하게 하는 근원적인 힘과 같은 것으로 구체적인 본질의 모습을 취하기 이전에는 모든 것에 공통되는 '존재'로서의 '보편 존재(esse universalis)'라고 말해지기도 한다.

내는 것'에 있는 것이 아니라, 이를 '발견하는 것'에 있다. 이러한 성실함은 우리가 제 상태를 체험하는 것에 지나지 않는 의식의 모든 피상적인 지평을 넘어 모든 우리의 삶에 절대(l'absolu)에 대한 지향을 야기하는 심오하고 동의 (conscentement)된 갈망이 탄생하는 신비로운 지역에까지 스며들도록 요청하고 있다. 왜냐하면 우리 자신을 향해 나아가는 이 시선은 자신이 향하는 대상에 따라서 그리고 이 시선을 이끌어 가는 의도에 따라서 우리 자신에게 가장 최상의 효과들을 산출하거나 혹은 가장 최악의 효과들을 산출하기 때문이다. 우리 자신을 향해 나아가는 이 시선은 항상 과도한 자기만족을 보여 주는 우리의 상태만을 고려하거나, 혹은 자신의 근원으로 올라가 이 자기만족의 노예 상태로부터 우리를 자유롭게 한다.

성실성의 고유함, 그것은 나로 하여금 나 자신이 되도록, 즉 나 스스로 '나 자신인 것'으로 되는 것을 의무 지우는 것이다. 성실함은 나의 고유한 본질에 대한 추구인데, 이 본질은 내가 행위의 동기들을 나의 바깥에서 차용하자마자 스스로 폭력을 가하게 되는 그러한 본질이다.[60] 왜냐하면 이 본질은 결코 내가 명상하는 하나의 대상이 아니라, 내가 실현해야 하는 하나의 작품이기 때문이며, 나에게 있는 어떤 특정한 능력들, 내가 실행하기를 멈추자마자 시들어 버리는 능력들을 사용하는 것을 말하기 때문이다.

따라서 성실함은 자기 자신에게로 되돌아오고 또 자신의 바깥으로 나가는 보이지 않는 행위(acte)이며, 이미 하나의 발견인 탐구이고, 이미 하나의 초월인 헌신(engagement)이며, 이미 하나의 부름인 기다림이고, 항상 숨겨져 있으며, 나타나기 직전인 계시에 대한 믿음의 행위이다. 성실함은 '나인 것'과 '내가 되기를 원하는 것' 사이의 일치의 징표이다.

사람들은 이 성실함은 마음의 덕(vertu du coeur)이며, 지성의 덕(vertu de l'in-

---

60 역주) 가령 시인이 시를 쓰는 동기가 자기 자신의 내면에서 추구하지 않고, 자신의 외부에 있는 어떤 것 (금전적 이득, 언론의 주목, 대중으로부터의 인정 등)에서 추구하게 되면, 바로 이러한 외부적인 동기가 '시인이라는 자신의 본질'에 폭력을 가하는 것이 되는 것이다. 왜냐하면 이때부터 시를 쓰는 일은 의미가 충만하고 기쁜 행위가 아니라, 고달픈 노동이 되고 말 것이기 때문이다.

telligence)[61]은 아니라고 말할 수 있다. "당신의 마음이 있는 곳에, 당신의 진정한 보물이 있습니다." 이는 왜 성실함이 가장 빛나는 거짓말들보다 항상 무한히 더 많은 풍요를 가져오는가를 설명하기에 충분한 것이다.

8. 검으로 심장을 꿰뚫다

가장 심오한 그 부모들의 마음을 밝히기 위해서 "검이 심장을 꿰뚫어야 한다."[62]라고 '루가'는 말하고 있다. 하지만 검이 도달하는 그곳에는 오직 무죄함만이 있다. 사람들이 무죄함은 악을 보지 않는다고(알지 못한다고) 말하는 것은 잘못된 것이다. 이 무죄함은 '자기-사랑'의 모든 베일을 찢어 버린다. 이 무죄함은 모든 우리의 존재를 벌거벗게 한다. 하지만, 플라톤이 그렇게 생각한 것처럼, 덕은 사악함과 덕을 동시에 알고 있다. 반면 사악함은 오직 사악함만을 알 뿐이다.

성실함은 어떤 고요한 대담함을 지니고 있는데, 이를 통해서 감히 실존 안으로, '그인 그것(있는 그대로의 그)' 안으로 진입하고자 하는 것이다. 하지만 일종의 이중적인 두려움이 거의 매번 이 대담함을 가로막고 있는데, 그것은 사람들이 지니고 있는 능력(가능성) 자체에 대한 두려움이며, 이 능력을 통해 사람들이 드러나게 되는 견해(opinion)에 대한 두려움이다. 이는 비밀스러운 세계로부터 우리의 당황함을 유발하는 드러난 세계로의 통로이다.

만일 '나라는 것'이 내적으로 '내가 되어야 할' 그것이라면, 외면에서도 그러할 것이라고 생각한다는 것은 너무 외관들에 무게를 두고 있는 것이다. 이

---

61 역주) '지성의 덕'이란 어떤 것을 잘 아는 것 혹은 분명하게 아는 것이다. 반면 '마음의 덕'은 어떤 것을 진정으로 좋아하고 갈망하는 것을 말한다. 따라서 성실성이란 '어떤 것을 잘 아는 것'에서 주어지는 것이 아니라 '어떤 것을 (아는 것을) 좋아하는 것', '어떤 것이 되고자 갈망하는 것'에서 주어진다. 따라서 우리는 성실성은 '실존적인 앎'에서 주어지는 것이라고 할 수 있다.

62 역주) 루가복음 2장 34절에 나오는 구절이다. 예수의 부모들이 어린 예수를 성전에 봉헌하는 장면에서, 시메온이 구세주를 보았다고 감동하면서 축복을 하자, 이에 놀란 그의 부모들에게 한 말이다. 성경에서는 이 말의 의미가 무엇인지는 분명하게 드러나 있지 않다. 일반적으로는 앞으로 예수에게 일어날 일들에 대한 성모 마리아의 가슴을 찢는 아픔을 예고해 주고 있다고 해석하고 있지만, 저자 라벨은 여기서 이 의미를 약간 다르게 해석하고 있다.

는 내가 항상 그럴 수는 없다는 헐벗음(dépouillement)을 요청한다.[63] 나는 항상 충분한 빛을 수용하지는 않는다. 나는 항상 나 자신에 충분하게 현존하지는 않는다. 나는 항상 말을 하거나 행동할 준비가 되어 있지는 않다. 나는 자주 기다림을 배워야 한다. 그리고 성실함은 많은 여유와 침묵을 요청한다.

우리 자신에 대한 다른 사람들의 단 하나의 판단을 고려하는 것으로 우리의 모든 움직임을 경직시켜 버릴 수 있다.[64] 만일 이러한 판단이 일종의 도전적인 것이거나, 인정받지 못하는 것이라고 한다면, 이러한 판단하는 행위가 우리보다 상위에 있다는 사실 그 자체가 우리를 수치스럽게 한다. 그런데 침묵 안에서 우리는 마치 온 세상이 우리를 보고 있는 것처럼 그렇게 행동하여야 하며, 우리가 온 세상에 노출되었을 때는 마치 우리가 이 세상에서 혼자인 것처럼 그렇게 행동해야 한다. 나아가 저속함 그 자체는, 만일 이 저속함이 충분히 큰 것이라면, 거의 항상 자신을 키워 주기에 충분하였던 그 외관에 더 이상 만족하지 못할 것이다.[65] 한없이 지속되는 그의 고유한 요청(성실성에 대한 요청) 안에서 이 저속함은 스스로 전멸되어 버릴 것이며, 완전한 성실함이 그에게 줄 수 있는 그러한 만족 이외에는 다른 만족을 발견하지 못할 것이다. 외관이 존재를 넘어서 나아갈 수 있다는 것을 믿는 것은 여전히 하나의 연약하고 비참한 저속함이다. 하지만 그는 중단 없이 자신을 초월할 수 있으며, 그의 모순 안에서 [불성실함을 성실함으로] 역전시킬 수조차 있다. 다시 말해서 존재

---

63 역주) 내적으로 나는 내가 그렇게 되어야 한다는 사람으로 될 수가 있다. 가령 나는 최소한 '내적으로'는 내가 생각하는 '선한 인간'이 될 수가 있다. 하지만 이러한 '선한 인간'이 '외적으로 드러난 나'에게 있어서도 항상 그러할 것이라고 생각한다면 이는 자만이고, 위선이며, 교만일 것이다. 이를 인정하고 모든 과장, 위선, 교만 등을 제거하는 것을 '헐벗음(dépouillement)'이라고 표현하고 있다.

64 역주) 예를 들어, 누군가 나에 대해서 '이기적인 사람'이라고 판단하였다면, 나는 더 이상 그에 관계된 그 어떤 행위도 할 수가 없게 된다. 왜냐하면 무엇을 하든지 이기적인 사람이라는 관점에서 나의 행동이 평가받게 될 것이기 때문이다.

65 역주) 저속함이 적당할 때는 외관이 주는 화려함에 만족할 수 있지만, 이러한 저속함이 극에 달하게 되면, 자신의 진정한 존재의 공허로 인하여 그 모든 외관의 화려함에도 불구하고 이러한 저속함에 대해서 스스로 환멸을 느낄 수밖에 없다는 것을 말하고 있다.

는 결코 외관과 동일할 수 없다는 사실[66]을 분명히 거부하는 것이다.

두 가지 종류의 사람이 있다. 하나는 자신에 대한 고유한 사랑으로 인하여 교만한 사람인데, 그리하여 오직 자기 스스로에게 부여하는 이미지만을 생각하는 사람이며, 다른 하나는 이러한 이미지가 존재한다는 것을 의심하지 않지만, 이러한 이미지가 '그인 것'과는 다를 수 있다는 것 역시도 의심하지 않는 사람이다.

9. 나 자신의 저편에

성실함은 나에게 있지만 나 자신에 속하지 않는 것에 대해서는 침묵하도록 요구한다. 반면 성실함은 나에게 있는 계시와 유사한 모든 것을 발견할 것을 요구하는데, 여기서 나는 통역사의 역할을 하는 것이다. 그 결과 성실함은 오직 나 자신에게 있는 것만을 말하게 하지만, 항상 마치 이들이 나 자신에게 없었던 것처럼 그렇게 말하게 한다. 성실함은 우리에게 있는 보다 내적인 것들과 가장 낯선 것들의 진실(진리)을 동시에 해석하는데, 이 진실은 우리에게 책임이 있는 것이다.

당신은 "나는 성실합니다."라고 말하면서, 이를 통해 당신이 말하고 있는 것이나 혹은 당신이 행하고 있는 것의 가치를 보존한다고 믿고 있다. 하지만 만일 이러한 성실함이 아무것에 관한 것도 아니라면, 만일 이 성실함이 당신의 자기-사랑에 대한 움직임만을 나에게 제시한다면 그리고 당신의 슬픈 증언들이나 당신의 비참만을 제시한다면 나에게 중요한 것이 무엇인가? 그럼에도 당신은 마치 하나의 변명처럼 그리고 동시에 마치 하나의 자존심처럼

---

66 역주) "존재는 결코 외관과 동일할 수 없다."라는 관점은 매우 섬세한 의미를 가지고 있다. 범주적으로 말해서 존재와 외관의 관계는 1. 존재는 외관보다 많다, 2. 외관이 존재보다 많다, 3. 존재는 외관과 동일하다는 세 가지의 형식을 취할 수 있다. 형이상학적인 차원에서는 존재는 당연히 외관보다 많은 것이다. 하지만 특정한 관점에 따라서는 외관이 존재보다 많을 수 있다. 가령 우연적인 것들을 존재로 고려하지 않을 경우 무수한 우연적인 사실들을 포함하는 외관은 존재보다 많은 것을 가지고 있기 때문이다. 반면 존재와 외관이 동일하다고 볼 수도 있다. 이는 '존재=외관'이라는 뜻이 아니라, 보이는 모든 외관이 곧 존재를 표상해 주고 있다는 것을 의미한다. 즉, 모든 '실재하는 것'의 합이 곧 존재라고 고려될 수가 있는 것이다. 저자 라벨은 "존재는 결코 외관과 동일할 수 없다는 사실을 거부한다."라고 말하면서 바로 이 세 번째의 관점을 대변해 주고 있는 것이다.

이러한 성실함을 주장한다. "바로 이것이 나인 것입니다. 나는 나 자신에 대해서 당신을 속이지 않습니다. 그리고 내가 당신에게 제시하는 이 존재는 당신과 마찬가지로 세계 안에 자신의 자리가 있고, 동일한 태양이 동일한 빛을 비추는 존재입니다."

그런데 당신이 주장하는 이러한 성실함은 자주 당신에게나 나에게도 관심이 없는 하나의 거짓 성실함에 지나지 않는다. 이러한 성실함은 당신이나 나에게 어떠한 실제적인 연관도 없는 하나의 사태 외에 나에게서 아무것도 발견하지 못한다. 내가 기다리는 성실함은 내가 필요로 하는 유일한 것인데, 이는 우리에게 개별적이면서 동시에 공통되는 하나의 운명이라는 차원에서 나로 하여금 당신에게 그리고 나에게 주의를 집중하게 하는 것이다. 이러한 성실함에서 나는 당신의 존재를 보게 되는데, 이는 마치 하나의 사물처럼 기술하는 것이 아니라, 추구되고, 긍정되고, 그리고 이미 참여하게 되고, 마치 그곳에서 우리가 서로에게 뿌리를 내리게 되는 실재의 본질 자체에까지 스며들고자 하는 그러한 성실함이다.[67] 그리고 이를 통해서 그에게 요구되었던 흔적들 자체를 알기 위함이며, 그가 수행하여야 할, 그리고 그가 시작을 하여야 할 사명을 알기 위한 것이다.

10. 진실과 성실함

사람들은 세상에서 성실하게 되는 것보다 더 쉬운 것은 없으며 여기에 도달하기 위해서는, 우리에게 주어진 그대로의 실재가 감각하기 불가능할지라도 변질되지 않으면 된다고 공통적으로 믿고 있다. 거짓말을 하거나, 숨긴다는 것은 이와는 반대된다. 거짓말은 자신의 고유한 의지로 행동하는 것이며,

---

67 역주) 이러한 저자의 관점은 매우 미래 지향적이고, 크리스천 영성가의 입장을 대변한다고 볼 수 있다. 저자는 진정한 성실성이란 다만 '있는 그대로의 자신의 사태'를 왜곡 없이 제시하는 것에 있는 것이 아니라, 인간이라는 이유로 지니고 있는 공동의 운명에 관련된 '갈망되고 추구되는 어떤 것에 대한 자신의 자아를 제시해 주는 것', 인류의 미래를 위한 공동의 노력, 나아가 '서로가 서로에게 뿌리를 내릴 수 있는 본질 자체에까지 스며들고자 하는 노력'이라고 말하면서 '절대자의 현존에 대한 관계성'임을 암시하고 있다. 이는 모든 인간이 인간이라는 이유만으로 이러한 운명과 이러한 현존에 내밀하게 연관되어 있음을 암시하면서, 이러한 것에 대한 고민과 갈등과 노력들이 모든 인간에게 있어서 자기 존재의 성실성을 이루고 있음을 말하고자 하는 것이다.

자신의 존재를 더 이상 일치하지 않는 하나의 이미지로 대체하는 것이다. 성실하게 된다는 것, 이는 제 사물을 그대로 남겨 두는 것이 아닌가?

하지만 문제는 보다 어려운 것이다. 내가 말하고 행동하기 시작할 때, 나의 시선이 빛으로 열리자마자 나는 실재에 무언가 다른 것을 첨가하면서 실재를 변형시킨다. 하지만 이러한 변형은 하나의 광경(외관)의 창조이며, 이것 없이는 실재는 나에게 아무것도 아닐 것이다. 이는 내가 내 앞에서 탄생하는 세계를 바라볼 때, 원근법을 통하여 그리고 빛과 그림자의 무한한 조화를 통해서 마치 하나의 언덕의 광경처럼 보게 되는 것과 같은 것이다. 그럼에도 아무도 실재(le réel)가 이를 인지하는 나의 행위를 통해서 내가 창조하였다는 것을 받아들이지는 않는다. 실재는 나의 의지에도 불구하고 나에게 부과되는 어떤 특징을 가지고 있으며, 이러한 특징들에 대해서 나는 다른 사람들의 증언에 도움을 청하게 된다. 이렇게 나는 오류로부터 진실을 구분하는 것이다.

하지만 성실함은 진실이 아니다.[68] 이처럼 회화란보다 더 많거나 적은 성실함으로 우주에 대해 지니고 있는 완전히 개별적인 비전을 해석한 것이다. 그리고 우리는 오직 이 개별적인 비전에 대해서만 이것이 참되다고 말할 수 있다. 그럼에도 누구도 성실하게 된다는 것을 제 사물을 있는 그대로 재현한다는 것, 즉 사물들에 대한 나의 고유한 비전을 말하는 것이라는 데 동의하지 않을 것이다. 반면 참되다는 것(être vrai)은 나의 고유한 이 비전 안에 제 사물을 있는 그대로 재현하는 것일 것이다. 왜냐하면 나의 성실함이 거주하는 곳은 이러한 고유한 '비전의 질적 특성(la qualité de cette vision)' 안에 있기 때문이다. 나의 성실함이란 나의 이 비전을 항상 보다 섬세하고, 보다 흡수력 있고, 보다 심오하게 되도록 하기 위한 노력 그 자체이다.

진실(la vérité)은 그인 모든 것을 감싸며, 내가 눈을 열기만 한다면 나를 밝혀 주는 하나의 빛을 요청한다. 사람들은 성실함이란 그 자체로 빛에 대한 동의 외에 다른 것이 아니라고 말할 수 있겠지만, 여기에서 문제가 되는 이 진실

---

[68] 역주) '진실'이 있는 그대로의 사태를 제시하는 것 혹은 사물들의 광경과 나의 의식 행위의 일치를 의미하는 것이라면, '성실함'은 '가능한 그것' 혹은 '될 수 있는 그것'까지를 말하는 것이며, 이는 나의 의식 속에 형성된 그것과 내가 표현하는 그것의 일치를 지향하는 것이다. 라벨은 뒤이어 나르시스의 오류는 진실을 곧 성실함으로 대체하고자 한 그것에 있다고 말하고 있다.

이 '나 자신인 것'에 대한 진실이라는 조건하에서만 그러하다. 그리고 나에게 있어서는 이러한 진실을 명상한다는 것으로는 충분하지 않으며, 우선적으로 이 진실을 산출하는 것이 문제가 된다.

사람들은 거의 항상 진실을 마치 사유와 실재의 동시성(la coïncidence)이라고 고려하고 있다. 하지만 실재가 나 자신과는 다를 때, 이러한 동시성이 어떻게 가능한가? 이와 반대로 만일 성실함이 우리 자신과 우리 자신의 동시성을 말한다고 한다면, 사람들은 이러한 것을 어떻게 놓칠 수 있는가를 질문할 것이다. 하지만 여기에 고유한 자기-사랑(l'amour-propre)이 개입된다. 성실함의 고유한 특성은 이러한 자기-사랑을 극복하는 것이다. 제 사물의 광경과 나의 의식 행위의 적합함을 추구하는 진실에 대립한다는 의미에서, 사람들은 성실함은 내가 제시하는 광경이 나의 의식의 행위에 적합하도록 노력하는 것이라고 말할 수 있다.

따라서 오직 성실함만이 철학자들이 모든 앎의 최상의 법칙으로 세우고자 하였던 대상과 주체의 이원성(dualité)을 극복할 수 있는 것 같다. 만일 나르시스가 자신을 상실하였다면, 그것은 이러한 앎의 최상의 법칙을 자기 자신의 한가운데에 기입하고자 했다는 것이다. 그는 행동하면서 자신을 형성하기 이전에 자기 자신을 볼 수 있고 또 자신을 향유할 수 있다고 믿었다. 그는 작용이 존재로 나아가고 존재를 규정하는 이러한 비교할 수 없는 시도를, 이 창조적인 실행을 가질 용기가 없었다. 이러한 행위는 수학이 순수한 앎 안에서 이미 하나의 모델을 우리에게 제공하고 있는 그것이며, 내적인 성실함은 우리에게 이러한 행위를 드라마틱하게 우리 자신에게 적용하는 것을 보여 주고 있는 것이다.

11. 망설이는 성실함

성실하다는 것, 그것은 스스로 자신을 형성하면서 자신을 나타내는 것이다. 성실하다는 것은 말하는 것이 아니라 행위하는 것이다. 다만 사람들은 성실함이라는 용어에 보다 덜 충실한 의미, 보다 약한 의미를 부여하고 있을 뿐이다. 따라서 성실함이란 진실과 함께 자기 자신에 대해서 말한다는 것이다. 그런데 각각의 말과 행위가 여전히 '그인 것'에 무언가 첨가할 수 있는 결코 완수되지 않은 존재에 대해서 어떻게 진실을 말할 수 있는가? 전율 없이, 생기를 잃어 가는 안색 없이, 어떻게 자신에 대한 진실을, 진실 그리고 자신을 말할 수 있겠는가? 그러나 성실함은 모든 언어를 넘어서 보이지 않는 내밀성(intimité)에 까지 도달하여야 하지만, 이 내밀성은 항상 언어들이 배신할 수 있는 위험성을 가지고 있는 그러한 것이다. 언어들은 여기서 오직 그림자만을 그려 낼 뿐이다. 성실함은 이러한 내밀성이 육화하기 시작할 때만, 즉 우리의 존재 자체를 규정하고 이 존재의 운명을 수용하는 행위들 안에서만 나타날 뿐이다.

성실함은 이미 존재하는 하나의 실재를 닮은 초상화 안에 다시 새로운 이미지를 첨가하여 재생산하는 것에 있는 것이 아니라, 성실함 그 자체가 창조적이다. 이는 단지 표현이 아니라 행동의 한 덕이다. 우리의 '자기'라는 것은 잠재성들의 다발 그 이상이 아니다. 이 잠재성들의 다발을 실현하는 것은 우리의 몫이다. 진정한 성실함이 거주하는 곳은 우리의 행위가 완전히 수행된 그곳이다. 그리고 사람들은 이러한 성실함을 상실하고 있음을 잘 알고 있는데, 게으름 때문이거나, 혹은 두려움 때문에, 혹은 환경이 우리를 이끌고 가는 경향을 좇으면서 성실함을 우리의 견해에 양보하는 것이 보다 쉽고 보다 유용하다고 생각하기 때문이다.

성실함은 우리 자신을 형성하는 행위와 우리 자신을 발견하는 행위를 더 이상 구분하지 않는다. 성실함은 우리의 능력들을 일깨우는 주의집중이며, 동시에 여기에 하나의 몸체를 부여하는 용기이다. 이러한 용기 없이는 성실함은 아무것도 아니다. 능력(la puissance)이란 우리에게 존재하는 부름(l'appel)이다. 용기는 이러한 부름에 응답하는 우리의 대답이다. 사람들이 그렇게 믿고 있듯이, 성실함은 무자비한 통찰력으로 가장 깊숙이 숨겨져 있는 의도들을 파악하는 것으로 만족하지 않는다. 성실함은 그의 고유한 한계들을 넘어서는 것에 있어서, 세계 안에 자리를 잡는 것에 있어서 그리고 그 자신인 것을 드러내는 데 있어서 비밀스러운 존재이기를 의무 지운다.

12. 근원으로의 귀환

내가 행동하기 시작하자마자, 나의 삶은 하나의 상황 안에 갇혀 버린다. 나의 삶은 과거의 무게를 지니고 있다. 수천의 힘이 이 삶을 이끌어 가기 시작한다. 이 삶은 내가 그 안에 잡혀 있는 하나의 운동인데, 나는 내가 이 운동을 뒤따르는 것인지, 혹은 내가 이 운동을 산출하는 것인지를 알지 못한다. 하지만 성실함은 나를 압박하는 이 모든 간청을 거부하며, 나로 하여금 나 자신의 한 중심으로 내려가도록 의무를 부과한다.[69] 성실함은 항상 근원으로의 귀환이다. 성실함은 나로 하여금 지속적으로 탄생하는 한 존재를 형성하게 한다.

성실함은 우리로 하여금 모든 근심으로부터, 견해로부터 혹은 사태로부터 해방시킨다. 성실함은 우리 자신의 근원으로 우리를 데려가며, 창조주의 손에 의해 만들어진 그러한 '우리 자신인 것'을 우리의 고유한 눈으로 발견하게 한다. 이러한 우리 자신에 대한 발견은 외관들이 우리를 유혹하기 이전에, 우리가 어떠한 인위적인 것들을 발명하기 이전에 삶의 첫 분출 안에서부터 이루어진다.[70]

성실함은 우리 자신에 대해서 여전히 외부적인 것인 한 초상화 안에서가 아니라, 우리 자신인 그대로를 우리에게 제시해 준다. 성실함에는 어떠한 보증이나 약속도 필요치 않다. 성실함은 당신과 나 사이에 어떠한 그림자도, 추억의 그림자도, 욕망의 그림자도, 그 자리를 허락지 않는 시선의 완전한 분명함이다. 이는 우리 사이에 어떠한 우회도, 어떠한 속임수도, 어떠한 속셈도 그 자리를 허락지 않는 의지의 완전한 올바름이다.

---

[69] 역주) 사람들은 자신이 싫어하는 어떤 요청을 그 어떤 외적인 이유로 수용하는 경우가 있다, 그리고 이러한 억지 수용은 후회를 동반하며, 자신과 타인과의 관계성을 파괴시키기도 한다. 여기서 후회는 '자기답지 않음' 혹은 '자신이 옳다고 생각하는 것을 행하지 못함' 혹은 '나의 자유를 행사하지 못함'에 대한 후회이다. 이는 단적으로 '자신에게 성실하지 못함'에 대한 후회이다. 따라서 성실함은 항상 '나 자신인 것'에 충실하도록 하는 것이며, 따라서 항상 나 자신의 한 중심으로 내려가도록 요청하는 것이다.

[70] 역주) 이러한 저자의 관점은 매우 영성적인 입장을 취하고 있다. 즉, 모든 인간은 탄생과 더불어 '자기 자신인 것'을 부여받고, 자신의 고유한 삶의 소명을 지니고 있으며, 이를 실현하는 데 있어서 그 어떤 외부적인 요청에 의지하지 않고, 오직 자기 스스로 자신의 성실함으로 실현해 간다는 것을 말하고 있다. 이는 '천상천하 유아독존(天上天下 唯我獨尊)'이라는 부처의 말이나, "사람의 아들은 머리를 둘 곳조차 없다."라는 그리스도의 말이 의미하는 자신의 구원은 오직 스스로의 손에 달려 있다는 진리와 동일한 의미인 것이다. 13절에서 저자는 이를 보다 분명하게 밝혀 주고 있다.

마지막으로 성실함은 하나의 완전한 내적인 고귀함이다. 왜냐하면 성실한 사람은 자유로운 하늘 아래서 살고자 요청하기 때문이다. 성실한 사람이란 자기를 전혀 숨기지 않기 위해서, 진실 이외에 어떠한 것도 바라지 않기 위해서, 외적으로 나타나는 것에 만족하지 않기 위해서, 나타나는 것과 자기 자신(내적인 자신)이 더 이상 구분되지 않는 그러한 존재에 매우 근접한 자신을 형성하기 위해서 충분한 열정을 가진 유일한 사람이다.

13. 신의 시선 아래서

내적인 성실성이란 이를 통해서 내가 나 자신을 신의 시선 아래에 두는 것이다. 이외 다른 곳에는 어디에서도 내적인 성실함이 있을 수 없다. 왜냐하면 오직 신에게만 더 이상의 광경이나 더 이상의 외관도 있을 수 없기 때문이다. 신은 그 자체 '그인 모든 것'의 순수한 현존이다. 내가 신을 향해 돌아설 때, 나한테서 문제가 되는 것은 오직 '나 자신인 그것' 이외에 아무것도 없다.

왜냐하면 신이란 다만 내가 나 자신에 대해서 알고 있는 것을 전혀 숨길 수 없는 존재인 항상 열려져 있는 시선일 뿐만 아니라, 모든 어둠을 통찰하고, 내가 나 자신에 대해 알고 있는 것과 무관하게 내가 누구였던가를, 즉 '나 자신인 그것'을 나에게 계시해 주는 빛이기 때문이다. 이 빛 앞에서는 나 자신에게 나 자신을 숨기는 '고유한 자기-사랑'은 갑자기 벗겨져 버리는 의복에 지나지 않게 되고, 나의 영혼 그 자체를 투명하게 하는 다른 하나의 사랑이 나를 감싸게 된다.

우리 자신에게 삶이 지속하는 동안만큼 우리는 '우리 자신인 것'을 변화시킬 희망을 가지고 있거나, 혹은 우리 자신을 숨길 수 있다. 하지만 우리의 삶이 위협받거나, 죽음에 이르자마자 오직 '우리 자신인 그것'만이 문제가 된다. 사람들은 오직 죽음 앞에서만 완벽하게 성실하게 될 뿐이다. 왜냐하면 죽음은 취소할 수 없는 것이며, 우리가 완수한 우리의 실존에 절대적인 특성 자체를 부여하기 때문이다. 이는 그 어떤 것도 피해 갈 수 없고, 죽음의 다음 날 우리 영혼의 진리를 가장 최후까지 통찰하는 한 심판자의 시선을 상상하면서 우리가 표현하는 것이다. 그렇지 않다면 하나의 불가능성, 즉 우리가 우리 자신이 행한 것에 아무것도 더 첨가할 수 없다는, 하나의 다른 미래 안에서 우리 자신으로부터 도피할 수 없다는, 더 이상은 우리의 '실제적인 존재'로부터 '드러난 우리의 존재'를 구분할 수 없다는 것에 대한 하나의 불가능성을 의미하는 것 외에 다른 무엇을 의미하겠는가? 그리고 우리의 존재가 지금까지는 항상 어떤 교정들 아래 놓여 있었던 일종의 초안에 지나지 않았지만. 이제 의지가 무기력하게 되고 순수한 명상의 행위 안에서 완결된 존재 이외에 다른 아무것도 껴안을 수 없는 그러한 순간에 우리가 마주하게 되는 불가능성을 의미하는 것이 아니겠는가?

성실함 안에서 신을 마치 증언자(témoin)처럼 요청한다는 것은 충분하지 못하며, 마치 '모델'처럼 신을 요청하여야 한다. 왜냐하면 성실함은 오직 자기 자신의 빛 안에서 자신을 보는 것이 아니라, 자신의 의지에 적합하게 자신을 실현하는 것을 말하기 때문이다. 나는 누구인가? 이는 다른 말로 신이 나에게 되라고 요청한 그것이 아닌가? 하지만 내가 행한 것과 나에게 있는 이 능력(가능성) 사이에는 하나의 무한한 거리감이 즉시 나에게 나타나게 된다. 그럼에도 나의 유일한 소원은 이를 실현하는 것이다. 그런데 나는 끊임없이 이러한 실현에 실패한다. 그리고 내가 실패하였다는 이 범주 자체 안에서 나는 더 이상 나를 위해서도 타인을 위해서도 오직 하나의 외관에, 오직 흩어지는 숨결에 지나지 않았을 외관에 지나지 않았다는 것이며, 이 외관은 죽음이 파괴시켜 버릴 그러한 것이다.[71]

이러한 것이 다음과 같은 말씀에 주어져야 할 진정한 의미이다. "이 세상에서 나에 대해서 부끄러워하는 사람은 나의 아버지 앞에서 내가 그에 대해서 부끄러워할 것이며, 이 세상에서 나를 인정하는 사람은, 아버지 앞에서 내

---

71 역주) 여기서 저자가 말하고자 하는 것은 '실패'가 곧 나의 진정한 존재와 드러난 존재 사이의 간격을 말해 주는 것이며, 죽음만이 이러한 간격을 없앨 수 있는 것이기에, 죽음만이 '완전한 성실성' 혹은 '존재의 완성'을 가능하게 하는 것이라는 사실이다.

가 그를 인정하게 될 것이다. 나는 진리를 이 세상에 증언하기 위해 왔다."[72]

---

[72] 역주) 이 구절은 '신약 성경'의 '마태복음' 10장 32~33절의 내용이다. 이 복음서의 내용은 신앙인들에게 믿음을 증거하도록 독려하는 내용의 설교에 자주 인용되는 것이다. 하지만 저자 라벨은 이 성경의 구절을 '성실성'의 주제와 관련시킨다. 즉, 세상에는 '진리에 대해서 부끄러워한 사람, (즉 내적인 존재와 드러나는 존재가 달랐던 사람)'과 '진리를 인정한 사람, (즉 내적인 존재와 드러나는 존재가 일치된 사람)'이 있을 수 있는데, 전자를 '존재론적으로 불성실한 사람' 후자를 '존재론적으로 성실한 사람'이라고 할 수 있으며, 이 세상에 있는 동안은 이 둘이 잘 구분되지 않는다. 왜냐하면 진정한 존재는 항상 숨겨진 내적인 존재이기 때문이다. 하지만 이러한 이 세상에서의 모호함은 죽음 이후에는 외관의 소멸과 함께 분명하게 드러나게 될 것이라는 것이 이 성경이 말해 주는 메시지라고 라벨은 해석하고 있는 것이다.

제4장

보이는 행동과 보이지 않는 행동

1. 책임성의 게임

우리의 모든 행동은 우리를 해석해 주면서 동시에 우리 자신을 왜곡한다. 모든 행동은 가장 심오한 우리의 존재의 표현이며 존재의 외관을 이루고 있지만, 또한 우리에게 하나의 시련이 되기도 한다. 우리가 완전히 우리 자신이 되는 경우는 행동하기 위해서 우리가 우리 자신으로부터 뛰쳐나오고, 세계 안에 하나의 자리를 잡고 여기서 책임을 다하기 위해서 순수한 잠재성의 영역으로부터 이탈할 때뿐이다.

사람들은 이미 자신들의 사유로부터 책임을 가지고 있다. 왜냐하면 의도와 행동 사이에 하나의 간격이 있듯이, 의도와 사유 사이에도 역시 하나의 간격이 있기 때문이며, 이 간격으로부터 책임성이 흘러나오며, 그 결과 책임성은 항상 보다 높게 상승될 수가 있기 때문이다. 책임성은 의식이 형성되기 시작하는 그 지점 자체에 가장 심오한 자신의 근원을 가지고 있다. 하지만 책임성은 이 중단 없는 진보의 각각의 단계에서 점점 더 자신을 질책하게 되고, 이 진보를 통해서 책임성은 자신을 실현하게 할 그 방법들을 실현시키며, 모든 시선에 분명하게 드러날 몸체를 취하는 것이다. 그런데 책임성의 고유함이란 내가 책임지고 있는 것을 세계 안에서 완수할 것을 나에게 의무 지우기 위해서 세계로부터 나를 분리하는 것이기 때문에, 어떤 의미에 있어서, 나는 당신이 사유하는 것에 있어서와 동시에 당신이 행하는 것에 대해서도 책임을 가지고 있으며, 그 결과 책임성은 항상 보다 섬세하게 되고, 이 책임성에는 그 어떤 한계도 주어지지 않는다.

경박하거나 무의미한 행위는 하나도 없다. 즉, 우리의 책임성을 전혀 가지지 않거나, 영적인 우주의 총체적인 질서에 삽입되지 않는 행위는 하나도 없다. 따라서 이 책임성이 항상 저항에 부딪힌다는 것에 대해서 놀랄 필요는 없다. 왜냐하면 이 저항이 없이는 책임성이 탄생할 수가 없기 때문이며, 이 저항이 없이는 우리의 행위가 우리에게 속할 수가 없을 것이기 때문이다. 다시 말해서 자발성과 본능으로부터 스스로 분리될 수가 없을 것이기 때문이다. 하지만 이러한 저항들이 발견되는 곳은 단지 외부 세계에서만이 아니며 우리 자신에게서도 발견된다. 이러한 저항들은 각각의 존재가 제 사물을 유순하게 대할 때 체험하는 어려움을 통하여, 자기 스스로를 창조하는 데 있어서 체험하는 보다 심오한 어려움, 즉 말하자면 '자신을 발견하는 것'에 있어서 체험하게 되는 어려움을 반영해 주고 있다.

2. 요청된 책임성

가장 나약한 사람들은 행동하기 전에는 항상 책임성을 회피하고자 하며, 행동한 이후에는 책임성을 전가하고자 한다. 이들은 책임을 회피하고자 노력하는 것보다는 자신들의 정당함을 증명하는 데 보다 많은 노력을 기울인다. 하지만 이들이 어떤 잘못을 범했을 때는 사람들이 자신들에게 어떤 이득을 요청하기를 기다리며, 자신들이 옳다는 것을 증명해 주는 사건들이 발생하였을 때만 이를 제공한다. 이들은 자신들의 책임성이 세계의 운명 안에 미리 주어져 있다는 것을 인정하지 않으며, 사람들이 이 책임성을 자신들에게 부여하거나 세계가 그들을 위해 선언할 때만 수용할 뿐이다.

이와 반대로 가장 강한 사람들은, 사건이 발생하기 전이나 혹은 발생한 이후에, 이러한 중책에 자신을 내어던진다. 이들은 이러한 막중한 책임성을 수용하고 보다 증가시키는 데 있어서 멈추지 않고 애를 쓴다. 이들이 행동을 하는 순간에 이 행동은 오직 그들 자신에게만 달려 있는 것처럼 보이며, 행동을 한 이후에는 항상 자신들이 충분하게 행위하지 못한 것에 대해서 자신을 책망한다. 일종의 무절제한 교만으로 이들은 자신들이 결코 충분하게 잘 이행할 수 없다고 생각하는 하나의 전능함(une toute-puissance)을 자신에게 부여하는 것 같다. 이들은 일의 결과에 대한 영향이 타인에게는 가장 적은 영향력만 끼칠 수 있도록 다른 사람들에 대해서는 과도한 무관심이나 경멸을 가지고 있다. 성공은 당연한 것이라 여기며, 거의 자신의 주의를 기울이지 않는다. 그런데 만일 이들을 인도하는 것이 사랑(la charité)이라고 한다면, 자신들의 실패나 혹은 타인들의 실패에서조차 이들을 불만족스럽게 하고 불안하게 하며, 고통스럽게 하고 위로받지 못하게 한다. 이들이 이 사건과 얼마나 멀리 떨어져 있는가 하는 것은 중요하지 않다. 이들이 책임성을 가지고 있다고 생각하는 것은 세계 전체이다. 이들은 자신들이 발견할 수 있는 모든 악에 대해서 그 책임을 가지고자 하는데, 이러한 책임성을 자신과 유사한 이들이나, 신과도 나누고자 원치 않는다. 왜냐하면 이들의 시선은 너무나 많은 진실성, 침투력 그리고 깊이를 가지고 있어서, 그들에게서 즉시 무한한 근원을 발견하지만, 이는 자신들이 한 번도 사용하지 못한 것이기 때문이다. 이들은 오직 은총이 자신들에게서 결코 상실된 적이 없었다는 것만을 생각할 뿐이다. 이들은 이 은총이 총체적이고 눈에 보이지 않는다는 것을 알고 있지만, 그럼에도 이 은총을 받을 자격이 전혀 없거나 혹은 이러한 은총이 자신들에게 응답하지 않을 것에 대해서 끊임없이 두려워하고 있다.

하지만 가장 용감한 사람은 책임성에 대한 실패를 항상 염두에 두고 있으며, 필요로 하는 수단들을 사용하지 못했음을 생각하고, 자신이 결심과 지속성을 가지지 못했다고 생각할 수 있는 사람이다. 이러한 용감한 사람은 또한 실패처럼 보이는 것이 항상 진정한 실패는 아니라는 것과 실패를 판단하는 것은 고통에 따라서도, 사건의 전말에 따라서도 아니며, 오직 행위가 산출할 수 있는 영적인 결실(le fruit spirituel)에 따라서 뿐이라는 것을 잘 알고 있다. 그는 우리의 감수성보다 무한히 정확한 균형을 가지고 있으며, 무한한 유연성의 법칙에 순종하며, 육체들의 멸망만큼이나 엄격한 '비밀스러운 정의의 효과(l'effet d'une justice secrète)'가 아닌 어떤 것도 세상에서 일어날 수 없다고 생각한다.

3. 일(le travail)[73]에 대한 찬사

고대인들은 프로메테우스가 사람들에게 일하는 것을 가르쳐 주었기 때문에 신들이 프로메테우스에게 복수를 하였다고 말하였다. 다시 말해서 자신의 손으로 물질을 그들의 정신의 흔적으로 변모시키는 방법을 가르쳐 주었기 때문에, 신들은 인간들이 자신들로부터 등을 돌리고 자신들을 찬미하기를 멈추게 되는 것을 두려워하였던 것이다. 이처럼 노동은 신의 처벌처럼 간주되기 이전에는 마치 신에 대항한 혁명처럼 간주되었다.

하지만 우리는 이러한 사실을 다른 방식으로 고려할 수 있다. 프루동 (Proudhon)[74]은 노동이란 정신적인(도덕적인) 행위의 눈에 보이는 현시라고 말하였다. 일이란 창조적 행위의 현시(現示)이며, 신의 업적 그 자체의 지속이다. 만일, 이렇게 말할 수 있다면, 일이란 물질에 의해서 정신이 저당 잡힌 것이 아니라, 오히려 물질에 저당 잡혀 있는 정신의 분출이다. 일은 정신의 능력을 해방시킨다. 일은 사물들을 변모시키면서 인격을 형성한다. 노동이 물질에 야기하는 이러한 변형은 물질을 인간화(humanise)하고 정신화(spiritualise)한다. 하지만 이러한 변모는 나로 하여금 고독한 명상을 넘어서게 하기 위해서 '나-자신'으로부터 뛰쳐나오게 한다. 일은 모든 사람으로 하여금 눈에 보이는 하나의 목적을 추구하는 가운데, 그들이 살도록 부름을 받은 세상에 대한 훈육 안에서 서로서로 가까이 접근하게 한다.

바로 이 때문에 이념(l'idée)으로부터 우회하면서 의식 안에서만 실존을 가지고, 행위에서만 실존을 가지며, 창조된 세계의 절약 자체에 관심을 가진 모든 일은 항상 공통적인 하나의 일로 변화하고자 하는 경향성을 가지게 되는

---

73 역주) 불어의 'le travail'은 '일', '노동', '수고' 등의 의미가 있다. 여기서는 일반적으로 사람들이 자신의 직업적인 일을 의미하고 있으며, '육체노동'과 '정신노동' 및 일체의 노동을 의미한다고 볼 수 있다. 따라서 문맥에 따라 '일' 혹은 '노동'으로 번역하였다.

74 역주) 프루동(1809~1865)은 19세기 프랑스의 위대한 지성인 중 한 사람이며, 유일한 혁명이론가이기도 하다. 기자, 경제학자, 철학자, 사회학자 등으로 알려진 그는 '자유-사회주의자'였고, '다원주의자'였으며, 스스로 '무정부주의자'라고 선언하기도 하였다. 누구보다도 왕성한 저술 작업을 하였는데, 대표 저술로는 《경제적 모순들의 체계 혹은 가난에 대한 철학》, 《휴머니즘 안의 질서의 창조》, 《19세기에 있어 혁명에 대한 일반적 사유》, 《혁명 안에서의 정의 그리고 교회 안에서의 정의》 등이 있으며, 출간된 단행본만도 33권이 된다.

것이다. 이러한 때에 사람들은 모든 일 안에서 자기 자신이 아닌, 하나의 대상(objet)을 향하며, 이 대상을 넘어설 때는, 그 수단에 의해 말을 건네는 이웃을 향하는 것이다. 반면 헌신(dévouement)이란 그의 효과들을 통해서 체험되고 측도되는 일이다.[75] 그리고 가장 아름다운 죽음으로부터 죽는 인간이란 일과 헌신으로부터 죽는 사람이다.

4. 행위와 그의 작품

행위(activité)[76]가 실행되고 있는 동안에 행위는 육체와 영혼의 모든 예속으로부터 우리를 자유롭게 한다. 행위는 비록 자신의 작품이 결코 무미건조하지 않다는 것을 알고 있지만 자신이 산출하는 작품을 염두에 두지 않는다. 이와 동시에 사람들이 자신의 작품을 평가할 제 규칙을 무시하는 것이 불가능하다는 것을 알면서도 이러한 규칙들도 의식하지 않는다. 물질적인 행위와 정신적인 행위라는 [구분되는] 두 형식의 행위는 존재하지 않는다. 왜냐하면 육체적인 습성 안에서 완수할 수 없는 영혼의 도약이 전혀 없는 것과 마찬가지로 정신화할 수 없는 육체적 운동은 있을 수 없기 때문이다.

육체를 전혀 요동하게 하지 않고 제 사물의 저항과 시련을 전혀 동반하지 않는 순수한 행위가 존재할 수 있다고 생각하는 것은 부질없는 생각이다. 하지만 문제는 어디에 방법이 있고 어디에 목적이 있는지를 아는 것이다. 행위의 목적이 단지 보이는 세계를 변모시키고, 자신의 고유한 업적을 완성한 후에 소멸되기를 바라는 것이라고 생각한다는 것은 일종의 맹신이다. 정신은 이 업적을 항상 자신의 뒤편에 내버려 두는데, 작품이란 그의 실행과 그 자신

---

75 역주) 헌신이 '그 효과들로부터 측도되는 일'이라는 표현은 매우 함축적이다. 이는 말하자면 노동이 직접적인 목적을 겨냥하는 것이라면, 헌신은 직접적인 목적이 주어지지 않더라도, 어떤 눈에 보이지 않는 선을 낳고, 빛을 발산하는 효력을 가지고 있음을 말하는 것이다. 따라서 노동이 대상을 향하는 것이라면, 헌신은 곧 자기-자신의 내면성을 향하는 것이라고 할 수 있다. 구체적인 목적을 지향하지 않고 오직 그가 선한 사람이거나 선을 지향하는 사람이기 때문에 선을 행할 때 사람들은 그의 행위를 '헌신'이라고 하는 것이다.

76 역주) 불어에서 행위는 'acte'이며, 'activité'는 행위의 추상 명사형으로 '행위성'으로 번역이 된다. 하지만 한국어 사용에서 추상 명사가 주어가 되면 문맥상 어색하므로 '행위'로 번역하였다.

의 진보들의 도구에 지나지 않는 것이기 때문이다.

공간은 정신이 취득하는 모든 것의 길이겠지만, 정신이 거주하는 곳은 이 공간이 아니다. 왜냐하면 우리의 행위는 세계가 그것 아래 지배받는 공간의 세계 안에 자국을 남기기 때문이다. 하지만 이러한 정신의 승리는 항상 실패의 위험을 지니고 있다. 왜냐하면 이러한 행위는 우리가 산업 공장 안에서 볼 수 있듯이 자신의 기능이 물질을 지배하는 것이라 생각하는 경향이 있기 때문이다. 이러한 경우에 정신은 오직 자신만이 할 수 있는 일들, 눈에 보이는 모든 사태를 측정하고, 산출하며 그리고 성장시키는 데 있어서 하나의 만족을 체험하게 된다. 정신은 단지 사물들을 지배하면서 자신이 사물들에게 지배당하는 것이다. 정신은 항상 성공을 보장하는 냉혹한 규칙들에 따라 사물들로부터 획득하는 손쉬움과 안전함과 확실함으로부터 기쁨을 취한다. 제 사물에 대해 행위하기가 매우 쉬운 하나의 메커니즘에 질서 지워진 행위성, 여기에서 환희를 느끼고, 오직 이러한 메커니즘을 발전시키고자 꿈꾸는 행위성, 이러한 행위성은 메커니즘의 하녀가 되어 버린다. 이러한 행위성은 하나의 죽은 행위성이다.

5. 하늘의 새들과 들의 백합

사람들은 '마태복음' 안에서 다음과 같은 구절을 발견한다. "무엇을 먹을까 말하면서 걱정하지 마시오." 그럼에도 그가 태어난 집을 갓 떠난 젊은이에게서부터 그리고 무덤을 한 발짝 앞두고 있는 노인에게 이르기까지 거의 대부분 사람의 우선적인 관심사는 바로 여기에 있다. 경제학 박사들은 "우리는 무엇을 먹을 것인가?"라고 질문한다. 사람들은 하늘의 새들과 들의 백합을 흉내 내고자 하는 사람을 비웃을 것이다. 그런데 그 스스로 어떠한 전율도 체험하지 않으면서 누가 감히 이들을 흉내 낼 수가 있을 것인가?

하지만 이러한 생각은 성서가 우리에게 요청하는 것을 오해한 것이다. 왜냐하면 새와 백합처럼 행동한다는 것은 우리의 내부에서 오는 모든 요청에 대해서 열정적으로 경청한다는 것이며, 우리의 외부에서 주어지는 모든 청원에 대해서 유순하게 대답한다는 것이기 때문이다. 이는 우리의 삶을 매 순간 다시 시작한다는 것을 말하며, 우리를 초월하는 하나의 질서, 우리가 변질시킬 수도 규정할 수도 없는 하나의 질서에 있어서 우리가 감행할 행동들의 모든 효과에 대해 신뢰한다는 것이다. 이는 사람들이 안전함이나 불안증, 어느 것에 더 많이 기울어져 있는가에 따라 열정도 없이 일종의 게으름이나 절망의 형식에 숙명적으로 내맡겨야만 한다는 뜻이 아니다. 이는 우리가 처해 있는 환경에 정확히 일치하면서 온 힘을 다하여 우리의 의지를 실행하여야 한다는 것을 말한다. 산출되는 결과가 문제일 때, 이는 더 이상 우리에게 달린 것이 아니며, 세계를 지배하는 이 질서, 비록 이 질서가 유지되기 위해서 우리의 협력을 필요로 하지만, 그럼에도 결코 위반될 수가 없는 이 질서에 달린 것이다. 게다가 우리의 의지의 무질서로부터 제 사물의 무질서가 발생할 때, 이를 치유하는 것도 여전히 이 질서이다.

인간성의 가장 큰 오류, 특히 우리의 시대에 있어서 가장 큰 오류는 영혼이 완수해야만 하는 작용 그 안에 거주하고 있는 이 최상의 선을 외부적인 사태로부터 획득할 수 있다고 생각하는 그것이다. 사람들은 오직 향유하기만을 생각한다. 그러나 이들은 모든 것을 소유하기 위한 방법을 창조하기 위해서 많은 외부 활동을 하지만, 그들의 행위를 업적으로 바꾸어 줄 '내적인 행위(activité intérieure)'는 회피하고 만다. 그리하여 이러한 내적인 행위의 박탈이 그 방법들 자체가 그들에게 가져올 그것을 소유하는 것을 방해하고 만다.

사람들의 불행은 자주 그들이 충분히 행위하지 않는 것에서 발생하는 것이 아니라, 너무 많이 행위하거나 혹은 적절한 시기에 행위하지 못하는 데서 발생한다. 그리하여 이들은 현재의 욕망 중 하나를 제공함으로써 다른 더 심오한 것들을 위반하고, 이미 시기가 너무 늦은 때에 깨어나서 자연적인 질서 안에 그들의 의지의 효과들을 도입하게 되는데, 이렇게 하여 이들은 자신들이 예견하지 못한 몇몇 큰 동요를 산출하고 이 동요 아래 매장되는 것이다.

6. 보이지 않는 행동

실제적이고 효과적이며 자비로운 유일한 행위는 눈에 보이지 않게 실행되는 행위이다. 하지만 많은 사람이 이와는 반대로 모든 행동(action)의 본질은 제 사물을 변형하고 그들의 욕망에 이를 적합하게 하는 것이라고 생각하고 있다. 그러나 세계의 양상을 변화시키고 실제 행동의 자리를 차지하는 이러한 행동은 정신들을 변화시키고 그 자리를 차지하는 행동이라는 것을 자주 볼 수 있다.

가장 심오한 행동은 또한 가장 숨겨진 것이다. 이 행동은 전혀 사태를 유발하지 않는 것처럼 보이만, 그럼에도 하나의 감지할 수 없는 비춤을 통해서 가장 멀리 침투하는 행동이다. 이 행동은 비록 육체를 변모시키지만 전혀 육체와 접촉하지는 않는 것 같다. 이 행동의 완벽함은 스스로 태어나고 스스로 충분하다고 생각하는 다른 행동들만을 산출하는 것에 있으며, 이는 말하자면 다른 행동들을 분출하게 한 그 근원, [즉 자신]을 잊어버리게 하는 것이다.

진정한 행위가 항상 보이지 않는 것이라는 사실은 아름다운 것이다. 우리 자신의 비밀이 결코 침해당할 수 없다는 것과 우리가 행하는 모든 것의 첫 근원은 모든 이의 시선들에 숨겨져 있다는 것 그리고 이 근원이 갈등이나 수치심을 가질 수 없다는 것은 아름다운 것이다. 그리고 우리가 창조의 업적 안으로 개입하기 시작하는 순간, 그것이 방금 변화되었으며 우리의 손을 인식하지 못할 정도로 매우 은밀한 방식으로 이루어진다는 것은 또한 아름다운 것이다.

육체의 눈은 오직 사건들, 즉 운동들만을 인지할 뿐이다. 육체의 눈은 이 사건의 의미에는 전혀 도달하지 못한다. 다시 말해서 이러한 사건들을 산출한 동기나 의도에는 도달하지 못하는 것이다. 이기주의에 의한 것이건 사랑에 의한 것이건 모든 행동은 완수되었을 때 동일한 외관을 가질 수 있어야 한다. 어떠한 외적인 징표도 가장 공통되는 시도들로부터 가장 순수한 희생들을 구별하지 말아야 한다. 왜냐하면 물질을 투명하게 하고, 이 물질이 표현하는 물질의 이면에 은폐되어 있는 영적인 진리를 알아보는 것은 오직 마음(esprit)의 시선뿐이기 때문이다. 동일한 일을 하고 동일한 사유들로부터 정신적 양식을 취하는 사람 중에서, 어떤 사람들은 이익과 자기-사랑에 대한 관심을 통해 지배를 받지만, 반면 모든 것을 주고자 끊임없이 노력하는 사람들도 있다. 얼굴들, 말들, 태도들, 습관적인 몸짓들은 육체만을 관찰하는 사람에게 있어서는 유사하게 보일 수 있다. 이처럼 겨울에는 살아 있는 나무와 죽은 나무들이 잘 구별되지 않는다. 그럼에도 이들에게는 생명의 현존을 증거하는 어떤 특정한 섬세한 흔적들이 있으며, 이를 구별할 수 있는 사람은 자신에게 이 생명을 지니고 있는 사람뿐이며, 그 외의 사람들은 오직 자신들에게만 관심이 있을 뿐이다. 하지만 가장 많은 수액을 지니고 있으며, 때가 되면 잎을 내고 꽃을 피우며 열매를 산출할 사람들도 여전히 가장 신중하고 가장 주의 깊은 체험에서 오류를 범할 수도 있다.

완전함은 질료적인 행위와 정신적인 행위 사이에서 그 차이가 소멸될 때, 혹은 자연적인 질서와는 반대로 질료적인 행위는 보이지 않게 되고, 정신적인 행위가 보이게 될 때, 그때에만 획득될 수 있다.[77]

7. 현존의 행동

가장 심오한 행동은 순수한 현존의 행동이다. 그리고 이를 지지하고자 하거나 여기에 무엇을 보태고자 하는 모든 노력은 그 불완전함과 불충분함의 흔적을 보여 줄 뿐이다. 우리는 오직 실재에, 우리 자신에게, 다른 사람에게 혹은 신에게 현존하기 위해서만 행위한다. 그런데 비록 감각적인 현존을 통과하고 이를 초월하면서만 획득할 수 있는 것이긴 하지만, 모든 현존은 정신적인 것이다. 다만 감각적인 현존이 우리를 충만하게 하는 것처럼 나타나면서 우리에게 충분한 것으로 끝나 버리는 경우가 있다. 사람들은 이 감각적이 현존이 우리 자신을 분열시키고 우리 자신을 타인에게 제공할 수 있는 개별적이고 살아 있는 행위를 방해한다고 믿고 있다. 하지만 이와는 반대로 정신적인 현존이 나타날 때, 우리는 더 이상 감각적인 현존을 필요로 하지 않게 된다. 우리는 이 감각적인 현존을 갈망하는 나약함으로 인한 오류를 범해서는 안 된다. 한 존재가 그의 유일한 현존을 통해 행위한다고 말한다는 것은

---

77 역주) '물질적인 행위가 보이지 않게 되고, 정신적인 행위가 보이게 될 때'라는 표현은 언뜻 이해하기 어려운 표현이며, 그 구체적인 예가 바로 떠오르지 않는다. 아마도 우리는 이러한 예로 '기적'의 경우를 떠올려 볼 수 있을 것인데, 장님이 눈을 뜨게 되는 기적에서 '질료적인 행위'는 '눈을 뜨게 하는 행위'일 것이며, '정신적인 행위'는 '그를 진정으로 사랑하는 행위'가 될 것이다. 전자는 보이는 행위이며, 후자는 보이지 않는 행위이다. 그러나 이러한 행위가 완전하게 된다는 것은 '장님을 사랑하는 마음'이 환히 드러나고, 이로써 '눈을 뜨게 되었다는 사실'이 아무것도 아닌 것처럼 잊힐 때일 것이다.

어떤 것을 갈망하는 것 없이도 [그의 현존만으로] 그의 행동의 효과들이 다양화된다는 것을 말하는 것이다. 이는 신이 세계를 다스리는 그 방법이다. 그리고 이처럼 우리 각자에게 있어서 자신의 행동이 가장 단순하게 되고 최상의 것이 될 때, 이러한 현존의 행위가 산출되는 것이다. 이러한 때에 우리의 모든 움직임이 매우 수월하게 그리고 자연스럽게 발전하고 완성된다. 말하자면 이들을 이끌어 내는 주도권에 있어서도 이들에 의해 수행되는 것이다.

따라서 의지가 이 운동들에 개입하고자 하자마자, 이 운동을 도와주려고 하면서 오히려 이 운동을 전복시킬 수 있다는 사실에 대해서 놀랄 필요는 없다. 가장 완전한 행위는 항상, 존재하고 살아가는 것에 대한 하나의 순수한 동의(consentement)처럼 체험된다. 그의 업적들은 동일한 화덕에서 끊임없이 자신을 다시 불태우기 위해서 항상 소비해야만 하는 다만 하나의 양식에 불과하다.[78]

8. 완벽한 단순성

진정한 단순성은 눈에 보이지 않는다. 이 단순성은 완전히 순수한 것이며, 완전히 투명한 것이다. 오직 이 단순성만이 존재와 나타남(외관) 사이의 차이를 없애 버린다. 이 단순성 덕분에 가장 어려운 것들이 가장 자연스럽게 변한다. 대다수의 사람은 세상에서 자신들의 지나온 흔적이나 증언들을 남기고자 하는 것만을 생각한다. 하지만 모든 외관은 퇴색하고 만다. 그리고 타인들에게 자신의 화려한 외관을 보여 주고자 하는 근심을 통해서 행동하는 사람들은 이 화려한 외관과 함께 퇴색하고 만다. 단순성은 완전히 내적인 세계만을 알 뿐이며, 결코 외부적인 세상으로 시선을 돌리지 않는다. 도가(道家)에 따르면 가장 아름다운 것은 위대한 것을 행하는 것이 아니며, 자신에 대한 위대한 이미지를 주는 것이 아니라, 이와는 반대로 외관들의 세계에는 어떠한

---

78 역주) 이 마지막 문장은 매우 시적인 표현이다. 이는 말하자면 나의 모든 업적과 업적을 위한 행위는 나의 [정신적인] 현존의 한 결과물에 지나지 않고, 나의 현존의 발전을 위해서 도구로 사용되는 것에 지나지 않으며, 그렇기 때문에 이러한 업적들에 대해서 연연하지 않음을 말하는 것이다. 즉, 나의 과거나 현재의 나의 업적들은 다만 다음의 나의 업적들이 나타나기 위한 한 양식에 지나지 않음을 말하는 것이다.

흔적도 남기지 않는 것이라고 한다. 이는 사람들이 어떠한 그림자도 만들지 않으면서 자신의 순수한 존재의 통일성을 간직하는 것이라고 해명하는 그것이다.

사람들은 거의 항상 善이란 눈에 보이지 않고 스스로 자랑하지 않는 발견된 질서와 유사해야 한다고 느끼고 있다. 선은 일종의 영적인 균형인데, 여기서는 각각의 사물이 자신에게 속하는 그 자리를 차지하고 있으며, 어떠한 욕망도, 어떠한 후회도, 이기주의나 증오로부터 발생한 어떠한 운동도 이를 변질시키지 못하는 것이다. 하지만 사람들은 보이는 것에서 만족을 한다. 이들은 질서를 긍정하는 대신에 이를 무너뜨리면서 자신을 드러낸다고 믿고 있다. 그리고 이를 위해서는 사악하고 포악하기까지 한데, 많은 사람은 이러한 존재가 되는 것이 불가능하기 때문에 이러한 기질을 가진 것처럼 그렇게 나타내 보이기를 좋아하는 것이다.

가장 효과적인 행동은 또한 가장 자비로운 것이기도 한데, 이는 하나의 고요한 필연성(une silencieuse nécessité)을 지니고 있으며, [세속적으로는] 실패하고 모든 계산을 초월한다. 말하자면 이러한 행위는 운동도 없고 대상도 없으나 모든 것을 행한다. 그리고 사람들은 이러한 행위와 경쟁하는 것은 불가능하다는 것을 인정하며, 또한 이러한 행위가 나타나는 것을 방해하는 것이 불가능함을 일고 있다. 가장 현명하고 가장 강한 사람들은 이를 방어하거나 이를 서술할 필요가 없다는 것을 잘 알고 있다. 이들의 역할은 다만 이를 실천하고 어느 날엔가 이들이 나타나게 하는 것이다.

우리의 모든 능력이 탄생하고 꽃을 피우는 것은 고요와 침묵 안에서이다. 나무는 그의 수액으로부터 그가 산출할 모든 열매를 키운다. 하지만 나무는 이 열매에 대해서 무지하다. 이 열매를 알고 이 열매를 맛보는 것은 나무의 역할이 아니다.

9. 침묵과 말들

침묵이란 자신이 타인들로부터 판단을 받거나 혹은 자신이 타인들의 일에 참여하기를 거부하는 신중한 태도의 한 양태이다. 침묵은 또한 절제의 한 양태인데, 사람들은 침묵을 통하여 자신의 자연적인 움직임들을 억제함으로써 다른 사람의 정신이 자신을 판단하거나, 존중하거나 혹은 자신에게 어떤 행위를 가하지 못하도록 하는 것이다.

그러나 여전히 침묵 안에는 삶의 중력에 지불된 일종의 경의가 있다. 왜냐하면 말이란 오직 말하는 이에게만 의미가 있는 내적 감정들 사이에 하나의 중개적인 세계만을 형성할 뿐이지만, 말은 항상 이 세계의 얼굴을 바꾸고, 자주 자신의 자리를 차지해 버리기 때문이다. 가장 경박한 사람은 자신의 생각이나 행동 그리고 미래의 반향을 불러일으키는 말을 하지 않고 말하는 것만으로 만족하는 사람이다. 반면 가장 진지한 사람은 가장 말을 적게 하는 사람이다. 그는 오직 묵상하고 행위하는 것만을 알 뿐이다.

말이란 아직 생각으로만 가지고 있는 것을 실제 행동으로 바꾸어 주는 중개자의 역할을 한다는 한에서만 가치가 있을 뿐이다. 우리는 비록 말이 아직은 가상적인 행동에 지나지 않지만 실제적인 사유라고 말할 수 있다. 왜냐하면 말이란 우리의 사유를 발견하게 하면서, 이미 여기에 하나의 얼굴을 부여하고 우리 자신을 [행동으로] 연결하기 시작하기 때문이다. 그럼에도 우리는 말과 진정한 행위를 혼동해서는 안 될 것이다. 말이란 다만 진정한 행위를 요청하고 이를 예시해 줄 뿐이다. 만일 우리가 이를 수행하지 않는다면, 말은 우리 자신을 불성실한 사람으로 만들 것이다. 이처럼 말은 우리의 자유를 중심으로 사슬을 이루고 있다. 그리고 만일 자신이 한 말이 자신에게 어떠한 해도 끼치지 않기를 원한다면 그리고 말이 항상 첫 시작점으로 남아 있기를 원한다면 자신의 말에 주의를 기울여야 한다. 말이란 끊임없이 변화하는 의지와 항상 예견할 수 없는 상황 사이에 있는 새로운 관계를 의미한다.

발설된 낱말은 비록 눈으로 볼 수 있는 방식은 아닐지라도 이미 사물들의 상태를 변화시키기에 충분하다. 이 낱말은 비록 두 존재 사이에 이미 알고 있는 것 외에 어떤 새로운 것을 밝혀 주지는 않는다 하더라도, 두 존재 사이의 관계를 뒤집으면서 이 관계를 밝혀 준다. 조금 전까지만 해도 해결되지 않은 하나의 가능성에 불과하였던 것이 지금은 드러나게 된다. 오직 나의 영혼 안에서만 실재를 가졌던 것이 외부로 드러나게 되는 것이다. 누구도 이를 고려하지 않을 수 없고, 이제부터 나의 행위는 전체적으로 여기에 달려 있다.

그럼에도 나의 침묵 안에서 나였던 것과 내가 표현하거나 해명할 수 있는 나 사이에는 하나의 무한한 거리가 존재하고 있다. 그런데 '나인 것(ce que je suis)'의 능력을 의미하는 침묵의 신비로운 능력이 있다. 이는 내가 말한 것의 능력보다 항상 더 큰 능력이다. 이 내적인 침묵은 자신이 제시할 수 있는 광경을 타인들은 전혀 볼 수 없기 때문에 각자가 자신으로 남아 있을 수 있게 하고, 망설이거나 가장하지 않게 한다. 이처럼 나는 말을 통해서보다 침묵을 통해서 훨씬 더 당신에게 가까이 있게 되는 것이다.

가장 깊은 사랑은 전혀 말에 의존하지 않는다. 가장 열정적인 것처럼 가장 섬세한 그의 현존(présence, 나타남) 안에서 말은 침묵을 깨면서, 이 현존을 깨어 버릴 것이다. 이는 이 현존을 정당화하면서 오히려 이 현존을 나약하게 하는 것이다. 그가 있는 곳에, 그는 하나이며 전체적이며 보이지 않는 것이다. 사람들은 그를 조각내지 않고는 그를 보여 줄 수가 없으며, 그의 현존보다 상위에 있지 않고는 그를 보여 줄 수가 없다. 그 어떤 것도 그의 현존을 능가할 수 없으며, 증언이란 항상 그의 현존에 대해서는 불공정한 것이다.

우리가 실행하는 모든 행동 안에서 이와 같으며, 말에 의존하는 것처럼 보이는 훈육(교육)에 있어서도 우선적으로 하나의 순수한 현존, 항상 행동적이며 항상 제공되어 있는 이 현존에 달려 있다. 그런데 이 현존은 관심을 끌기 위해서 어떠한 요청도 필요치 않으며, 자신에게 응답하는 데 있어서 어떠한 요청도 필요치 않은 그러한 현존이다.[79]

10. 졸고 있는 얼굴

영혼의 어떠한 능력도 행위를 산출하면서만 이 능력을 유지할 수가 있다. 만일 행위를 산출하지 않는다면 영혼은 조금씩 쇠약하게 되고 능력은 소멸되고 말 것이다. 따라서 영혼의 능력을 마치 자기 혼자만의 놀이를 위해 사용하는 것이며 순수하게 보존해야 할 것처럼 생각하는 것은 이 능력을 부패시키고 소멸해 버리게 하는 참으로 천박한 생각이다. 만일 영혼의 능력을 사용

---

[79] 역주) 라벨은 이러한 현존에 대해 《총체적인 현존(la présence totale)》이라는 제목을 가진 그의 저서에서 심도 있게 분석해 주고 있다.

하지 않고 중단해 버린다면 영혼은 더 이상 아무것도 아닐 것이다. 어떠한 행위도 증언해 주지 않는 내적인 기질이란 도무지 무엇이란 말인가? 이러한 의미에서 나 자신이란 '내가 행위하는 그것'이며, 자주 내가 그렇게 생각하듯이 '내가 할 수 있다고 믿고 있는 그것'이 결코 아니다.

졸음이 밀려올 때, 졸고 있는 것이, 즉 갑자기 나른하고 게으르게 된 것이 나의 의식이라고 말할 수 있을까? 그런데 의식의 고유함이란 항상 깨어 있고, 기민하며, 가벼운 것이 아닌가? 그런데 만일 나의 얼굴이, 다른 사람이 아닌 나 자신에게 숨겨져 있는 능력을 증언해 주지 못한다면 잠자고 있는 현명한 사람과 잠자고 있는 바보 사이의 차이점은 어디에 있는 것일까? 만일 이를 구별해 주는 것이 있다면 그것은 [능력의] 결과만이 이를 구별하게 할 것이다. 이러한 능력을 전혀 사용하지 않고 평생을 간직하고만 있는 사람은 결코 바보와 구별되지 않을 것이다. 그는 다만 그의 어리석음에 대해 책임이 있을 뿐이다. 우리는 이러한 사람을 한 의도적인 바보라고 말할 수 있을 것이다. 하지만 누가 감히 이 두 종류의 바보 중에서 완전히 분명한 경계선을 그을 수 있다는 말인가?

그런데 한 존재의 본질이란 분리할 수 없는 하나의 통일체이며, 성격의 특별한 흔적들과 말들, 개별적인 행동들은 이 통일체를 해석해 주기보다는 변질시킨다. 사람들은 운동이 이 통일체를 계시해 준다고 말하겠지만, 하지만 운동은 이 통일체를 분할시킨다. 반면 부동성(immobilité) 안에서 우리는 서로를 보상해 주는 무한대의 현실적이고 가능한 움직임들을 발견하게 되고, 이 통일체를 깨뜨리고 이를 겉으로 드러내는 어떤 징후가 있기 이전에 마치 그의 고유한 한계들의 내부를 전체적으로 껴안을 수 있는 것처럼 단김에 이 통일체를 이해하게 된다.

가면은 하나의 가장된 부동성(不動性)에 지나지 않는다. 얼굴의 모습(physionomie)은 한 번에 수천 개의 운동을 미리 구성하고 이미 시작하는 하나의 살아 있는 부동성이며, 보다 중요한 것은 완료할 필요가 없다는 것이다.

따라서 우리는 왜 "한 인간의 진정한 얼굴은 잠자는 동안에만 우리에게 계시될 수 있다."라고 말할 수 있는 것인지를 쉽게 이해할 수 있다. 그는 더 이상 활동하지 않으며, 더 이상 자신을 방어하지도 않는다. 그의 의지는 중지되었다. 사람들은 더 이상 그를 그가 하고 있는 것에서 보는 것이 아니라, '그인 것' 안에서, 즉 그가 하고자 원하는 모든 것 안에서 그를 보는 것이다. 가끔 그는 기적적으로 그가 지닌 인간성의 모든 근심으로부터 자유롭게 된 '신의 고요함(le calme d'un Dieu)'으로 나타나며, 가끔은 이러한 근심들에 쫓기고 짓눌린 모습으로 나타나며, 가끔은 실망이나 경멸 혹은 분노로 얼룩진 얼굴로 나타난다. 하지만 이러한 것들은 필요한 행동이나 혹은 다른 사람들의 현존으로 한순간 완화시키거나 지워 버리기에 충분한 것들이다. 인간이 잠을 자기 위해서 자신을 숨기는 것은 자기 자신으로부터 스스로를 숨기기 위한 것이다.

11. 우리의 고정된 본질

나를 항상 죽음으로부터 분리시키는 이 긴 시간의 간격 안에서, 나에게 주어질 것은 전적으로 나에게 달려 있고, 나아가 나에게 주어질 것을 수용하는 방식도 전적으로 나에게 달려 있는 이 간격 안에서 나의 실존은 무엇을 할 것인가? 내가 늘 주시하고 간직해야만 할 하나의 중심이 되는 규칙이 있다. 그것은 내 삶의 모든 행동, 내 마음의 모든 생각, 내 몸의 모든 움직임은 내 존재의 헌신과 내 존재 자체를 창조하는 것과 같아야 하고, 내가 선택한 결심과 구체적인 존재가 되고자 하는 나의 의지를 증언하는 것이어야 한다는 것이다. 내 의지가 너무나 자주 하나의 추억을 기술하고 하나의 대상을 지칭하는 것으로 만족하지 않고, 내가 말하고 쓰는 모든 문장이 이와 같아야 한다.

왜냐하면 각각의 인간은 스스로를 창조하며, 이 창조는 그 끝을 알 수 없는 것이기 때문이다. 이러한 창조를 중단하자마자 인간은 하나의 사물로 전락하고 만다. 즉, 그는 자기 자신을 되풀이하기 시작하는 것이다.

그런데 자신을 되풀이하는 방식 안에는 다양한 차이가 있다. 어떤 사람들은 자신들의 모든 행위가 의존하는 항상 새롭게 탄생하는 영적인 통일성을 발견하였기 때문에 이를 반복한다. 이들은 하나의 영원성 안에 자신을 형성하고 있는데, 여기서는 외적으로는 어떤 것도 변화하지 않지만 사실상 모든 것은 항상 새롭다. 왜냐하면 여기서는 매 순간 우리에게 영원성이 제공되는 것을 발견하는 것 외에 새로운 것은 없기 때문이다. 반면 어떤 사람들은 그들이 습득한 어떤 몸짓들을 되풀이하는 것으로 만족하는데, 이는 그들로 하여금 그들의 반복 그 자체에서 지속적인 영적인 부활을 가능하게 하는 영감의 이 내적인 근원을 발견하지 못하였기 때문이다.

만일 우리가 우리의 고유한 본질을 발견하고 이를 실현하기 위해서 우리의 삶을 보낸다면, 어느 순간 이 본질이 계시되고 고정되는 순간이 있는 것 같다. 이러한 때에 어떤 사람들은 경험을 통해서 습득한 어떤 감정들과 행위를 통해서 습득한 어떤 행동들의 포로가 되어 있으며, 이러한 포로의 생활이 그의 죽음에까지 지속될 것이며, 또 어떤 사람의 경우에는 영적 세계의 무한성 안에서 모든 방향으로 스스로 해방시켜 꽃을 피우면서 여행을 계속할 것이며, 이 영적인 세계 안으로 더욱 스며들고 이제는 여기에서 살게 되는 것이다.

탄생은 나의 개별적인 실존을 막대한 우주 안에서 솟아오르게 하는데, 이는 내가 실행할 자유, 즉 내가 되어야 할 존재를 선택하는 자유를 가지게 하기 위한 것이다. 그런데 나는 어떻게 이러한 자유를 사용할 것인가? 나는 이러한 선택의 자유를 오직 죽음의 순간까지만 사용할 수 있을 것이다. 모든 것이 환불되는 죽음의 순간, 나의 고독이 소멸되고, 내가 나 스스로에게 주었던 '나인 것'만을 가지고 갈 수 있는 죽음의 순간까지만 이를 사용할 수 있을 뿐이다.

제5장

감성의 능력들

1. '감각적인' 나

가끔 사람들은 자신을 놀라게 하는 모든 것과 이러한 것을 방해하고자 위협하는 것 앞에서 감각적인 것이란 단지 육체의 어떤 추락의 흔적이며, 자기 통제를 폐지하는 용기의 부족이라고 생각하면서 '감각적'이라는 용어의 가치를 평가 절하하는 경우가 있다. 그리고 사람들은 감각적인 사람이란 항상 섬세하거나 온유한 사람이 아니며, 감성 안에는 인간성보다는 나약함이 더 많고, 사랑보다는 '자기-사랑(허영심)'이 더 많다는 것을 보여 줄 수 있을 것이다.

그러나 '감각적'이라는 말은 너무 아름답기 때문에 이를 퇴화시키는 모든 습관으로부터 보호되어야 하고, 때로는 감각(sens) 쪽으로 때로는 감성(sentiment) 쪽으로 기울어지는 이 모호함을 보존하여야 하며, 이 둘 사이를 연결해 주는 부서지기 쉬운 교각을 결코 깨지 말아야 한다. 이 교각은 감각과 감성 사이에 일종의 균형을 형성하는데, 이 균형이 깨어지자마자, 우리는 오직 '관능적(sensuel)'이고 '감정적인(sentimental)' 말만을 가질 뿐이며, [이러한 말들로는] 대담하게도 더 이상 우리가 우리 자신을 섬기지 않게 된다.

따라서 만일 우리가 세상에서 일어나는 모든 것을 자아와 관련시키면서, 감수성(sensibilité)[80]이 자기-사랑(l'amour propr)의 움직임과 진정한 사랑(la

---

[80] 역주) 감각과 관련된 불어 용어에는 '감각(sens)', '감성 혹은 감정(sentiment)', '관능적(sensuel)', '감정적(sentimental)', '감각 능력 혹은 감수성(sensibilité)' 등이 있다. 여기서 'sensibilité'는 문맥에 따라 '감각 능력', '감수성' 혹은 단순히 '감성'으로 번역하고 있다.

charité)의 움직임들을 한꺼번에 흔들어 놓을 위험이 있다고 생각한다면, 감수성 안에는 중단 없이 배가되는 위험이 항상 놓여 있음을 알게 된다.

비록 감각성이 오직 수용하기만 하고 항상 감화되고 상처받기 쉬운 수동적이고 연약한 영혼들에게 속하고, 마음(le cœur)은 항상 스스로의 재능에 준비되어 있으며 열정과 자비가 충만한 능동적인 영혼들의 비상에 속하는 것이기는 하지만, 그럼에도 사람들은 감각성과 마음을 분리시키는 것을 결코 받아들이지 않을 것이다.

비록 어떤 영혼들은 많은 감성을 지녔지만 사랑은 거의 없는 것처럼 보인다 할지라도 사람들은 감성과 사랑을 분리하는 것을 받아들이지 않을 것이다. 그런데 감성은 사랑으로부터 나타나는 한에서만 그리고 감성의 모든 움직임이 이 사랑을 뒤따르면서 다른 모든 변동을 질책한다는 한에서만 그 깊이를 지닐 수 있다.

2. 부서지기 쉬운 균형

감성은 [주체와 대상 사이의] 분리를 없애 버리지만, 결코 개인과 전체 사이의 구별을 없애지는 않는다. 감성은 개인과 전체의 복합적인 현존을 증언하며, 이들 사이에 가장 섬세한 소통을 낳는다. 한 사람으로부터 다른 한 사람에게 감성은 결코 소멸되지 않는 부름과 응답이라는 하나의 전체적인 게임을 일으킨다. 이 부르고 응답하는 게임에서는 어떠한 습관도 생기지 않았고, 매우 밀접하고 생동감 있는 관계들을 통해서 우리의 삶을 실재에(au réel) 연결시키는데, 이에 비하면 앎이란 추상적이고 변색된 것에 지나지 않는다.

우주와 우리 사이의 결합 지점인 소속감을 드러내는 것은 감성뿐이다. 감성은 우리에게 나타나는 것과 우주에서 나타나는 것의 생동하는 만남이다. 이러한 만남의 가장 높은 형식들 중에서 감성은, 기쁨과 사랑을 통하여 우리가 볼 수 있듯이, 우리의 영혼의 능동성과 수동성 사이의 일치를 그리고 우리가 원하는 것과 우리에게 주어진 것 사이의 일치를 표현한다.

사람들은 가끔 지상에서의 생명의 진보에서 마지막까지 생존한 존재들이 가장 강하거나 가장 폭력적이거나 가장 잔인한 존재가 아니었음을 발견하곤 한다. 왜냐하면 우리가 밟고 있는 땅은 현재 그들의 납골당이 되었지만, 그러나 석기 시대에 생존하였던 가볍고 가느다란 뼈를 가진 연약하고 섬세한 이 존재들은 그들의 필요와 자연적인 힘들 사이에 부서지기 쉬운 균형을 일찍 발견하였기 때문이다. 내적, 외적 모든 요청에 주의를 기울여야 했고, 아직 사고의 발명과 본능의 제안을 구별할 수 없었던 이 존재들은 막 탄생하고 있는 자신들의 의식 안에서 육체적 삶이란 정신적 삶의 전주곡에 지나지 않으며, 육체적인 삶이 정신적인 삶을 지지하면서 어느 날엔가 이 정신적인 삶을 위해서 자신을 희생할 것이라는 것을 예감하고 있었던 것처럼 보인다.

3. 육체의 감수성

감수성은 육체의 섬세함을 가정하는데, 이를 통해서 가장 미묘하고 멀리 있는 외적 행위들에 의해서도 동요될 수 있고 가장 미세한 뉘앙스를 식별할 수 있으며, 끊임없이 단절되고 끊임없이 회복되는 섬세한 균형을 볼 수 있는 것이다. 그리하여 가끔은 의식이 더 이상 지배할 수 없는 일종의 소란에 침략당하기도 한다. 이 감수성을 통해서 세계 전체가 우리에게 무관심하고 낯설게 되기를 멈추고, 우리와 함께 일종의 공동-실체성(consubstantialité)을 가지게 된다. 우리의 육체는 전적으로 영향을 받지 않고서는 아무도 도달할 수 없을 만큼 매우 비밀스러운 섬유들을 통해서 이 세계에 부착되어 있다.

감성 안에서 육체 그 자체가 우리에 의해 우리에게 참여되어 있다는 것, 즉 우리가 우리에 대해서 가지고 있는 의식에 육체가 참여한다는 것을 발견한다는 것은 감탄할 만한 것이다. 세계와 우리 사이를 지배하고 있는 일치와 갈등을 그토록 정확하게 표현하고 있는 것을 본다는 것은 또한 감탄할 만한 것이다. 감성이란 마치 [육체적인 것을] '우리의 것'처럼 계시해 주는 몸의 상태인데, 이는 이미 몸을 영성화하는 것이다. 감성 안에서 그 자신에 대해서 획득하는 계시는, 이러한 종류의 과잉에서 스스로 사라져 버리는 것처럼, 스스로 철폐하기를 시작하는 징표가 될 만큼 매우 날카로운 것이다.

감성은 매우 밀접하게 육체에 의존하고 있으며 감성에 대해 가하는 모든 육체의 움직임은 이 감성에 있어서는 하나의 요청이면서 동시에 하나의 모순이다. 왜냐하면 감성은 오직 육체를 통해서만 세계와 우리를 연결할 뿐이기 때문에 하나의 요청이며, 반면 감성이 우리의 내밀성의 본질 자체이며, 우리에게 내밀하게 존재하는 것은 결코 육체처럼 하나의 광경(spectacle)으로 변할 수가 없기 때문에 '모순'인 것이다. 하지만 우리는 영혼이 육체의 행동을 따르는 것을 멈추고 육체를 영적인 것에 유순하도록 바꾸어 줄 하나의 순수한 감성을 꿈꿀 수 있다. 여기서 육체는 우리에게 그 스스로는 통찰되지 않으면서 가장 은밀한 자신의 행위들을 통찰하도록 할 것이다. 그리고 영혼과 육체 사이의 구별이 사라질 것인데, 이는 육체 자체가 사라지는 것이 아니라 육체가 자신의 가장 완전한 기능으로 환원되기 때문이며, 이러한 기능은 눈에 보이지 않는 영혼을 증거할 것이다.

감성은 영적인 지평의 모든 등급에 관여하는데, 감성이 아직 땅에 매여 있는 가장 미소한 것에서부터 감성이 자신의 시각을 상실하게 되는 가장 숭고한 것들에 이르기까지 관여한다. 감성은 이 모든 것을 통일하고자 노력하는 것을 멈추어서는 안 될 것이다. 만일 그렇지 않다면 감성은 감각들의 만족에 파묻혀 버릴 것이며, 여기서 자신의 내적인 도약이 흩어져 버리고 소멸해 버리거나 혹은 스스로 양식을 구할 수 없는 영적인 열정을 통해서 스스로 소진해 버릴 것이다. 감성이 통일화시키고, 영성화하며, 하늘에 이르기까지 데려가야 할 것은 땅의 기쁨들이다.

4. 감성, 의지의 메아리

사물들 안에는 우리에게 가장 내밀하고 가장 진실한 소통을 야기하는 감각적인 흔적들이 있다. 이러한 내밀하고 진실한 소통에 비하면 순수한 사고의 노력들이란 부질없고 무능한 것이다. 하지만 우리는 이러한 감성의 소통에 양보할 수가 없다. 만일 우리가 이러한 감성의 유혹에 매혹당하는 것을 허락해 버린다면 머지않아 우리는 사물들의 노예가 되어 버릴 것이다. 감각적인 흔적은 그 스스로 시들어 버리게 될 것이다. 이 감각적인 흔적들은 우리에게 있어서 '이행되지 않은 하나의 약속', '응답하지 못한 초대'로 끝나 버릴 것이다. 왜냐하면 감성이 영혼의 행위를 야기하도록 운명 지워진 하나의 떨림이 되기보다는, 오히려 그 안에서 영혼이 휴식을 취하는 하나의 목적처럼 나타난다는 사실이 우리를 놀라게 하기 때문이다. 그런데 영혼의 행위를 야기하지 않는다면 우리는 아무것도 소유할 수가 없을 것이다.

감성의 능력들을 유발하기 위해서 영혼 안에 충분히 생동적인 하나의 관심을 나타나게 한다는 것은 매우 쉬운 일이다. 이는 종종 우리를 만족하게 하는 하나의 성공이지만, 우리는 이를 부끄러워해야 할 것이다. 이는 네가 굴복하기 시작하는 지점까지 나의 행동을 밀어붙이면서 너를 놀라게 할 수 있는 것으로 얼마나 보잘것없는 승리인가! 어려운 것은 너의 나약함이 아닌 너의 힘의 근원에까지 도달한다는 것인데, 이곳은 너의 정신이 동의하고 의지가 결정하는 곳이며, 지속적으로 이들을 책임지는 동의와 결정으로 행해지는 곳이다. 여기에까지 도달한다면 우리의 관계성 안에 무의미하거나 경솔한 것은 전혀 없을 것이며, 혹은 내가 입술을 풀거나 손가락을 움직이는 수고를 해야 할 만한 것이 아무것도 없을 것이다.

하지만 나의 삶에 감성이 헤엄치는 특성과 분위기를 유발하는 일종의 감성의 지속적인 상태가 존재하는데, 이는 감성을 지배하는 '일희일비'의 상태보다 훨씬 나은 것이다. 이는 우주의 면전에의 나의 본질적인 태도로, 내가 그만둘 수 없는 심오한 선택과 관련이 있다. 하지만 나와 우주의 현존 사이에 있는 이 관계성은 매우 섬세한 것이며, 나의 고유한 자기-사랑은 끊임없이 이 관계성을 의심한다. 이 관계성에 대한 믿음을 가지기 위해서는 매우 드물게 보이는 단순성과 순수성으로부터의 믿음의 행위가 요청된다. 이렇게 하여 감각성은 그의 진정한 의미를 수용하게 되지만, 그럼에도 우리의 모든 행위에 대한 가치 그 자체를 발견하게 하는 정신적인(영적인) 세계에 우리를 설립하는 것이다. 그리고 이 영적인 세계는 우리 스스로가 우리 자신에게 줄 수 있는 그러한 지옥과 그러한 낙원 외에 다른 지옥, 다른 낙원은 존재하지 않는다는 것을 생각하도록 하는 것이다.

사람들은 우리의 가장 비밀스러운 내밀성(intimité)이 거주하는 곳은 감성의 운동들이라고 말하고 있다. 하지만 우리에게는 이보다 더 심오한 장소가 있는데, 그곳은 우리의 의지(le vouloir)가 형성되는 곳이다. 의지 안에서 우리는 우리 자신인 것의 저편으로 나아간다. 그리고 감성은 '우리인 것 안에서 우리가 의지하는 그것'에 대한 '메아리(écho)'가 되어야 한다.

이쯤 되면, 감성은 이미 하나의 극단적인 열정으로 모든 의도와 욕망의 변형들(inflexions)을 해석해 주고 있는 것이다. 만일 감성이 자주 예기치 않은 충격들에 의한 놀라움으로 나타난다고 한다면, 이는 우리의 기획이 세상의 질서에서 제대로 작동하지 않는다는 것을 말해 주고 있다. 어떠한 기획(entre-prise)도 단지 하나의 시도(essai)에 불과하다. 내가 획득하는 것과 내가 희망하는 것 사이에는 항상 건널 수 없는 간격이 존재하는데, 이 간격은 나의 고유한 의지와 이 의지가 적용되고 있는 실재 사이의 분리를 측정해 주는 것이다. 내 의지의 방향은 나 자신에게 달려 있다. 하지만 나는 나의 행복을 나 스스로 산출하고, 나의 불행은 이를 원하지 않았지만 가지게 된다. 일종의 귀환을 통하여 내가 처분할 수 있는 모든 자원을 훨씬 능가하는 하나의 필연성의 효과를 발견하는 것이다.

5. 지성에 일치된 감성

냉담함과 무관심 그리고 때로는 존재와 삶을 벗어난 비판적 정신만으로 충분한 이러한 도전적인 불신을 마치 진정한 지성의 흔적들처럼 고려해서는 안 된다. 주의집중을 야기하는 것은 감성이며, 이 감성은 모든 집중의 움직임에 동반되고 있다.

태양이 자신의 빛을 평등하게 내리쪼이게 될 우리를 둘러싼 무관심한 세상 안에서 태양 빛이 스며들기도 전에 우리의 시선을 끄는 제 관심의 영역을 구별해 주는 것은 감성이다. 세계는 우리가 여기서 우리의 갈망이 성취되기를 추구한다는 한에서만 하나의 광경(spectacle)이 된다. 그렇기 때문에 '실재 그자체(la réalité en elle-même)'에 도달하기 위해서는 감성을 파괴하여야 한다고 생각해서는 안 된다. 진실은 이와 반대되는 것이다. 실재에 도달하기 위해서는 실재를 감성에 있어서 수용할 수 있는 그러한 방식으로, 마지막 지점에까지 감성을 실행하여야 한다. 말하자면 실재의 총체(la totalité du réel)를 수용할 수 있는 방식으로 실행해야 하는 것이다.

실재는 항상 우리와 접촉하는 것으로 시작하고, 우리와 접촉하는 것은 이미 우리의 삶에 존재하는 것이다. 하지만 접촉된다는 것, 이는 아직은 이해하는 것은 아니며, 지성은 모든 접촉을 초월하는 것이다. 지성은 분명하게 저편에 있는 것을 껴안는다. 지성의 고유한 기능은 항상 우리의 지평을 넓히고, 우리의 육체의 한계들을 넘어서 사유하고 행동하는 능력에 자유로운 영역을 제공하는 것이다. 하지만 지성은 결코 육체를 완전히 떠나지는 않는다. 우리는 지성이 적용되고 있는 모든 대상에 있어서 보다 미묘한 접촉으로 현존(존재감)을 느끼게 된다고 말할 수 있다. 그럼에도 지성에게 있어서 느낀다는 것은 아직은 예감(pressentir)하는 것에 지나지 않는다고 첨언해야 할 것이다.

서로 상반되는 두 가지의 어려움이 있는데, 하나는 지성의 모든 영역에 대해서 감성과 함께 관여할 수 있어야 한다는 것이다. 그렇지 않다면, 지성은 추상적인 채로 남아 있는데, 이는 지성의 가장 일반적인 특성이다. 다른 한 가지 어려움은 지성이 감성을 비추고 있다는 것을 알지 못한 채, 감성의 움직임에 항복해 버리는 것이다. 이렇게 하여 감성이 육체적인 것으로 변질되고, 종종 이것만으로 충분한 것처럼 생각해 버리는 것이다. 관념(idée)이 육화(肉化)되고 실현되며, 우리가 누구인지에 대한 의식과 소유를 획득하는 것은 오직 이 두 움직임이 일치하는 지점에서만 가능하다. 만일 이해하지 못한 채로 경험하게 된다면 우리를 눈멀게 하고 우리를 멀리 쓸려 가게 할 이 동일한 삶의 흐름에서, 시험받지 않고도 이 삶을 알 수 있다고 한다면, 우리는 이 삶에 무관심하고 낯선 사람이 될 것이다.

6. 감성적인 균형

온기와 빛이 분리될 수 있으며 사람들이 희미한 온기와 차가운 빛에 대해서 말할 수 있는 것처럼, 지성과 감성은 분리되어 활동할 수가 있다. 하지만 영적인 영역 안에서는 이 둘은 항상 동시에 실행된다. 이 둘은 더 이상 서로 구분되지 않을 만큼 매우 내밀한 방식으로 그리고 매우 완벽한 방식으로 서로 결합하고 서로에게 기초하고 있다. 그리고 하나의 날카로운 역설을 통해서 이 둘은 서로가 서로에게 침투하기를 허락하는데, 만일 혼자서 활동한다면 이러한 침투는 있을 수 없을 것이다.

왜냐하면 사유한다는 것만으로는 충분하지 않으며, 내가 사유한다는 것을 느껴야 하기 때문이다. 이는, 흔히 사람들이 그렇게 생각하는 것처럼, 다만 '사유하는 사태'를 사유하는 것이 아니다. 만일 사유가 감성과 이 감성을 움직이는 것에 이르지 못한다면 그것은 고유하게 말해서 나의 사유가 아닐 것이다. 이러한 사유에서는 나의 사유는 '나(moi)'에게 책임성을 요청하지도 않을 것이며, 현존과 사태들을 체험하지도 못할 것이다. 하지만 '자아'가 단지 자기-자신뿐만이 아니라 우주와의 지속적인 대화를 감행하게 하는 것은 매우 비-개별적이고 분명한 지성과 매우 모호하고 비밀스러운 감성의 일치를 통해서이다.

말하자면, 실재가 우리에게 현존하게 되고 이와 동시에 매우 행복한 만남 안에서 이 실재가 우리의 내밀성 안으로 스며들게 되는, 그리하여 진리와 삶이 하나를 이루게 되는 하나의 지성적인 감성(une sensibilité intellectuelle)이 있는 것이다.

왜냐하면 가장 완벽한 감성이란 가장 폭력적인 것이거나, 가장 기민한 것이 아니기 때문이다. 이 완벽한 감성은 마치 무게를 다는 저울과 같으며, 내면을 뒤흔드는 것이 아니라 가장 느리고 가장 지속적인 진동을 통해서 가장 가벼운 행동들을 질책하기 때문이다. 가장 거친 감성(la sensibilité la plus fruste)은 오직 강도의 차이만을 알 뿐이며, 오직 육체에만 관심을 가지고 있을 뿐이다. 가장 섬세한 감성(la sensibilité la plus fine)은 강도에 대해서는 무지하지만, 이들을 질적인 차이들로 변화시킨다. 이 감성은 결코 동일한 상태를 두 번 거치지 않는다. 각각의 상태에서 이 섬세한 감성은 제 사물의 비교 불가능한 본질을 의미하는 무한히 미묘한 뉘앙스를 파악하고, 이 사물들의 본질이 우리와 가지게 되는 신비로운 관계성을 파악한다. 가장 무딘 감각성(la sensibilité la plus grossièree) 안에서 의지는 항상 놀라게 되며, 가장 섬세한 감성 안에서 의지는 항상 동의할 수 있게 된다.

가장 부드럽고 가장 절묘한 감성과 가장 눈멀고 가장 분절된 감각성 사이에는 오직 종이 한 장의 차이만이 있을 뿐이라는 사실은 명심할 만하고 매우 풍부한 가르침을 담고 있다. 오직 지성만이 이를 변모시킬 수 있으며, 이들을 빛으로 감쌀 수 있고 완전한 균형을 부여할 수가 있다. 이 균형이 흔들리자마자 감성은 일종의 혼란에 빠질 것이다. 지성을 감싸고 지성에게 생기를 불어넣는 것이 감정(le sentiment)이라고 한다면, 지성은 자신의 차례가 되어 감정을 빛나게 하고 진정시킨다.

그리고 의식의 최정상에서 우리에게 주어진 모든 영적인 빛은 우리의 사랑(charité)에 있어서 정돈된다. 의식은 사랑에 답하는 일종의 응답과 같은 것, 말하자면 세계가 우리에게 야기하는 사랑(charité)인 것이다.

7. 감성의 패배들

감성은 우선적으로 고통스러운 것이다. 우리는 민감한 지점에 대해서 말하면서 최소한의 접촉도 우리에게 고통스럽다고 말한다. 따라서 우리는 감성을 마치 고통스러워하면서 성장하는 우리의 태도와 유사한 것으로 이해할 수 있다. 어떻게 이와 달리 이해될 수 있겠는가? 왜냐하면 감성은 우리에게 있어서 수동성의 흔적이며, 삶을 시작하는 존재와 그의 능력에 대해 시련을 겪는 사람은 [수동적으로] 뒤따라야만 하는 모든 상태에 있어서 하나의 패배(défaite)처럼 느껴야 하지 않는가? 이처럼 모든 활동의 제한은 의식을 수치스럽게 하고 의식으로부터 탄식을 자아내게 한다.

'감각적이라는 단어(le mot sensible)'는 항상 우리와 접촉하면서 이미 우리를 찢기 시작하는 외적인 행동에 대한 생각을 불러일으킨다. 이 외적인 행동은 어떤 때는 우리에게 하나의 도약을 야기하고 어떤 때는 은밀한 균열처럼 진보하게 하는 모든 개화를 준비하고 있는 불분명한 고독을 깨뜨리는 행위이다. 따라서 삶이란 항상 마치 열린 상처처럼 생동적이다.

지각 있는 영혼이 경험할 수 있는 즐거움과 고통 사이에는 일종의 비례가 있다는 사실에는 의심의 여지가 없다. 하지만 이러한 역설에도 불구하고 어쩌면 기쁨을 가진다는 것은 보다 어려운 일일 것이다. 왜냐하면 기쁨을 가진다는 것은 보다 큰 열림, 보다 단순한 동의, 보다 전체적이고 보다 드문 것이 요구되기 때문이다. 그래서 자신이 느끼고 있는 기쁨을 이해하고 이를 포기하면서 타인에게 제공하기 위해서는 '고유한 자기-사랑(자존심, amour-propre)'을 초월할 수 있어야 한다.

그런데 '고유한 자기-사랑'은 자주 즐거움에 대한 우리의 미각보다 강렬한 것이다. 왜냐하면 즐거움은 우리가 이를 받아들이기를 요구함으로써 우리 자신을 겸손하게 만들기 때문이다. 우리가 즐거움을 더 많이 원할수록 우리는 스스로를 낮추게 되는 것이다. 그런데 고통에서 발생하는 것은 이와는 반대이다. 고통은 우리에게 우리의 독립성을 주장하는 하나의 반항을 야기한다. 그리고 우리가 이를 받아들일 때, 이는 여전히 우리 자신을 이러한 고통 위에 두고자 하는 노력을 통해서이다. 나아가 더욱 심각한 고통, 가장 깊고 가장 과도한 고통은 우리에게 일종의 자기만족을 야기하고, 자기-사랑을 쓰디쓴 맛을 가진 음식으로 만들어 버린다.

어쩌면 사람들은 예전에 고통에 대해서 '예'라고 말하는 것을 배웠듯이, 후일 즐거움에 대해 '예'라고 말하는 것을 새롭게 배우는 것이 필요할 것이다. 왜냐하면 강요된 고통 자체로부터 일종의 '허망함'을 배우지 못하고 항상 분개함으로써 그는 자신의 동의가 박탈된 즐거움을 고백하는 수치심을 극복하고 있기 때문이다.

8. 고통으로부터의 불안

고통은 우리의 유한한 존재의 흔적이다. 하지만 고통을 없애면서 우리 자신을 들어 올리고 우리를 성장시킨다고 생각하는 어떤 낙관론자들이 그러하듯이 고통에서 오직 순수하게 부정적인 것만을 본다는 것은 하나의 큰 실수일 것이다. 철학자들이 고전적인 것으로 구분하는 것에 따라서, 고통이 단지 하나의 부정(négation)이 아니라 박탈(privation), 즉 우리가 갈망하는 선(善)과 가끔은 우리가 알고 있는 선에 대한 박탈이라고 말한다는 것은 낙관론자들과 통일한 관점을 말해 주고 있는 것은 아니다. 우리는 고통이 하나의 긍정적인 상태이기도 하다는 것을 잘 알고 있다. 가끔은 거의 항상 경박하게 나타나며, 그 현존이 모호하고 논쟁적이기도 하며, 견해처럼 떠다니고, 가장 생동적인 곳에서조차 우리를 즐겁게 하는 것을 멈추지 않는 즐거움보다 더 긍정적인 것이기도 하다는 것을 잘 알고 있다. 기쁨과 반대로 고통은 보다 밀접하고 보다 구체적인 우리의 진짜 존재에 천착한다. 고통은 자신을 뒤덮고 있는 모든 외관을 꿰뚫는데, 고통을 피하기 위해서 어둠 속으로 움츠리며 은신하는 생동하는 자아의 깊은 피난처에 이르기까지 꿰뚫는다.

이와 동시에 고통은 자아로부터 그가 신음하고 있다는 고백과 그가 살고 있다는 고백을 빼앗아 버린다. 동물을 고문하는 어린이의 악의, 고문을 즐기는 폭군의 학대, 그가 자행한 상처의 표식이 얼굴에 나타나는 것을 감시하는 세계인의 아이러니가 추구하는 것이 바로 이러한 고백이다. 타인의 고통으로부터 가지게 되는 이 즐거움은 하나의 사물이 아닌, 완전하게 헐벗은 다른 한 존재의 삶에 대한 승리, 우리 자신의 손아귀에 들어온 다른 한 사람의 삶에 대한 우리의 사악한 승리의 흔적이다.

그런데 분명 고통은 우리의 유한한 존재에게만 영향을 주기 때문에, 고통은 우리로 하여금 우리의 개별적이고 분리된 실존을 계시해 준다. 고통은 세상이 우리 자신을 잊어버리자마자 우리 자신인 것을 밝혀 준다. 즉, 우리 자신인 것 외에 모든 것이 우리에게서 물러날 때, 우리 자신에게 남아 있는 것을 밝혀 주는 것이다. 세상이 우리 자신에게 대립할 때, 갑자기 우리는 우리의 고유한 비극적 운명을 측정하게 되는 것이다. 그리고 고통의 통증은 거대한 우주 한가운데서 우리의 영혼과 육체를 지탱해 주는 모든 연결 고리를 끊어 버리는 한에서만 견딜 수 있는 것처럼 보인다. 본성(자연)은 이미 여기서 자연(본성)이 우리에게 부과한 모든 악을 수용하고 있으며, 우리로 하여금 우리의 육체의 무서운 비참함을 느끼도록 하는 것이다. 사람들의 비뚤어진 의지가 그를 돕고자 할 때, 치료제가 없는 것 같은 영혼의 고통 앞에서 육체의 고통은 사라져 버린다. 왜냐하면 진정한 비참은 영적인 것이기 때문이다. 이 영적인 비참은 세상을 가득 채우고 있는 의도적인 사악함(malice volontaire)의 모습 그 자체로부터 탄생하는데, 이러한 사악함은 사실상 우리의 지반이기도 하기 때문에 우리가 항상 이러한 의도적인 사악함의 희생물이 되지는 않는다. 이러한 의도적인 사악함은 모든 사람에게 타인의 고통에서 자신들의 고유한 능력인 감정의 먹이를 취하도록 강요하면서, 그들 사이에 정도를 가늠하기 힘든 무서운 연대성(solidarité)을 탄생시키는 것이다.

우리를 묶어 놓은 모든 유대가 차례로 붕괴되어, 우리가 삶을 주었던 [연대성의] 몸에서 찢겨진 살결 조각처럼 만들 수 있기 때문에, 고통 안에는 우리가 충분히 지탱할 수 없는 일종의 모순이 있다. 그리고 완전히 단절되지 않은 모든 곳에서는 모든 관점에 있어서 민감하게 되어 버린 연대성의 섬유질들을 통하여 너무나 밀접하게 연관되어 있어서 우리는 이 연대성의 관계를 완전히 단절하는 것은 성공하지 못하는 것이다. 이처럼 고통을 당하는 사람이 세상과 삶을 피하고자 하는 것에 대해서 놀랄 필요가 없으며, 고통이 밀어 넣은 이 고독 안에서 무감각하게 살아가는 것에 대해서도 놀랄 필요가 없는 것이다.

9. 변모된 고통

사람들이 고통을 마치 모든 악 중 가장 나쁜 것이라 고려하고, 없애야만 할 것으로 생각한다는 것은 의심의 여지 없이 하나의 오류이다. 고통은 그 자체 하나의 악(惡)이라기보다는 우리로 하여금 악에 민감하게 하는 것이다. 그리고 이러한 민감성 자체를 통해서 악은 여전히 우리로 하여금 존재와 선에 참여하도록 한다.

인간 조건의 본질 그 자체에 연결된 고통들이 있는데, 비록 어떤 무지나 무관심이 이러한 고통들을 자주 잊어버리게 하지만 사람들은 이를 항상 현존하는 고통이라고 말할 수 있다. 가장 깊은 사람들은 항상 이러한 생생한 현존을 그들에게서 발견하며, 오직 이러한 경우에만 사람들은 실존의 뿌리에까지 내려갈 수 있으며, 용기와 명철함으로 존재의 전체를 수용할 수가 있는 것이다.

인간 실존의 존엄성과 연결된 고통들도 있는데, 이는 결코 완전히 사라져 버리기를 희망하거나 원할 수 없는 고통이다. 이러한 고통을 느낄 수 없게 된다는 것은 결코 불명예는 아니지만, 그렇다고 은총도 아니라는 것은 누구도 의심하지는 않는다. 어쩌면, 감히 이렇게 말할 수 있다면, 우리의 보다 큰 굴욕은 지성이 우리 자신에게서 발견하는 어떤 특정한 고통의 현존에 대해서 무관심하게 살아간다는 것이다.

각각의 존재가 가지는 가치는 의심의 여지 없이 그가 체험할 수 있는 고뇌(souffrance)들에 대한 정도, 섬세함, 깊이 등에 달려 있다. 왜냐하면 그로 하여금 세계와 자기 자신에게 가장 내밀하게 소통하도록 하는 것은 바로 고뇌이기 때문이다. 그가 알게 될 모든 기쁨의 범위, 미묘함, 깊이는 고뇌와 같은 척도를 가지고 있다. 그런데 누가 고통을 피하기 위해서 기쁨을 포기할 수 있을 것이며, 무감각함을 원할 수 있을 것인가?

이처럼 고통은 단지 당하거나 수용할 수밖에 없는 것이 아니라, 이 역시 바라야만 하는 것이 아닐까. 무감각하게 되고자 원하는 의식은 그 자신의 고유한 날카로움을 무디게 할 것이다. 우리의 운명이나 세계의 질서를 원하는 것처럼 그렇게 고통을 원한다고 말한다는 것은 충분하지 않다. 의식을 깊게 하고, 파헤치며, 이해할 수 있도록 하고, 사랑스럽게 하는 것은 고통이다. 우리는 고통을 통해서 세계가 수용될 수 있는 일종의 보호시설을 형성한다. 고통은 우리가 가진 모든 접촉에 대해서 가장 정교한 섬세함을 제공한다.

하지만 이러한 섬세함을 확고하게 그리고 온유하게 지닌다는 것은 매우 어렵다. 고통을 수용할 수 없고, 고통에 스며들 수도 없으며, 고통을 던져 버리려고 하나 성공하지 못하는 사람한테서 고통은 최악의 쇠퇴와 망상 그리고 신랄함과 반항을 야기한다. 왜냐하면 고통은 자기-사랑에 대한 모든 능력을 부활시키는 가장 친밀하고 가장 개인적인 삶의 비밀을 존재의 밑바닥에서 추구하기 때문이다. 고통을 외면하는 이러한 사람들한테서는 자주 행복한 사람들에게 동반되는 자유로운 관대함을 결코 찾아볼 수가 없다. 왜냐하면 이들의 덕은 다른 하나의 본성이기 때문이다. 고통을 잠들게 한다는 것은 언제나 감성의 희생, 즉 의식 자체의 희생을 의미할 것이기 때문에, 가장 중요한 문제는 고통을 잠들게 하는 것이 아니라 변모시키는 것이다. 그리고 만일 세상의 모든 고통이 우리에게 저항과 복종의 반복만을 야기한다면, 이는 세상의 가치에 대해 절망하게 만들 것이다. 그렇기 때문에 이 고통은 오직 영적인 삶의 열정을 위한 양식으로 취해질 때에만 의미를 가질 수 있는 것이다.

고통은 나의 것이지, 나 자신이 아니다. 만일 자아가 오직 고통과 하나를 이루고자 하는 방식으로 고통으로 기운다면, 자아는 고통에 굴복하고 말 것이다. 그러나 또한 자아는 고통을 느끼는 것을 중단하지 않고서도 결국 고통을 소유하기 위해서 고통에서 분리될 수 있다. 너무나 예리한 상태 안에서, 우리 자신에게 있는 개별자는 우리에게 현존하면서 동시에 우리 자신을 초월한다. 여기서 고통은 마치 내 본성의 개별적인 부분을 삼켜 버리고 스스로 불타 버리기를 강요하는 하나의 체열(體熱)처럼 변화되는 것이다.

제6장

무관심과 망각

1. 두 가지의 무관심

우리는 '근본적인 무관심(l'indifférence radicale)을 정의해 주는 것처럼 보이는 볼테르(Voltaire)의 다음과 같은 말을 알고 있다. "하루의 끝에서 모든 것은 평등하고, 모든 날의 끝에서는 여전히 모든 것이 평등하다." 그런데 다만 우주에 대해서 모든 것이 평등하다는 것인가, 아니면 우리 자신들에 대해서 모든 것이 평등하다는 것인가? 누가 감히 자신의 고유한 경험을 불러내어 모든 것이 평등하다고 말할 수 있을 것인가? 그리고 만일 우주에 대해서 모든 것이 평등하다고 말하고 있다면, 이러한 우주의 평등 그 자체가 우리 자신에게는 어떤 때에는 감탄의 대상이 될 수 있지만, 어떤 때에는 절망의 대상이 될 수도 있다.

이와 동일한 의미 안에서, 사람들은 모든 것이 참되다고 말할 수 있으며, 모든 것에 대해서 참되다고 말할 수 있다는 것을 확신할 수 있다. 하지만 이러한 경우에 사람들이 말할 수 있는 것들 사이에서 가치의 평등은 어디에도 없다. 만일 그렇지 않다면, 사람들이 말할 수 있는 모든 것은 다만 견해의 차이일 뿐이다. 사람들이 어떤 것을 말하고 있을 때, 말하고 있는 것을 알고 있는 사람은 이를 사유하고 이를 살아가는 사람들뿐이다. 그럼에도 여전히 사람들이 모든 것을 말할 수 있다고 한다면, 이는 분명히 다음과 같은 것의 징표일 것이다. 즉, 세상 안에는 무한한 존재가 있으며, 각자는 자신의 고유한 운명과 자신의 구원에 참여하기 위해 이 존재로부터 하나의 지평을 선택한다는 것을 말해 주는 것이다.

하지만 무관심은 때로는 그에게 주어진 모든 것을 받아들이지만, 그의 행동의 흔적을 세상 안으로 도입하기를 포기하는, 다시 말해 그 자신으로부터 나타나는 하나의 질서를 포기하는 정신의 포기와 죽음을 의미하기도 하며, 이와 반대로 때로는 사물들 그 자체에 대한 어떠한 가치도 판단하지 않으면서 각각의 사물에 구체적인 장소와 구체적인 순간에서 모든 것 중 최상의 것으로 만드는 하나의 내적인 의미를 부여하는 정신의 승리를 의미하기도 한다.

의심의 여지 없이 자기-사랑의 한 사태이자, 마음의 무덤을 증거하는 무관심이 있다. 그러나 '자기-사랑'에 대한 승리를 의미하는 다른 하나의 무관심이 있는데, 이는 개별적인 차이들에 대한 선호도를 잊어버리고 각자에게서 절대적인 것을 발견하며, 전체 안에서 각자가 차지하고 있는 그 위치를 인정하고, 이것에 비교할 수 없는 그만의 특권을 부여해 주는 그러한 무관심이다.

2. 무관심과 섬세함

무관심은 영혼 안에 어떠한 흔적도 새길 수 없는 과도한 부드러움이나 혹은 영혼에 어떠한 손상도 입힐 수 없는 과도한 경직성에서 비롯하는데 사람들은 종종 이러한 태도에서 자신들의 힘을 얻고자 한다.

그러나 무관심은 외적으로 세심함의 부족에서 기인하는 만큼이나 내적으로 그 자신만의 울타리를 깨는 것을 두려워하는 극단적인 섬세함, 신중하고 야생적인 겸손함에서 발생하기도 한다. 마찬가지로 스스로 포기하지 않거나 심지어 모든 포기에 맞서 싸우는 사람들은 다른 이들이 얼굴을 붉히지도 않고 양보하는 모든 감정을 초월하지만, 그럼에도 사람들은 이들을 전혀 감정이 없다고 비난하기도 하는 것이다.

무관심이란 때로는 사랑의 특수한 열정에 지나지 않으며, 우리의 신성한 기원의 징표인 하나의 접촉을 우리에게 표시해야 할 순간에는 개인에게만 속하는 상태들로 시선을 낮추기에는 너무나 겸손하다. 무관심은 영적인 운명이 실현되는 영혼의 중심에까지 항상 사랑을 데려가는 순수한 운동의 대응물이다. 너무 직접적인 부드러움의 흔적들은 이러한 운동을 겨우 유지하지만, 이 흔적들을 즉시 잊어버린다. 이러한 직접적인 부드러움의 흔적들은 순간적인 동요에 지나지 않으며, 너무 민감하다는 이유로 자신을 비난한다. 왜냐하면 이는 스스로 만족하기를 거절하고 초월하였을 때만 가치가 있다고 하는 하나의 일치의 형상을 그에게 드러내기 때문이다.

무관심의 흔적들을 가진 태도들, 스스로 삼가고, 모든 것을 존중하고, 신중하고, 세심하며 그리고 사랑스러운 태도들 등에는 하나의 애덕(charité)이 있을 수 있다. 이러한 애덕은 우리가 어떤 자발적이고 억압적인 형태의 동정심에서 볼 수 있듯이, 스스로 무겁게 하고 타인에게 상처를 주거나 압도해 버리는 타인에 대한 우리의 시선으로부터 우리를 보호해 준다. 애덕은 우리에게 [상처를 주거나 압도해 버리는] 이러한 형식들을 희생하도록 요구한다. 이러한 애덕은 우리와 타인에게서 보다 깊고 보다 개별적일 뿐 아니라 보다 참되고 보다 효과적인 하나의 행위를 유발하는데, 이는 본질에 도달하기 위해서 외관을 초월하는 행위이다. 이 행위는 개인들에게 더 이상 '자기-사랑'이 삶의 법칙이 될 수 없는 하나의 새로운 세계를 열어 주는 자기 자신에 대한 희생을 요청하면서 각각의 개인을 들어 높인다.

사람들은 항상 무지하거나, 배타적이지는 않은 외관으로만 그렇게 보이는 무관심에 대해서 불평해서는 안 될 것이다. 이러한 무관심은 자주 가장 비참한 실존의 한 중심에까지 침투하는 사랑의 잔여물에 대한 징표이며, 이러한 비참함 앞에서 관심을 철회하거나 혹은 감정을 북돋우며 비참한 실존을 배가시키는 대신에, 이 비참한 실존을 통과하고 이미 이 실존을 일으켜 세우고 있는 것이다.

3. 선물에 대한 무관심

사람들은 가끔 주어진 마음의 무딤도 아니며, 사랑의 부족도 아니며, 그것을 받을 자격이 있거나 그 이상이라고 생각하는 마음의 징표도 아니지만 제공된 서비스에 대해서 무관심한 것을 발견할 수 있다. 증언하는 것조차도 아니지만 사람이 느끼는 무관심은 여전히 섬세함의 한 효과일 수 있다.

왜냐하면 남에게 인정받는 것에 민감한 것은 '자존심'이며, 반면 자신이 베푼 것에 대해서 결코 대가를 바라지 않으며, 이러한 것들을 의식조차 하지 않는 관용은 사람들이 자신에게 부탁하는 것이나, 이로 인해 혜택을 본다는 생각을 하지 않고 모든 이를 수용하기 때문이다. 관용은 자비를 베푸는 사람이 장점을 가지고 있다거나, 이를 받는 사람이 빚을 지고 있다거나 하는 생각을 거북하게 여긴다. 관용은 주고받는 사람들 사이에 약간은 느슨한 호의에 대한 사유를 유발하는 선물에 대한 너무나 개별적인 특성을 거부한다. 관용은 어떤 사람들은 주는 기능을 맡고 있으며, 어떤 사람들은 받는 기능을 맡고 있다는 사실을 단순하게 받아들이며, 이러한 역할의 관계는 시간과 상황들 그리고 개인들의 상태나 선물들의 특성에 따라 바뀌게 된다는 것을 또한 받아들인다. 관용은 이들 중에서 무엇이 최상의 운명인지를 알지 못한다.

자신이나 타인에게 있어서의 개별적인 이득에 대한 무관심은 영적인 질서에서의 미묘한 감수성의 또 다른 측면일 수 있다. 영적인 질서에서 이러한 무관심은 사태들을 정확하게 관찰하고 유지하는 기쁨을 체험하게 한다. 이러한 무관심은 분리된 존재가 자신을 보존하고자 하는 모든 것으로 시선을 돌리는데, 이는 그의 모든 집착을 자신의 뒤편에 내려놓고자 하기 위한 것이며, 모두에게 공통되는 하나의 선(善), 모든 존재가 이에 봉사하는 하나의 善의 이념을 모두의 위에 위치시키고자 하는 것이다. 자신에 대한 사랑에 무관심한 사람이 타인에 대해 관심을 갖는 것은 오직 타인들 역시도 '그들 자신에 대한 사랑'에서 무관심해지길 바라는 것뿐이다. 그는 타인들과 함께 의도와 갈망의 공동체 안에서 그들과 함께 온 우주를 포용하기만을 추구하는 것이다.

4. 무관심과 무욕(無慾)

무욕(désintéressement)과 무관심 사이에는 하나의 특별한 연관성이 있다. 왜냐하면 욕심을 버린 사람은 모든 것에 있어서 자신의 이익을 생각하는 것을 멈추고 각자에게 그 자신에게 고유한 무게를, 말하자면 절대적인 것 안에서의 그의 가치를 고려하기 때문이다. 그 결과 이러한 사람은 자신에게는 무관심하면서도 다른 모든 것의 차이를 알고 있으며, 나아가 그는 모든 것으로부터 기쁨을 획득할 수 있게 된다. 왜냐하면 그는 결코 자기 스스로에 대해서는 기쁨을 향유하고자 하지 않기 때문이다.

무욕의 고유함, 이는 우리로 하여금 결코 우리가 걸어온 길을 뒤돌아보지 않고 걸어가도록 요청하는 것이다. 무욕은 사유의 행위에 있어서도 진리를 소유하고 이것에 만족하기 위해서 지체하는 것을 금지한다. 왜냐하면 우리가 성취할 수 있는 모든 성공은 우리 각자의 개인을 위한 성공이며, 우리가 취하는 어떤 이득에 의해서만 표현될 수 있기 때문이다. 하지만 영적인 질서 안에서 우리가 추구하는 것은 효과이지 이득이 아니며, 우리의 능력의 사용이지, 능력의 증가가 아니다. 그리고 이러한 자신에 대한 희생은 또한 자신에 대한 성취이다.

　바로 이러한 이유로 우리는 우리에게 속할 수 있는 모든 것에 대해서 항상 마치 규칙처럼 무욕하게 되거나 무관심하게 되기를 추구하는 것이며, 우리가 성공의 노예로 봉사하게 될 때보다 더 큰 위험이 없을 이러한 자유를 간직해야 하는 것이다. 왜냐하면 자유의 가장 힘든 역할은 획득하는 것에 있는 것이 아니라, 우리의 모든 획득으로부터 우리를 자유롭게 할 힘을 가지는 것이기 때문이다. 그래서 무관심은 고유한 자기-사랑의 놀라움에 대해서 방어하고자 하거나 이러한 자기-사랑으로부터 물러나고자 하는 것이다. 따라서 무관심은 '자기-사랑'에 대한 해독제이며, 자기-사랑이 스며들어 있는 모든 사물에까지 확장되어야 한다. 가장 엄격하고 가장 순수한 무관심은 우리의 영적 상태에 적용되는 그러한 무관심이다. 이는 우리에게 즐거움과 고뇌를 줄 수 있는 모든 것에 관련된 '의지의 무관심(indifférence de la volonté)'이다. 감성 그 자체가 보다 생동적일수록 이 의지의 무관심은 보다 완벽하다. 이러한 무관심은 운명이 우리에게 호의적일 때뿐만 아니라, 우리를 압도할 때에도 우리의 용기를 손상 없이 보존하게 한다.

　우리에게 일어나는 일과 기회 그리고 사건들에 있어서 무관심하게 된다는 것은 각각의 기회나 사건에 있어서 우리가 여기에 다르게 응답할 수 있음을 인정한다는 것이다. 그리고 하나의 명백한 무관심은 동시에 살아 있는 관대함이다. 바로 이 관대함을 통해서 나는, 운명이 유발하는 모든 사건에 있어서, 운명을 지니고 있는 나에게 집중하는 것이 아니라, 이를 나에게 보낸 神에게로 시선을 돌리면서 모든 것을 평등하게 하는 것이다.

5. 정의를 의미하는 정신의 무관심

철학자들은 정신은 모든 것에 대해서 무관심하며, 그렇기 때문에 정신은 모든 것을 이해할 수 있으며 모든 것을 수용할 수 있다고 말한다. 다른 모든 형상과 결합할 수 있는 정신의 완벽함은 정신 그 자체는 아무 형상도 지니고 있지 않다는 데서 기인한다. 정신의 능력을 형성하고 정신으로 하여금 가장 정확하고, 가장 구체적이며, 가장 유연한 윤곽들을 통해서 무진장 실재를 빚어내게 하는 것은 정신의 연약함이다. 정신이 사물들 사이의 진정한 차이를 우리에게 밝혀 줄 수 있는 것은 정신이 사물들의 본질을 변질시키지 않기 때문이다.

하나의 고결한 무관심이 있다. 이는 우리의 여정에 존재하는 존재들 사이에서 전혀 우선권을 부여하지 않으면서, 이 모든 존재에게 우리의 총체적인 현존을 제공하고, 이들이 우리에게 보내는 '부름'에 충실한 열정으로 응답하는 그러한 무관심이다. 이러한 것이 긍정적인 무관심인데 이는 자주 우리가 혼동하고 있는 부정적인 무관심과는 반대되는 것이다. 이 긍정적인 무관심은 모두에게 동일하게 빛나는 환대를 허락하라고 우리에게 요청하고 있다. 우리는 모두에게 동일한 저울을 적용해야 하며, 해악을 덮어씌우는 선입견이나, 편견이 있어서는 안 될 것이다. 그리하여 이들에 대한 우리의 행동에서 우리는 가장 미묘한 차이들을 수용할 수 있어야 하며, 각자에게 그들이 기다리는 것, 그들이 요청하는 것 그리고 그들에게 적합한 것을 제공할 수 있어야 한다. 여기서 가장 완벽한 정의는 가장 순수한 사랑과 구분되지 않는다. 순수한 사랑이 모든 선별을 없애 버리는 것인지 혹은 모든 곳에서 동일한 사랑으로 선택하는 것인지 알 수 없게 되는 것이다.

우리는 "차별하지 말아야 한다."라는 사실을 잘 알고 있는데, 이는 정의롭게 된다는 것과 동일한 것이다. 따라서 정의롭다는 것은 모두에게 동일한 규칙을 적용한다는 것이며, 우리의 판단에 있어서 어떠한 예외나 호의를 개입시키지 않는다는 것을 의미한다. 이는 하나의 동일한 시선의 단순성 안에서 모든 존재를 포괄하는 신의 관점에서 바라보는 것이다. 그런데 이러한 시선은 무감각한 시선과는 반대되는 것이다. 이러한 시선은 각각의 존재에 있어서 각자가 필요로 하는 것, 그를 감화시키는 것 그리고 그가 정당히 받아야 하는 대우 등을 구별하는 사랑의 시선이다.

모든 사건에 대해 무관심하다는 것은 우리의 영혼의 가장 밑바닥에 있으며 어떠한 유한한 대상도 이를 채워 줄 수 없는 무한에 대한 사랑에서 가지는 그들의 불균형의 효과에 지나지 않는다. 이러한 무관심은 세상을 가득 채우는 모든 것을 세상의 동일한 평면 위에 두고, 우리에게 다른 것을 희생시킬 것을 강요하는 절대적인 특권을 가진 하나가 있을 수 있다는 생각을 멈추지 않는다. 하지만 무관심은 정신을 제 사물보다 무한히 높게 위치시키면서, 제 사물 그 자체 사이에 있는 가장 미묘한 뉘앙스들을 구분할 수 있게 되고, 우리가 처해 있는 상황들에 이들을 배치시키고, 모든 순간에 정신이 이들에게 스며들고 이들에게 적합하게 되는 완전한 소통을 이루어 내는 것이다.

6. 가장 작은 사건들

무관심은 우리로 하여금 가장 큰 것과 가장 작은 것을 평등하게 대하는 법을 가르쳐 준다. 무관심은 우리에게 주어진 것이 아무리 작은 사건일지라도 정신이 이것에 존재를 부여하거나 혹은 거부하거나 이에 따라서 우리에게 전부일 수 있다는 것을 보여 준다. 존재나 삶의 본질은 분열되지 않는다. 이 본질은 그의 가장 미소한 양태들에 이르기까지 전체적으로 발견되며, 그 등급이 변화했을 때에도 문제들은 동일하게 남아 있다.

보이지 않는 이 동일한 행위(정신이 존재를 부여하는 행위)가 가장 저속한 것들을 변모시키기에 충분하며, 이 행위는 이미 우리의 단계 중 가장 작은 부분에 전체적으로 현존하고 있다. 이 행위만이 매 순간 우리 자신의 운명과 우주 전체의 운명에 참여하도록 요청하면서, 우리의 행위에 하나의 가치와 의미를 줄 수 있는 것이다. 왜냐하면 총체(le Tout)는 가장 미천한 대상들 안에서조차 나누어지지 않으면서 항상 우리 앞에 그리고 우리 안에 있기 때문이며, 이미 모든 첫 번째 질문을 제기하고 있기 때문이다.

항상 보다 넓은 지평에 군림하기 위해서 자신의 활동을 확장시키고자 하는 사람은 그의 영혼의 공허함을 보여 주고 있다. 왜냐하면 이 지평을 차지하고 있는 것은 그의 행위의 중력이 아니라 빛나는 유명세이기 때문이다. 하지만 이 유명세는 가장 일반적인 것이거나 가장 아름다운 것과 상관없이 그들의 외모의 크기에 따라 집착하는 것이다. 그렇지만 가장 아름다운 것은 결코 수많은 이의 시선 앞에서는 나타나지 않는다는 사실은 명백하며, 그리고 옳은 일이기도 하다. 따라서 영혼이 스스로 성장하는 것이 충분하지 않다고 판단되자마자, 점점 더 커지는 연극 무대를 찾는 일을 멈추어야 한다.

나아가 우리는 자주 큰 것들보다는 작은 것들을 영성화(정신화)하는 것이 더 쉽다는 것을 발견할 수 있다. 왜냐하면 작은 것들 안에서는 의도가 쉽게 동기를 넘어설 수 있지만, 큰 것들 안에서는 이와 반대되기 때문이다.[81]

마지막으로 공간과 시간 이상으로 그들을 들어 높이는 점과 순간의 숭고한 능력이 있다. 이 능력은 정신을 속이는 모든 이미지와 정신을 흩트리는 모든 효과로부터 정신을 해방시켜 주며, 자신의 바깥에 있는 한 공간을 정복하고자 하는 유혹이나 혹은 자기-자신한테서 과거나 미래를 끌어내고자 하는 유혹에 정신이 노출되기 이전에 육체를 초월하는 정신의 완벽한 순수성을 밝혀 주는 것이다.

7. 망각의 여러 형식

무관심의 덕이 있는 것처럼 망각의 덕이 있다. 우리가 상기하고자 해도 우리에게서 달아나는 추억들이 있으며, 우리가 애써 추구하지 않아도 조금씩 퇴색하는 추억들도 있다는 것은 분명하다. 그리고 우리 자신이 원치 않을 때도 우리 자신에게 부과되며, 우리가 이를 원할 때는 획득하지 못하는 그러한 추억도 있다.

다른 한편 성취된 것이 아니라 오직 가능성의 질서에만 속하는 미래만이 우리 자신에게 달려 있으며, 오직 미래에 대해서만 우리는 잘하거나 잘하지

---

81 역주) 의도가 동기를 넘어선다는 것을 우리는 '승화시킨다'고 말할 수 있다. 어떤 일의 동기란 어떤 일을 행하고 있는 중에는 항상 과거의 일이기 때문에 '동기'를 변화시킬 수는 없다. 다만 우리는 어떤 일을 진행하는 중에 '왜 이일을 하는가?' 하는 의도는 우리의 내적인 태도에 따라서 항상 변화시킬 수 있다. 그 일이 작은 것일수록 이러한 의도의 변화는 쉬울 것이지만, 그 일이 큰 것일수록 의도를 변화시키는 것은 쉽지 않다는 사실은 논리적인 것이기도 하다. 왜냐하면 이는 어떤 식으로든지 '자기희생'을 동반하는 일이기 때문이다.

못할 수 있다. 하지만 과거 역시도 비록 이 과거가 결코 다시 실현될 수는 없지만, 어떤 방식에 있어서는 우리가 처분할 수 있는 것이다. 그리고 나는 아직 미래에 있을 하나의 행위를 통해서 이 과거를 다시 살려 내거나 묻어 버릴 수 있다. 과거란 어떤 지점까지는 나의 손안에 있는 것이다.

망각은 우리의 나약함과 비참함의 흔적이다. 왜냐하면 망각은 그 자신에게서 존재를 지속적으로 달아나게 하기 때문이다. 그러나 망각은 또한 우리의 힘의 상징이기도 하다. 왜냐하면 망각은 우리의 의식 안에 창조의 능력에 필적할 만한 '극복'을 의미를 가진 비움(폐지)의 능력을 보여 주기 때문이며, 이와 동시에 망각은 우리에게 있어서 정화의 한 방법이요, 중단 없는 재탄생의 한 방법이기 때문이다. 망각은 우리로 하여금 '그였던 것(더 이상 존재하지 않는 것)'의 현존을 없애고, '그인 것(현재의 그)'의 현존을 제시해 준다. 망각은 우리를 휘어잡고 있는 모든 염려로부터 자유롭게 해 주는 무화(無化)와 해방의 능력을 가져다주며, 우리로 하여금 매 순간 우리의 전체적인 삶을 다시 시작할 수 있게 해 준다.

외면하는 것의 전능함을 통하여 성공하지 못하면서도 그것을 무화시키고자 애쓰면서 그 책임과 결과들을 부정하듯이, 더 이상 견딜 수 없는 과거로부터 나를 분리시키는 부정적이고 감각적인 망각이 있다. 그런데 신의 은총의 실제적인 선물에 나의 모든 신뢰를 두기 위해서, 나의 모든 과거를 신에게 맡겨 드리는 긍정적이고 정신적인 망각이 있다. 전자의 망각은 죽음과 유사한 것이며, 후자의 망각은 부활과 유사한 것이다.

하지만 만일 망각의 능력이 이러한 힘이라고 한다면, 망각하지 않는 능력은 여전히 보다 큰 힘이다. 이 능력이 분노를 산출할 때는 가장 잔인한 힘이 되겠지만, 용서를 산출할 때에는 가장 부드럽고 가장 아름다운 능력이 될 것이다.

8. 항상 불완전한 망각

이 지상의 삶에서는 어떠한 추억도 결코 완전하게 사라져 버리지는 않는다. 추억은 사라지기 전에 실존을 위해 싸운다. 비록 우리의 추억을 외면하더라도 추억은 항상 어떤 모호한 빛을 잔존하게 하며, 숨어 있는 그 현존은 의식이 고백하지 않은 몇몇 무거운 불안을 통해서 계시된다.

　비록 의지가 그것을 원하거나 최소한 그것을 받아들이는 것처럼 보이지만, 망각은 항상 비자발적인 것 같다. 사람들은 망각의 적극성에 대해서 말한다. 즉, "나는 그것을 잊어버리려고 노력한다."라고 말하는 것이다. 사람들은 고통스러운 과거를 잊어버리려고 노력한다. 하지만 어떤 것을 잊어버리려고 애쓰는 사람은 사실상 이 어떤 것을 상기하고 있는 것이다. 망각 속에서 과거가 우리로부터 분리되어야 한다. 만일 우리가 우리 자신에게서 과거를 분리하려고 한다면, 과거는 더 많이 우리에게 달라붙을 것이다.

　잊어버리려고 하는 의지는 '자신에 대한 사랑'의 한 운동이다. 자기-사랑은 항상 스스로를 추억하는 자신에 대한 관심이다. 상처 입고, 낮추어진 그는 스스로 치유되기를 바라면서, 오히려 자신의 상처들을 보다 생생하게 할 것이다. 그럼에도 망각과 의지 사이에는 하나의 신비로운 결탁이 존재한다. 말하자면 잊어버림이 동의된 이러한 종류의 빛 안에서, 그의 시선은 자신을 불쾌하게 하는 하나의 추억을 피할 수 있는 것이다. 왜냐하면 우리에게는 하나의 동일한 행위 안에서 추억을 불러내기도 하고 억누르기도 하는 의지의 분할이 있기 때문이다.

9. 망각과 헐벗음

　사건의 요청에 현재의 순간에 대답하게 되는 기억의 자연적인 흐름에 맡겨두어야 한다. 기억이 스스로 밝혀 주어야 할 행위에서 벗어나자마자, 기억은 경박한 이미지나 양심의 가책으로 인한 후회로 우리를 괴롭힌다. 바로 이러한 이유로 자주 사람들은 추억하기보다는 망각하는 데 더 큰 힘을 쏟는 것이다.

　우리에게는 거의 매번 직접적인 기억만으로 충분하다. 이것에 대해 만족하기를 거부하고 해를 입히는 것은 자신에 대한 추구이며 탐욕스러운 자기-사랑이다. 그래서 의지가 어쩔 수 없는 과거만으로 충분할 현재를 대신하고자 추억을 쥐어짜는 의지를 보게 되는 것이다. 하지만 이러한 행위는 우리를 압박하는 부담스러운 일에 불과하다. 과거는 변모되기를 요청하며, 그의 모든 환영을 감싸고 있는 망각의 베일을 통하여 시적(詩的)으로 변하는 것이다.

우리의 일상생활을 채우고 있는 모든 불행, 가장 단합된 존재들을 서로 분리시키고, 서로에게 문을 닫아 버리게 하고, 서로 적대적이게 하거나, 사임하게 하거나, 참아 내거나, 비밀스럽게 하는 모든 불만, 모든 악의, 가끔은 삶에서 가장 나쁜 이러한 것들은 끊임없이 자신에게 상처를 입히는 망각의 불가능성에서 기인하며, 이 상처들을 다르게 만드는 이중성 자체를 통하여, 즉 이 상처들을 존재하게 함으로써 끊임없이 고통당하게 되는 것이다. 이러한 일에 휘말리게 되자마자 상실하기 시작하는 그들의 일치는 그 어떤 추억도 이를 다시 견고하게 하지 못한다. 일치는 과거를 폐지하고 미래를 꿈꾸지 않는 현재의 행위 안에서 항상 재창조된다.

망각은 우리에게 있어서 내적인 헐벗음(dépouillement intérieur)이 되어야 한다. 우리가 정신화(영성화)되고 정제된 이미지를 기억 속에서 획득하기 위해서는 우리를 에워싸고 있는 대상들에 대한 통찰을 멈추어야만 하듯이, 우리의 영혼이 자신 안에서 이미지를 산출했던 그 비밀스러운 능력을 간직하기 위해서는 이미지 그 자체가 사라져야만 한다. 우리에게 오직 추억만 남기기 위해서 제 사물은 사라져야 하며, 이 추억은 또한 우리에게 우리의 모든 삶을 변화시킬 심오한 흔적과 세계가 우리에게 제시하는 광경 그 자체만을 남기고 사라져야 한다.

우리의 내적인 존재의 점진적인 형성은 화가의 작품과 조각가의 작품을 동시에 불러일으킨다. 화가의 작품은 연속되는 터치의 축적을 야기한다. 이 수천의 서로 다른 터치는 이를 실행한 몸짓에 생존하고 있다. 이처럼 우리의 영혼은 조금씩 영적인 그림을 창조하는 것 같다. 하지만 망각은 그 규칙이 보다 추상적이고 보다 엄격한 조각가를 연상시킨다. 망각이란 형상이 나타나도록 정이 대리석으로부터 분리해 낸 조각들에 비할 수 있다. 이처럼 마침내 자신의 헐벗음 안에서 나타나기 위해서 자아는 자신에게 일어났던 모든 사건과 그가 지나온 모든 상태까지도 잊어버려야 한다. 그리고 사람들은 항상 자신에게 수반되는 망각 없이는 자신을 나타낼 수 없지만, 망각만으로는 정화나, 박탈이나, 용서나, 잠이나, 죽음을 산출하는 데 있어서 충분하지 않다. 다시 말해서 그것을 통해서 우리의 존재가 그의 본질과 그의 진리의 고독 속으로 물러나는 이 아름다운 '비움들(renoncements)'을 산출할 수가 없는 것이다.

제7장

소명과 운명

1. 다양한 영혼들

폭넓은 것과 깊이 있는 것을 일치시킨다는 것은 매우 어렵다. 어떤 사람들은 세계의 광경만을 볼 수 있는데, 이런 사람들에게는 자신들의 눈앞에 보이는 것을 무한정 갱신하는 것이 필요하다. 이들은 눈앞의 광경을 바라보며 지치지 않고 그 다양성과 새로움에 감탄한다. 하지만 이들은 다만 세계와 표면적으로 접촉할 뿐이다. 이들에게는 자신들의 호기심을 일깨우는 것과 이미지들의 집합으로 충분하며, 항상 고독에서 벗어나고자 하는 그들의 정신만으로 충분하다.

이와 다른 이들은 항상 같은 장소에 남아 있는 사람들이다. 이들은 끊임없이 동일한 사유로 되돌아온다. 이들은 자신들이 태어나고 발붙이고 살아가는 토양을 무한정 파헤친다. 이들은 태양이 비추고 비가 내리는 평원들을 외면한 채 자신들이 머물고 있는 그 장소에서 자신들이 마실 수 있는 지하수를 찾고 있는 것이다. 인생이 시작되고 우리가 애착을 가지고 있는 삶의 모든 길을 따라가면서 넓이와 깊이를 일치시키는 능력을 가진다는 것은 참으로 어려운 일이지만 또한 바람직한 것이 아닌가!

어떤 사람들은 그들 자체가 곧 항상 새로운 재물이 흘러나오는 샘과 같다. 그러나 대부분의 사람은 자신이 산출하지 않은 재물을 서로에게 옮겨 주는 운하와 같다. 그리고 우리는 유목민들의 정신과 그들 자신의 토양을 가진 농부들의 정신을 보게 된다.

그런데 "다양한 은총들이 있지만 이는 동일한 성령의 열매이며, 다양한 사역(使役)들이 있지만 이는 동일한 주님께 봉사하는 것이다." 모든 사람이 동일한 빛을 수용한다. 하지만 이들은 이 빛을 모두 다르게 수용한다. 어떤 이들은 마치 흰색 표면과 같아서 이 빛을 그들의 주변으로 방산한다. 이들은 가장 무죄한 이들이다. 다른 이들은 마치 검은색 표면과 같아서, 자신들의 어둠 속에 이 빛을 묻어 버린다. 그들의 영혼은 밀폐된 상자와 같다. 그리고 마치 그의 표면이 다양한 색으로 칠해진 것처럼 이 빛을 분산하고, 어떤 특정한 광선들을 포착하여 다른 이들에게 반사해 주지만, 시간에 따라서 밝기와 뉘앙스가 변하는 표면과 같은 사람들이 있다. 이들은 가장 민감한 영혼들이다.

이외에도 마치 표면이 투명한 것 같은 영혼들이 있는데, 이들은 어떤 빛도 잡아 두지 않고 모두 자신을 통과시키게 한다. 이들은 신에게 가장 가까이 있는 영혼들이다.[82] 어떤 이들은 자연 전체와 자신을 바라보는 관객들을 끊임없이 비춰 주고, 관객이 자신을 비춰 보기를 멈추지 않는 거울에 비교할 수 있다. 이들은 우리에게 가장 가까이 있는 사람들인데, 이들의 단순한 현존만으로 우리를 판단하기에 충분한 것이다.[83] 마지막으로 어떤 이들은 프리즘들을 연상하게 하는데, 이 프리즘 안에서 흰빛이 기적과 같이 무지개로 피어나게 된다. 이들은 예술과 시를 통해서 자연의 영광을 노래하는 예술가들이다.

2. 고유한 천재성

만일 모든 사람이 자신만의 고유한 천재성을 발견할 수만 있다면 모든 사람이 천재가 될 것이다. 하지만 이는 가장 어려운 일이다. 왜냐하면 우리는 우리의 고유한 지반을 경작하기보다는 다른 사람들을 질투하고, 타인을 모방하며, 그들을 이기고자 노력할 뿐이기 때문이다. 그런데 우리가 우리 자신에게 충실하게 될 순간마다 다른 모든 즐거움을 넘어서고, 이 즐거움에서 모든 맛을 제거하고, 이후 이러한 즐거움들을 무용하게 만드는 명쾌한 열정을

---

82 역주) 이러한 영혼들은 '신비가'들이라고 할 수 있다. 신비가들은 최고의 은총을 수용하는 사람들이지만 이들은 항상 '無'가 되어 버리기를 실천하는 사람들이기 때문이다.

83 역주) 이러한 영혼들은 '성인들(les saints)'이라고 할 수 있다. 성인들은 항상 우리의 가장 가까이 있으면서 모든 이를 위한 삶의 지표와 같은 사람들이기 때문이다.

체험할 수 있다는 사실을 결코 무시할 수가 없다.

그런데 우리가 찾고자 할 때 우리한테서 달아나는 이 개별적인 천재성을 어떻게 발견할 수 있는가? 자신들의 삶이 비참함과 권태 혹은 오락거리들 속에서 흘러가는 것을 보게 되는 대부분의 사람이 이 사실을 의심하지 않는가? 가끔은 희망의 섬광이 가장 평범한 의식을 스쳐 지나가기도 하지만, 이를 잡으려고 하자마자 사라지고, 우리의 변함없는 직업적인 일들이 이를 반대하고 억누르며, 결코 규정할 수 있는 관념도 아니며, 시도해 볼 수 있는 내적인 도약도 아닌 이것을 의심할 수밖에 없지 않은가?

하지만 우리의 천재성은 우리 자신에 대한 관심을 의미하는 '자기-사랑'과는 반대되는 것이다. 이 '자기-사랑'은 우리 자신의 견해를 현실보다 위에 두면서 우리의 천재성을 지양하는 대신에 천재성의 장애가 되고 천재성이 실현되는 것을 방해한다. 그런데 천재성은 우리를 뒤흔들고 즐겁게 하기를 멈추지 않았던 '자기-사랑'의 모든 움직임을 갑자기 포기하면서 우리가 영적인 세계에 진입하게 되는 그 순간에 자신을 드러낸다. 이러한 발견은 순수한 무관심(désintéressement pur)의 효과이며, 우리가 우리 자신에게 줄 수 없는 것을 우리에게 준다. 여기서 우리는 이러한 천재성을 우리 자신의 목적을 위해 사용하는 것이 아니라, [진리를 위한] 목격자가 되고 통역사가 되는 것에 사용한다.

따라서 우리의 진정한 천재성을 계시해 주는 것은 '자기-사랑'에 대한 완전한 포기이다. 하지만 이러한 '포기'가 느슨하게 되자마자 '자기-사랑'은 다시 솟아나고, 천재성이 자신을 괴롭혔던 패배조차도 승리로 간주하게 된다.

의식은 '우리가 되고자 원하는 것'을 선택하기보다는 '우리가 무엇인지'를 발견하는 것을 위해서 더 많이 주어진 것 같다. 우리의 고유한 필연성에 대한 계시가 주어졌을 때만 우리는 진정으로 자유롭다. 진정한 자유에 이르기까지 우리는 우리 자신이 자유롭다고 믿고 있지만, 우리는 우리 자신의 변덕의 꼭두각시에 지나지 않는다. 우리는 실패에 실패를 거듭하면서 시행착오의 모험을 하고 있으며, 항상 만족스럽지 못하고 우리 자신을 외면하고 있다.

사람들은 "자신의 고유한 본질에 감금되어 있는 것보다 더 나쁜 노예는 없다."라고 말할 수 있을까? 하지만 자신의 본질에 대해 푸념하는 자아는 그가 전혀 자신을 발견하지 못했다는 것을 충분히 증명하고 있다. 반면 감탄할 만한 점은 우리가 이 본질을 발견하고, 이를 깊게 하고, 이것에 충실하게 되는 것이 우리 자신에게 달려 있다는 사실이다. 그렇지 않다면 본질이란 마치 전혀 사용하지 않은 채 남아 있는 능력처럼 아무것도 아닌 것이다.

어떤 면에서, 광기의 고유함이란 자신의 고유한 법칙을 피하고자 원하는 것이라고 할 수가 있으며, 우리가 우리 자신에게 지니고 있는 이 존재에 대해서 충분한 빛이나 충분한 사랑을 투사하는 것이 아니라고 말할 수 있다.[84] 그리고 이는 우리 자신에게 달려 있는 것이기는 하지만 '아는 것'에 달려 있는 것이 아니라 '실행하는 것'에 달려 있다.

3. 개성에서 사명으로

개인이란 가장 일반적인 언어적 의미에서뿐만 아니라 가장 강력하고 가장 고상한 의미에서의 개성(le caractère)이다. 의지는 항상 이 개성과 함께 실행된다. 하지만 의지가 굴복하거나 혹은 승리하였을 때 사람들이 항상 다시 발견하게 되는 것은 개성이다.

개성에 있어서 자아(conscience de soi)는 그의 고유한 징후와 하나를 이룰 뿐이다. 여기서 자아는 모든 인위적인 것을 넘어서는 가장 지속적이고 가장 심오한 그의 내적인 기질을 표현한다. 나와 주변 사람들의 가장 내밀한 행복이 바로 여기에 달려 있다. 하지만 사람들은 나의 개성이란 곧 나이면서 동시에 내가 아니라고 말할 수 있다. 나의 개성은 나의 의지보다 더 근본적으로 나이다. 왜냐하면 나의 개성은 나의 행동에 선행하고, 나의 의지가 소멸했을 때도 남아 있기 때문이다. 하지만 나의 개성은 또한 내가 아니다. 왜냐하면 나는

---

84 역주) 푸코는《광기의 역사》에서 '광기'를 모든 천재성의 조건이라고 보았다. 즉, 역사와 대중으로부터 인정받지 못한 천재성이 곧 광기이며, 역사와 대중으로부터 인정받게 된 광기가 곧 천재성인 것이다. 따라서 푸코에게 있어서 광기와 천재성은 그 본질에 있어서 동일하다. 하지만 라벨에 의하면 이러한 생각은 '자기 자신의 고유한 본질'을 부정하는 것에서 주어진다. 모든 인간이 자신의 고유한 본질을 가지고 탄생하였다고 인정하게 되면, 천재성이란 곧 자기 자신의 고유한 본질을 실현하는 것에서 나타나고, 광기란 이러한 자신의 고유한 본질을 회피하는 것에서 주어지는 것이다. 즉, 광기는 자신의 고유한 천재성의 부정 혹은 파괴에서 주어지는 것이다.

나의 개성을 원하지 않았고, 나의 의지가 나의 개성으로부터 벗어나고자 하고, 영향력을 행사하며, 제한하려고 시도하며, 나의 개성이 나의 의지에 봉사하도록 요구하기 때문이다.

그럼에도 우리가 우리 자신에 대해서 말할 때, 우리가 염두에 두고 있는 것은 우리의 개성이 아니라 순수하게 가능한 존재, 아직 규정되지 않은 순수한 자유, 아직은 시작되지 않은 존재 그리고 세상에서 가장 값진 것이며, 우리가 이를 발견하였을 때는 가장 큰 감동을 주는 바로 이 존재인 것이다. 우리가 이 존재를 규정하고자 하는 순간에 우리는 어떠한 존재도 진리나 오류 혹은 선과 악을 통해서는 아무것도 규정할 수가 없다는 것을 즉시 느낄 수 있다. 왜냐하면 이 존재는 일종의 진리와 오류, 선과 악을 운반하는 자이기 때문이다. 바로 이 때문에 각자는 자기 자신을 추구하거나 자기 자신을 회피하는 것이지, 결코 장애물이나 수레에 불과한 자신의 개별적인 본성을 추구하거나 회피하는 것이 아니다. 이 본성은 오직 자신이 완수할 수 있는 가치를 통해서만 의미를 가지거나 실존을 소유할 뿐이며, 우리의 본성은 우리로 하여금 이 가치에 참여하도록 할 수 있는 것이다.[85]

따라서 오직 사명(소명, vocation)[86]에 대해서만 말하는 것이 허락된다.[87] 그런

---

85 역주) 여기에는 라벨의 '존재와 가치론'에 대한 사유가 드러나고 있다. 라벨에게 있어서 단적으로 '존재'란 무엇보다 먼저 규정 불가능한 하나의 '절대적인 가치'로서 나타난다. 이러한 존재가 '물질적 가치', '심미적 가치', '윤리적인 가치', '정신적 가치' 등의 다양한 가치로 나타나면서 다양한 존재의 지평을 형성하는 것이다. 그렇기 때문에 존재는 '선과 악', '옳음과 그름' 등의 윤리적인 가치 이전의 것이며, 나의 본성이 지니는 다양한 가치들에 앞서는 것이다. 나아가 '나의 자아'란 모든 나의 개별적인 가치보다 최후적인 가치, 즉 '실현된 나의 존재'의 가치로서 나타나는 것이다. 그렇기 때문에 우리가 최후적으로 추구해야 하는 것은 항상 '나의 존재'이다. 따라서 나의 개별적인 본성이 의미를 가지게 되는 것도 결국 '나의 존재'라는 궁극적인 지평의 일부로 삽입된다는 한에서이다. 이러한 그의 사유는 나의 존재와 세계의 존재는 곧 '총체적인 존재(신의 현존)'의 일부가 된다는 그의 범신론적인 사유에서 도출된 것이다. 물론 이러한 범신론적인 사유는 스피노자식의 범신론(세계=신=자연)과는 다른 것이다. 라벨에게 있어서 총체적인 존재란 이 세계를 포괄하면서 세계를 초월하는 영적인 존재를 의미하기 때문이다.

86 역주) 불어의 '보까시옹(vocation)'은 '사명' 혹은 '소명'을 의미한다. 사명은 보다 포괄적이고 일반적인 의미로 사용되며, '소명'은 특히 종교적인 영역에서 한 개인이 신의 부르심을 받았을 때 사용하는 말이다. 여기서는 전자의 의미로 사용하는 것이 보다 적절하다고 생각되었지만, '소명'으로 번역하여도 무방할 것이다.

87 역주) 왜냐하면 나의 본성 혹은 본질이란 이 사명을 통해서만 진정으로 그의 실존(실재)을 가질 수 있으므로.

데 사람들은 모든 사명은 항상 영적인 것이라는 것을 알게 된다. 이 사명은 사명이 실현되는 행위 자체와 오직 하나를 이루고 있는 우리 자신들의 진정한 본질에 대한 발견이다. 바로 이러한 사명으로부터 사람들은 "각각의 존재가 수용하는 자신 이외에는 아무도 알지 못하는 하나의 새로운 이름을 획득한다."라고 말할 수 있는 것이다. 이처럼 각자는 자신의 고유한 위대함에 도달하게 되며, 우리는 왜 이러한 위대함이 주어져야만 하고 동시에 정복(conquise)[88]되어야 하는 것인지를 이해하게 되는 것이다.

4. 각 개인의 사명과 각 민족의 사명

개인들에게 있어서와 마찬가지로 민족들은 오직 영적인(spirituelle) 사명 외에 다른 사명을 가질 수가 없다. 이 사명은 지상의 좋은 것들 중 하나를 정복하거나 다른 이들을 자신의 노예로 삼는 그러한 사명이 아니다. 이는 사람들을 자유롭게 하여, 그들에게 그들 자신이 되도록 하는 것이며, 그들로 하여금 자신들의 소명을 발견하게 하고, 자신들의 소명을 수행하도록 허용하는 것 중 하나이다. 다른 곳에서와 마찬가지로 여기서도 우리는 "어떠한 존재도 오직 다른 존재들의 실현에 협력함으로써만 그 자신을 실현할 수 있다."라는 감탄할 만한 역설을 발견하게 된다.

그 이유는 각각의 개인이 심지어 각각의 민족이 그들이 받은 선물에 따라 개별적인 행위들을 통해서 참여하는 유일한 하나의 정신(영, esprit)이 있기 때문이다. 이를 의식하고, 중단 없는 창조를 통해 자신들의 선물을 작품으로 만드는 것은 그 자신에게 달려 있다. 그에게 있어서, 인간적인 의식(인간의 양심)의 형성 안에서, 그 누구도 대신할 수 없는 그만이 지켜 내야 할 역할에 대해 생각한다는 것은 이보다 더 유익한 생각이 없을 만큼 소중한 것이다. 이러한 그의 역할이 없다면 그에게 있는 모든 가능성은 실현되는 날을 보지 못할

---

88 역주) 자신의 사명으로서의 '고유한 이름'은 곧 각자의 위대함을 말해 주는 것이다. 그런데 이러한 '고유한 위대함'이 '정복'되어야 한다는 것은 무슨 의미인가? '고유한 이름을 발견한다는 것'은 마치 아직 개간되지 않는 막대한 황무지를 발견하는 것과 같은 것이다. 이를 발견한 자는 이를 경작하고 가꾸고 열매를 맺게 하여야 한다. 예술가나 예언자의 '사명'을 발견한 자는 자신의 전 생애에 걸쳐서 이러한 사명을 백분 실행하여야 하며, 이는 마치 황무지를 정복하는 일과 같기 때문이다.

것이다.

그럼에도 인간의 의식이 마치 각각의 개인과 각각의 민족이 '예정된 하나의 기능을 수행하게 되는 막대하고 익명적인 존재'라는 너무나 단순한 관점은 특정한 뉘앙스 없이 액면 그대로 받아들일 수는 없을 것이다. 존재하는 것은 오직 자신의 고유한 빛의 근원이며, 책임성의 근원적 중심인 개별적인 의식뿐이다. 의심의 여지 없이 각각의 민족이 지닌 천재성은 이 민족을 구성하고 있으며 동일한 힘을 체험하는 모든 사람의 천재성을 지니고 있고, 구성원들의 특별한 계획들을 형성하고 있다. 하지만 다른 이들이 세상을 감내할 때 가장 위대한 이들은 창조를 한다. 이들은 항상 그들의 백성 가운데서 낯선 사람들이다. 이들은 우리에게 어떤 놀라운 계시를 가져오는 매우 멀리서 온 사람들과 닮았다.

5. 소명에 대한 식별

우리에게는 우리 자신을 데려가는 흐름이 있다. 하지만 이 흐름은 오직 우리 스스로가 이를 솟아오르게 할 때에만 이를 뒤따를 수 있을 것 같은 분명한 인상을 가지게 한다. 이처럼 소명이란 나의 가장 비밀스러운 존재의 내밀한 부름에 대한 응답이며, 나 자신의 의지이든 혹은 외부로부터 요청을 받은 것이든 이 소명을 대체할 수는 없다. 이 소명은 우선적으로 나에게 주어진 능력에 불과하며, 나의 영적인 삶의 근원적인 특성은 이러한 능력을 나의 것으로 만드는 것에 동의한다는 것이다. 이렇게 된다면 이 능력은 나의 진정한 본질이 될 것이다.

소명을 발견할 만한 주의집중이 부족하거나 혹은 이 소명을 실현하기 위한 용기의 부족으로 인하여 사람들은 소명을 상실할 수가 있다. 그런데 만일 사람들이 각자가 자신만의 소명을 가지고 있으며, 이를 발견하는 것 역시 자기 자신에게 달려 있다는 사실을 잊어버린다면 이 소명을 발견할 수가 없을 것이다. 그리고 만일 우리가 관심을 가지고 있거나 갈망하고 있는 모든 습관적인 대상을 희생하지 않는다면 이 소명을 다할 수가 없을 것이다. 가끔은 사람들이 이 소명에 대해서 불충실할 때, 오히려 소명의 존재를 분명하게 느끼게 되는 경우가 있다.

이러한 소명은 우리가 살고 있는 곳에서 항상 친밀하고 친숙한 것이며 가장 단순한 상황들에 둘러싸여 있음에도, 이러한 소명이 멀리 있고 또 예외적인 것이라고 상상하는 데 가장 심각한 위험이 있다. 문제는 우리 각자가 우리에게 제시된 일들 그 자체 안에서 이러한 일들을 경멸하지 않으며, 혹은 우리가 결코 만날 수 없는 어떤 신비한 운명을 추구하지 않으면서 이러한 소명을 식별해야 한다는 것이다.

소명은 선택된 자로서의 징표가 될 만한 그 어떤 예외적인 흔적들을 통해서 식별되지는 않는다. 그리고 이 소명은 비록 일상의 삶의 가장 작은 과업들을 변모시키겠지만, 눈에 보이지 않는 채로 남아 있다. 왜냐하면 이 소명은 우리가 해야 할 일과 우리가 받은 선물들 사이에서의 일치의 감정이며, 우리에게 있어서 빛이며, 근원이기 때문이다. 바로 이 소명과 함께 각자에게 영적인 삶이 탄생하고[89], 각자는 자신이 고립되어 있고 무용하다는 생각을 멈추게 되는 것이다. 이처럼, 사람들이 그렇게 생각할 수 있듯이, 소명은 우리에게 원하고 행동하는 것을 야기하지는 않는다. 이와 반대로 소명은 우리의 어깨 위에 엄청난 부담을 안겨 준다. 소명은 우리로 하여금 항상 어떤 새로운 의무를 수락하도록 준비시키며, 언제나 기다리지 않고 참여하도록 하는 것이다.

6. 피할 수 없는 선택

우리 중 각자는 자신의 사유를 통해서 우주 전체를 껴안고자 하는 야망을 가지고 있다. 하지만 이는 오직 그 자신의 고유한 '지평' 안에서만 가능하다. 사람들이 제 대상의 있는 그대로에, [즉 실재 그 자체에] 도달하기 위해서 이

---

89 역주) 소명과 함께 '영적인 삶(la vie spirituelle)'이 탄생한다고 생각하는 이유는 한편으로는 이 소명이 궁극적으로 눈에 보이지 않는 어떤 '초월적인 힘', 즉 '신적인 섭리'로부터 주어진다고 보기 때문이며, 다른 한편으로는 자신의 삶을 '소명'이라는 차원에서 받아들일 때, 작은 무의미한 일들 혹은 감각적인 차원의 사건들이 '정신화'되기 때문이다. 즉, 인간은 '소명'이라는 차원에서 자신의 삶을 영위할 때, 인생 전체가 하나의 '궁극적인 의미'를 가지게 되고, 작은 우연적인 일들도 의미와 가치를 가지고 자신의 전체 삶의 역사 안에서 진지한 정신적인 의미를 가질 수가 있기 때문이다.

러한 지평을 허물고자 원한다는 것은 명백한 오류이다. 왜냐하면 이 경우 제 대상은 우리를 피해 달아나고 우리의 삶과 관계하기를 멈추어 버리기 때문이며, 이 대상들은 생명이 없는 사물들 자체로 변해 버리기 때문이다. 우리가 대상들을 보다 더 잘 파악할 수 있는 것은 우리가 위치해 있는 실재로부터 우리 자신을 분리하면서가 아니다. 이는 우리에게 속하는 모든 능력과 재원들로 이 실재들에 스며들면서만 가능하다. 우리에게 있어서 보편적인 존재의 현존은 우리의 개별적인 존재를 초월하고 이를 제외시키는 것에서 주어지는 것이 아니라, 이 개별적인 존재를 실현하는 것에서 주어진다.

사람들은 항상 너무 빨리 [어떤 삶에] 참여하는 것을 두려워한다. 가장 신중한 사람들이란 가장 야망이 큰 사람들처럼 예비하고 기다리는 사람들임을 알 수 있다. 따라서 이들은 순간이 지나가도록 내버려 둔다. 왜냐하면 이들은 더 높은 운명을 탐하고 있기 때문이며, 혹은 그들을 매혹시키는 모든 작은 선택은 그들이 포용하고자 열망하는 이 전체(le Tout)로부터 그들의 지평을 닫아 버리고 그들을 이 전체로부터 분리시킬 것이기 때문이다. 하지만 항상 나의 자유와 사건 사이에 확립된 일정한 비율인 '나 자신인 개별적인 존재'는 나에게 제공된 하나의 기회이며 끊임없이 나로 하여금 선택을 강요한다. 그리고 내가 행하는 선택 그 자체는 나의 경향성들 사이에 하나의 질서를 도입하도록 요구하면서 나를 제한하기보다는 나를 굳건하게 한다. 이 선택은 나의 경향성들을 분리시키기보다는 통합시킨다. 이 선택은 나에게 내가 상상하는 이상적인 소유물보다 훨씬 더 귀중한 전체 안으로 진입하게 하는 진입로와 진보를 제공하였지만, 그러나 나는 모든 것을 순결하게 간직한다는 구실 아래 이를 실현하기를 거부하였다.

누구도 행동하기 이전에 그의 소명을 발견하기 위해서 기다릴 수는 없다. 이 소명에 대해서 내기를 해야만 하고, 이 내기의 위험을 감수해야만 하는 순간이 있다. 그리고 어쩌면 이러한 기다림과 발견 그리고 내기는 시간을 두고 연속적으로 나타나기보다는 매 순간 함께 나타나는 것이야 할 것이다. 바로 여기에 순간의 드라마 자체가 있는 것이다.

7. 열정(fidélité)[90]

자신에게 충실하다는 것은 생각보다 더 어렵다. 게으름은 외적인 요인들로 우리를 인도하면서 우리를 우리 자신으로부터 멀어지게 하고, 자신을 돌보이기 위해서 우리 자신을 '우리 자신인 것'의 위로 들어 올리는 '자기-사랑' 역시 우리를 우리 자신한테서 낯선 사람이 되게 한다. 진정한 용기는 세상에서 유일한 우리의 소명을 인정하는 것에 있고, 우리가 마주치게 되는 모든 장애물 가운데서 결코 이들에게 양보하지 않으면서 우리의 소명에 충실하게 되는 것에서 주어진다. 왜냐하면 우리의 소명을 빛나게 하고 우리로 하여금 이 소명을 완수하도록 요구하는 것은 바로 이 장애물들이기 때문이다. 그리고 유혹들 그 자체는 시련들에 지나지 않지만, 우리를 판단하는 것들이다.

열정은 시간과 분리될 수가 없다. 이 열정은 나로 하여금 과거의 기억을 간직하도록 의무 지우지만, 그럼에도 나의 삶은 매 순간 다시 시작된다. 그런데 만일 삶을 다시 시작해야만 한다면, 이는 과거와 헤어지고 과거와의 접촉을 통해서 삶이 형성되었던 모든 것을 부정하면서 항상 새로운 대상을 추구하는 것인가? 혹은 가능한 모든 행위의 시간을 초월하는 근원에까지 멈춤 없이 상승하면서 이미 삶이 형성하였던 모든 것을 넘어서고 그 위로 들어 올리기 위해서, 그리고 자신이 약속한 것들에 대해 문자 그대로 너무 엄격하게 순응하지 않으면서, 이들을 개혁하고, 이를 가장 유용하게 사용하면서, 여전히 더 많은 열매를 맺게 하는 것인가? 그리고 이를 위해서는 가끔은 추억을 상실하거나 혹은 끊임없이 다시 태어나고 교정되는 다른 하나의 의지로 변화시켜야 하는가?

충실함은 나로 하여금 행동 안에서 '의도의 완성(l'accomplissement de l'inten-

---

90 '피델리떼(fidelité)'는 '열정', '충실함', '충직함' 등으로 번역되는데 여기서는 문맥에 따라서 '열정' 혹은 '충실함'으로 번역하였다.

tion)'[91]까지 추구하도록 요구하지만, 그럼에도 행동은 이후의 시간에 나타나고, 어떠한 의도도 미리 이 행동을 포함할 수 없을 만큼 이 행동이 너무나 무거운 것임을 잊어버리지 않게 한다. 충실함이란 그 의도를 굽히는 행동을 결코 수용하지 않는 엄격함과 자존심으로 가득 찬 명백한 올곧음을 의미하지는 않는다. 그런데 만일 애초에 의도가 지향하였던 대상을 피해 가거나 혹은 점점 더 광대해지는 범주 안에서 이 대상을 껴안아야 한다면, 모든 문제는 이 의도가 어떻게 변모되어야 하는지를 아는 것에 달려 있다.

자신에 대한 이 열정은 우리에게 일종의 자연적이고 영적인 고귀함을 부여하는데, 이 고귀함은 동시에 진정한 '자신에 대한 의식'을 형성한다. 이러한 열정은 결코 하나의 대상이나 혹은 나의 과거에 대한 열정이 아니며, 모든 대상과 모든 과거를 넘어서는 하나의 특별한 계획에 대한 열정이다. 이 계획은 그 어떤 대상도 어떠한 과거도 대신할 수 없는 것이며, 내 앞에 항상 하나의 새로운 미래를 열어 주는 그러한 계획이다. 신이 나에 대해 지니고 있는 계획이 바로 이것이며, 나는 이를 신의 도움 없이는 결코 실현할 수가 없었을 것이다. 만일 이 계획을 실현할 수 없었다면 나의 삶은 없는 것이다. 말하자면 나의 삶은 나의 바깥에서 나 없이 추구되었고, 외관의 세계에 머무르면서 끊임없이 외관들과 계속된 것이다.

---

91 역주) '의도의 완성'이란 표현은 매우 날카롭다. 우리는 어떤 행위를 유발한 조건으로 '행위의 동기'와 '의도'를 말할 수 있다. 사람들은 동기와 의도를 별 구별 없이 사용하기도 하지만, 동기와 의도는 분명 다른 것이다. '행위의 동기'란 행위에 대해서 과거적인 것이며, 이는 변할 수 없는 것이다. 반면 의도란 행위가 진행되는 동안에 지속적으로 행위와 함께하는 것이며, 끊임없이 교정될 수 있다. 가령 선거를 의식하여 '봉사 활동'을 시작한 정치가에 있어서 행위의 동기는 '선거에 승리하는 목적'이며, 이러한 동기는 봉사 행위를 지속하는 모든 순간에 동일하다. 반면 봉사 행위의 '의도'는 봉사 행위를 지속하는 동안에 마음속에 품고 있는 뜻을 말하며, 이는 그의 행동의 가치를 판단하고 규정하는 무엇이다. 애초에 선거의 승리를 목적으로 시작한 봉사 활동이 시간이 지남에 따라서 그 의도가 변할 수 있으며, 경우에 따라서는 정치를 포기하고 '인간을 사랑하는 것'에 자신의 삶을 바치는 삶으로 바뀔 수 있다. 즉, 그의 행위의 의도는 봉사 활동의 근본적인 혹은 이상적인 목적에 적합하게 변화하였고 우리는 "의도가 완성되었다."라고 말하게 되는 것이다. 이렇게 '의도가 완성되는 것'을 흔히 '승화하다' 혹은 '승화시키다'라고 하는 것이다.

8. 운명과 소명

사람들은 거의 항상 식물의 발전을 씨앗의 본성으로부터 그리고 행동을 환경으로부터 설명한다. 만일 우리 스스로에게 있어서도 이와 같다면, 우리는 하나의 숙명(fatalité)의 거물 안에 갇혀 버렸을 것이다. 즉, 우리는 소명을 가질 수 없이 하나의 운명(destinée)[92]을 가지고 있을 것이다. 소명(vocation)은 자유로부터의 동의와 부여받은 재능들의 사용 그리고 삶이 우리에게 부여하는 제 조건을 가정한다. 자유가 솟아나는 것은 분명히 우리가 처해 있는 상황들의 성격으로 인하여 우리를 '우리 자신인 그것'과 분리시키는 그 간격 안에서이다. 자유가 그의 역할을 하기 시작하는 것은 내적인 결정론과 외적인 결정론의 두 결정론 사이에서 이 두 결정론의 만남 덕분이다.[93] 왜냐하면 이 두 결정론이 관계를 가지는 것은 자유 때문이며, 이 자유는 각각의 결정론에 다른 것에 대항하는 무기를 요청하기 때문이다. 자유가 본성의 능력을 취하는 것과 이 능력들을 강하게 하는 것은 사건들에 대한 행위를 통해서이다. 자유가 사건들을 제압하거나 혹은 이러한 사건들을 부추기는 것은 자신의 능력들의 실행을 통해서이다.

운명의 고유함은 자유가 우리에게 응답하기를 요청하는 상황들에 우리를

---

[92] 역주) 라벨이 이해하고 있는 세 가지의 개념 '숙명(fatalité)'과 '운명(destinée)' 그리고 '소명(vocation)'에 대한 이해는 어느 정도 문학적인 혹은 심리학적인 차원의 개념들이라고 할 수 있다. 이를 간략히 비교해 보는 것이 이해에 도움이 될 것이다. 숙명이란 인간의 자유가 전혀 개입할 수 없는 '필연적인 것'을 말할 수 있는데, 이는 일종의 '기계론적인 세계관' 속에서 결정론적으로 어떤 것을 고찰할 때 발생하는 모든 것이다. 가령 내가 남자이거나 여자인 것, 어떤 사람이 장래를 가지고 태어난 것 등 피할 수 없는 일체의 사실은 모두 '숙명'이라고 할 수 있다. 그리고 운명이란 내가 처해 있는 피할 수 없는 상황과 나의 특정한 기질이나 재능들이 결합하여 나에게 피할 수 없는 하나의 사건을 야기하지만, 나의 자유가 이를 수용할 수도 거부할 수도 있는 것을 말한다. 가령 베토벤이나 고흐 같은 예술가에게 있어서 '예술가가 되는 것'은 일종의 운명이다. 반면 '소명'이란 앞서 저자가 설명하고 있듯이, '내가 해야만 한다.'라는 일종의 사명감과 '나에게 주어진 재능들'이 일치하는 것에서 주어진 감정이나 의식을 말하는 것으로, 운명을 거부할 수도 수용할 수도 있는 것이며, 이는 전적으로 '나의 자유 의지'가 선택하는 것이라고 할 수 있다. 만일 고흐가 자신은 예술가가 되기 위해서 탄생하였다고 믿고 이를 스스로 받아들인다면 그것은 곧 '소명'인 것이다.

[93] 역주) 여기서 '외적 결정론'과 '내적 결정론'이란 '운명'과 '소명'을 야기하는 두 조건이라고 할 수 있다. 왜냐하면 운명이란 우리를 감싸고 있는 외적인 환경 요인들이 우리의 의지와 무관하게 우리에게 야기하는 것이며, 소명이란 오직 '나 자신인 그것', 즉 나의 내적이고 근원적인 본질로부터 선택된 무엇이기 때문이다.

데려가는 것인 것 같다. 하지만 사람들이 가끔 그렇게 믿고 있듯이 이러한 응답은 순수하게 내적이거나 영적인 것은 아니다. 이 응답은 우리의 운명 그 자체에 대해 행위한다. 나아가 운명 그 자체는 우리가 그것을 염두에 두지도 않았던 외부적인 것으로부터 제시된 하나의 단순한 시련은 아니다. 사실 운명은 결국 자유가 실행되기 위해서 우리의 자유에 의해서 요청되었다. 사건들이란 이러한 자유에 제공된 기회들이며, 항상 그의 나타남과 그의 능력과 그의 용기와 그의 장점들과의 관계성 속에 있는 것이다.

지혜는 '우리가 원하는 것의 형식을 취하는 것이 곧 우리에게 도달하는 것'인지 혹은 '우리에게 도달하는 것의 형식을 취하는 것이 곧 우리가 원하는 것'인지 구별하기 이전에 전체적으로 '우리가 원하는 것'과 '우리에게 도달하는 것' 사이에서 우리가 발견할 수 있는 어떤 특정한 조화 속에 거주하고 있다.

9. 사건들과 우연(le hasard)[94]

사람들은 자주 운명이란 우리의 삶의 지속을 메우고 있는 제 사건의 연속을 통하여 형성된 것이라고 믿고 있지만, 사실 운명은 이렇게 형성된 것이 아니다. 가장 고려할 만한 사건들은 우리의 영혼 안에 영혼을 뒤흔드는 감정을 유발할 수가 있다. 하지만 이러한 것은 단지 육체의 한 반향일 뿐이다. 우리의 정신은 여기서 기분이 상할 수는 있겠지만, 그럼에도 이 정감의 어느 한 부분을 차지하지는 않는다고 말할 수 있다.

나아가 우리를 가장 심하게 뒤흔드는 것을 타인에게 느끼게 하기 위해서 우리의 상상력을 강요하거나, 혹은 예전에 우리에게 야기되었던 동일한 내

---

94 역주) 여기서 말하고 있는 '우연'이란 단지 그 원인을 알 수 없는 '우연히 발생한 사태'를 말하는 것이지만, 그러나 저자는 이 용어를 통해서 '눈에 보이지 않는 신의 섭리'를 암시하고 있는 것 같다. 이는 뒤이어 저자가 '이 우연의 법칙들은 또한 모든 사건의 진척 안에서 행위하며'라고 말하는 데서 잘 드러나고 있다. 신의 섭리란 인간의 이성에 의해서는 그 전말이 통찰되지 않는 것으로서 우선적으로 '우연한 일'처럼 발생한다. 이러한 우연한 일을 정신화(영성화)시킨다는 것은 곧 무의미한 것 같은 사건을 자신의 내적인 삶과 관련하여 비밀스러운 내적인 삶의 일부로 환원하는 것이며, 이것이 곧 '자유의 진정한 의미'이다. 이러한 사유는 말브랑쉬의 '기회원인론'이 최종적으로 말하고자 하는 것이기도 하다.

적인 동요를 새롭게 느끼게 하기 위해서 사건을 더욱 확대시키고자 하는 경우가 있다. 하지만 우리는 결코 여기에 도달하지 못한다. 이러한 것에 관해서는 전쟁을 체험한 사람들에게 가장 경악할 만한 전쟁의 사건들의 예를 드는 것보다 더 결정적인 것은 없다. 이 경우 각자는 화재의 불꽃과 이 불꽃이 남겨 놓은 재 사이의 거리를 측정하겠지만, 어떠한 기억도 [이 화재를] 다시 되살려 내는 데는 성공하지 못한다.

하나의 사건은 이 사건이 발생하는 그 순간에 하나의 놀라운 자국을 산출할 수 있다. 이 사건은 우리를 놀라게 할 수 있고, 우리를 넘어설 수 있다. 여기까지 이 사건은 여전히 하나의 광경의 대상일 뿐이다. 이 사건은 오직 우리가 이 사건에 대해 가지는 비밀스러운 관계를 통하여 내리는 해석을 통해서만 우리의 삶에 참여할 수 있으며, 이를 알고 있는 사람은 오직 자신의 의식의 내적인 드라마를 지니고 있는 우리 자신뿐이다. 이 사건이 우리의 운명에 참여하는 것은 오직 이 사건이 세상이 우리에게 제시하는 하나의 부름이나 응답이 될 때뿐이며, 하나의 개별적인 기적은 오직 우리를 위하여 그리고 우리에 대해서만 의미를 가질 뿐이다.

그가 개입하고 있지 않은 것 같은 제 사건 아래 그를 복종시키는 이러한 종류의 운명의 현존을 가장 잘 느낄 수 있는 것은 우연의 게임들 안에서이다. 여기서 각자는 우연임에도 불구하고 마치 그가 이를 지향했던 것처럼 그렇게 이 운명에 도달하는 것이다. 이러한 게임에서 얻거나 잃은 사람들이 이를 위해 노력하고 있는 것처럼 보이는 것에서 이를 잘 볼 수 있다. 하지만 우연이라고 하더라도 이를 정신화(영성화)한다는 것은 필요하다. 기회를 획득하였다고 느끼거나 혹은 지나가 버리도록 내버려 두었다고 느끼거나 혹은 이를 잡아끌거나 회피하거나, 이를 통해서 도약하게 되었거나 혹은 하나의 고통 안에서 버림받았다고 느끼는 매우 심오한 이 감정들을 너무 가볍게 취급해서는 안 된다. 한편으로는 우리가 뒤따를 수밖에 없는 우연의 법칙들이란 존재하지 않으며, 다른 한편으로는 이 우연의 법칙들을 뒤따를 수밖에 없는 영혼의 상태들만 있다. 이 우연의 법칙들은 또한 모든 사건의 진척 안에서 행위하며, 기다림과 갈망 그리고 희망의 언어들은 이 사건의 진척을 해명해 주기

보다는 이 사건들의 효력성을 은폐한다.[95]

10. 유일한 운명

사람들은 '누락된 운명들(destinées manquées)'[96]이 있다는 것에 대해 놀랄 수 있다. 하지만 우리의 운명은 이 운명이 성취된 다음에야 나타난다. 그리고 우리는 이 운명이 우리의 소명과 일치하지 않는 것 같을 때 "운명이 누락되었다."라고 말하는 것이다.

각자가 체험하게 되는 다음과 같은 감정보다 더 아름답고, 더 깊고, 더 강한 것은 없다. 즉, 그가 그 스스로에 대해 지니고 있는 의식의 뿌리에까지 내려갈 때, 그가 세상에서 오직 혼자 있다고 생각할 때, 그의 운명이 유일하고 비교할 수 없는 것이라고 생각할 때, 다른 사람들에게 도달하는 그 어떤 불행에도 노출되어 있지 않다고 생각될 때, 전쟁도 그에게서는 비켜 가고, 죽음도 결코 그에게서는 주어지지 않는다고 생각하게 되는 이러한 감정보다 더 아름다운 것은 없다. 그런데 우리는 세상사가 결코 이렇게 일어나지는 않는다는 것을 잘 알고 있다. 즉, 우리의 운명은 다른 모든 사람의 운명과 다르지 않으며, 모든 불행이 우리에게도 도달할 수 있으며, 전쟁으로부터 빠져나올 수가 없으며, 분명히 어느 날엔가 죽을 것이라는 사실을 확실하게 알고 있다.

하지만 이러한 앎들은 오직 육체적인 것에만 가치가 있다. 이러한 앎들은 우리가 우리의 영적인 내밀성(intimité spirituelle)에 대해 가지고 있는 의식 그

---

95 역주) 왜 '기다림과 갈망 그리고 희망의 언어들'이 사건들의 효력성을 은폐한다고 보는 것인가? 그것은 신의 섭리란 본질적으로 인간의 이성적인 사유를 초월하는 것이어서, 이러한 섭리의 역사에서 인간적인 차원에서의 '갈망'과 '기다림'들은 오히려 신이 계획하고 있는 보다 탁월하고 고귀한 어떤 목적을 보는 것을 방해하기 때문이다. 그래서 신비가들은 하나같이 '섭리의 역사 안에서 無가 되어 버리기'를 지향했던 것이다.

96 역주) 여기서 '누락된'이라고 번역한 불어 용어 'manquée'는 '빠뜨리다', '잊어버리다', '(시험 등에서) 탈락하다'라는 등의 의미를 가진 'manquer' 동사의 완료형이다. 따라서 '누락된 운명'이라는 것은 분명히 나의 운명이라고 생각하였던 것이 결국 실현되지 않고 소멸되어 버렸거나 지나가 버렸을 때를 말한다. 이러한 경우는 그 원인이 다양할 수 있겠는데, 저자 라벨은 '나의 운명'이 '나의 소명'과 일치하지 않았을 때를 대표적인 예로 들고 있다. 예를 들면 '시인이 되는 것'이 나의 운명이었지만, 나의 소명이 '성직자가 되는 것'일 때, 운명은 누락되고 마는 것이다. 물론 여기서 가장 중요한 요인은 나의 '자유 의지'일 것이다.

자체는 손상 없이 내버려 둔다. 즉, 어떠한 외부적인 사건도 손상을 입힐 수 없는 하나의 세계, 우리의 개별적이고 자유로운 행위를 통해서 스며들고, 우리가 결코 도달할 수 없는 숨겨진 존재, 즉 영원한 존재가 거주하는 영적인 내밀성의 세계에서는 이러한 외적인 사건들이 도달할 수가 없는 것이다.

이러한 감정에 자신의 모든 효력성과 모든 현존을 부여하는 자, 이러한 감정을 그 지반에까지 파헤치는 자는 의심의 여지 없이 그의 운명에 대한 생각과 불가분한 불안이 해소되는 것을 발견하게 될 것이다. 우선 그는 여기서 일종의 영원성에 대한 체험, 즉 고유하게 유일하고 우리 자신의 것인 내밀성에 대한 체험을 가질 것이다. 이러한 내밀성은 우리가 아는 유일한 것이지만, 그럼에도 결코 소멸될 수 없는 총체(Tout)의 내밀성 자체와 분리될 수 없는 것이다. 그는 여기서 마치 '시련의 반대편(contre-épreuve)'처럼 다음과 같은 관점을 발견한다. 즉, 마치 내가 다른 사람들에 대해서 그들 자신인 이 외관들만을 알고 있듯이, 다른 사람들 역시 나에 대해서 오직 변화하고 부패하는 공통되는 외관들의 법칙에 지배받고 있는 나의 육체인 이 외관들만을 알고 있다. 하지만 나는 하나의 영적인 전환(conversion spirituelle)의 행위를 통해서 이러한 외관의 법칙을 초월하는 내밀성 그 자체를 우리 자신에게 발견하면서 우리에게 도달하는 모든 것에게 빛을 주는 우리의 고유한 실존의 이 의미를 발견하는 것이다.

우리 각자가 하나의 직선적인 노선에 따라서 아득하고 진입 불가능한 하나의 목적으로 나아간다고 생각하는 것은 큰 오류이다. 우리 중 각자는 자신이 존재의 총체 자체 안에 기입한 궤도를 멈춤 없이 성장시키면서 자신의 고유한 중심의 주위를 돌고 있다. 이처럼 시간의 역할은 사람들이 거의 항상 이 시간에 부여하는 그것과는 매우 다른 것이다. 시간이란 우리가 우리의 뒤편에 남겨 둔 것을 결코 획득할 수 없는지를 알 수 없게 하는 미래를 향해 도망가는 것이 아니다. 시간은 우리로 하여금 하나의 곡선 안에서 마치 장미꽃이 성장하듯이 그렇게 성장하는, 우리가 우리 자신들의 주위에 펼쳐 놓은 하나의 세계의 지역을 포괄할 수 있도록 한다.

시간은 우리의 모든 시도가 흘러나오는 우리 자신의 심장 안에서, 이러한 시도들을 끊임없이 새롭게 하고 풍요롭게 하는 운동의 완성을 의미하는 휴식의 완성을 가능하게 하고, 여기서 이러한 시도들을 통일시키는 것을 허락한다. 시간은 어떠한 진보도 허락지 않았던 '고대 철학자의 순환적인 운동'[97]과는 매우 다른 것이다. 진보는 각각의 존재들에게 있어서 그의 고유한 본질의 점진적인 실현 안에 거주하고 있다. 이 진보는 완벽한 성숙의 상태를 향해 나아가도록 의무 지우는 유한자와 무한자의 연합이며, 여기서는 오직 열매를 맺기 위해서만 죽음이 있는 것이다.

11. 선택된 각각의 존재

모든 존재는 마치 이 세상에서 자신이 유일하게 수행할 수 있는 하나의 과업을 위하여 선택되었다는 것을 의식하고 있는 것처럼 그렇게 행위하여야 한다. 그가 이를 발견하자마자 그리고 여기에 자신을 헌신하자마자 그에게는 신이 그와 함께 있고, 그를 보호하고 있는 것처럼 보인다. 그에게는 신뢰와 기쁨으로 가득하다. 그는 버림받았다는 감정을 상실한다. 그는 의심과 불안으로부터 구원되었다. 바로 여기에 창조적인 업적에 대한 참여가 있다. 그는 자신의 모든 수치로부터 정화되었다. 그는 더 이상 과거를 가지고 있지 않다. 그는 매일 아침 다시 태어난다. 그가 나약하고 죄인이었던 만큼 그는 자신을 넘어서는 하나의 행동을 위해 부름을 받았다는 이 경이로움 안에서 살아간다. 이 행동을 위해서 그는 항상 새로운 힘과 새로운 열정을 수여받는 것이다. 이러한 것이, 그가 비교할 수 없는 하나의 내적 감정을 통찰하자마자, 개인 안에서 산출되는 소명의 신비이다. 이러한 내적 정감은 더 이상 우주 안에서 길을 잃지 않는다는 것의 감정이며, 선택된 자리를 차지하고 있다는 감정이며, 신에 의해 지지받고 신을 지지하고 있다는 감정이다. 그리고 그의 고

---

97 역주) 여기서 진보를 허락하지 않는 '고대 철학자들의 순환론'이란 엠페도클레스나 파르메니데스 등의 사유를 말한다고 할 수 있다. 이들에 따르면 세계란 몇 가지의 기본이 되는 원소들이 서로 뭉치거나 흩어지거나 하면서 온갖 존재자를 생성, 소멸케 하지만, 그 기본이 되는 요소들은 항상 일정하게 유지된다. 따라서 이들에게 있어서 엄밀하게 보자면 세계 역사에서 '진보'나 '퇴보' 같은 것은 있을 수 없고 동일한 존재자들, 동일한 사건들이 시간의 흐름과 함께 반복된다는 '순환론적인 세계관'을 가지고 있었던 것이다. 이는 자연 과학적인 사유에서 '우주에서의 질량 보존의 법칙'을 주장하는 과학자들의 사유와 유사하다고 할 수 있다.

유한 필요들과 그가 쉼 없이 수여받는 도움들 사이에 그리고 그가 갈망하거나 희망하는 것과 자신에게 다가오는 계시 사이에 항상 일치를 발견하는 그러한 내적 감정이다.

사람들은 거의 항상 소명을 우리의 본성과 우리의 직업 사이의 일종의 계약으로 환원하지만, 그러나 소명은 본성보다 훨씬 먼 곳으로부터 오며, 우리의 직업보다 훨씬 더 멀리 나아간다. 소명은 본성과 직업을 통과하고 이들을 일치시키며, 이들을 넘어서는 은총이다.

소명은 한 개인이 그 스스로가 자신의 고유한 목적이 될 수 없다는 것을 인정하는 그 순간에 그리고 그 자신은 오직 전달자이자 도구이며 그리고 하나의 업적의 대리자처럼 인정하고, 여기에 협조하면서 전 우주의 운명이 이 안에서 관심사로 발견되는 그 순간에 나타난다.

소명은 우리의 자유의 실행 안에서 저항할 수 없는 그 무엇의 고유한 특성을 지닌다. 하지만 소명은 이와 동시에 각각의 개인이 신과 함께 가지는 개별적이고 주체적인 관계성을 창조하는데, 이러한 관계성이 곧 믿음의 고유한 대상이다. 그리고 이러한 관계성이 없다면 우리의 삶의 의미는 박탈되고 절대와의 모든 관계가 박탈된다. 이것이 바로 파스칼의 상처 입은 마음이 요청한 십자가 위에서 파스칼을 위해 피를 쏟은 그리스도의 피의 의미이다.

제8장

개인의 고통

1. 자기-사랑(Amour-propre)[98]

자기-사랑은 자신의 고유한 비참함의 감정에 대해서도 남아 있을 정도로 그 자체로 너무나 만족스러운 것이다. 그 결과 그는 스스로 치유하고자 하면서도 여전히 쓰라림을 느낀다.

나 자신을 유일하고 모방할 수 없는 존재라고 생각하는 이러한 의식에 대해서 지나치게 만족해서는 안 된다. 왜냐하면 이러한 의식은 항상 모든 것을 자신을 위해 붙잡아 두고자 하고 자신을 위해 변환하고자 하는 자기-사랑을 일깨우기 때문이다. 각자가 수행할 수 있는 가장 심오한 행위는 그가 자신에 대해 지니고 있는 [하지만 항상 자신을 초월하는] 이 의식에 관련된 자유롭고도 관대한 행위이며, 이 자기의식을 통하여 그는 결코 자신의 노예가 되지는 않는다. 하지만 나르시스는 그 자신의 노예로 남아 있었다.

자기-사랑은 여러 면에서 다른 사람들과의 관계를 부패시킨다. 이러한 자기-사랑은 다른 사람들에게 우리가 두려워하는 적대감이 있다고 추정하게 하는 과민성을 야기하지만, '우리'에 대해서는 전혀 생각하지 않는다. 때로는 우리의 의심이 이러한 과민성을 낳는 경우가 있지만, 반면 타인에게는 무관심이나 혹은 이미 거의 나타나고 있는 친절 이외에 아무것도 없는 때가 있다.

나는 다른 이들이 보지 못하는 것을 보고, 내 주위의 다른 사람들은 내가

---

98 역주) '아무르 프로프르(Amour-propre)'는 '자존심', '이기심', '자기애' 등의 의미를 가진 용어이다. 하지만 여기서 이 용어가 지칭하는 것은 한 개인이 가지는 '자기 자신에 관련된 고유한 것에 대한 본능적인 애착'을 의미하므로 '자신에 대한 사랑'을 의미한다. 따라서 '자기-사랑'이라고 번역하였다.

볼 수 없는 것을 본다. 그리고 사람들은 자신들의 즐거움을 타인들의 그것과 동일한 것에서 찾지 않는다. 바로 이것이 서로를 오해하게 하고, 서로 질투하기를 멈추자마자 스스로를 경멸하기 시작하는 이유이다.

사람들을 대립하게 만드는 모든 갈등의 원칙은 사람들이 그들 사이에 비교를 형성한다는 것이다. 그리고 모든 분야에서 그들의 관계는 부자와 가난한 자의 마주 보는 대화를 재현하며, 여기서 타인에 대한 경멸과 타인에 대한 선망 중 어느 것이 더 끔찍한 것인지 알 수가 없는 것이다.

2. 견해

견해(opinion)는 가장 낮은 수준의 앎이다. 사람들은 "그것은 하나의 견해에 불과하다."라고 말하지 않는가. 우리는 플라톤이 그랬던 것처럼 이 견해를 항상 앎(connaissance)에 대립시킨다. 하지만 이와 동시에 견해는 우리가 세상에 가장 집착하는 것 중 하나이다. 왜냐하면 이 견해가 우리 자신의 것이며, 이 견해가 우리의 본성이 선호하는 것과 자유의 행위를 동시에 표현해 주기 때문이다. 우리는 견해의 자유를 요구한다. 이처럼 각자는 마치 자신의 개별적인 존재의 가장 소중한 표현처럼 자신의 견해에 집착하는 것이다.

하지만 각각의 인간에게 순수한 만족을 가져다주는 견해는 어디에도 없다. 왜냐하면 견해라는 이름을 부여하면서, 그는 이미 자신의 나약함을 인정하기 때문이다. 그는 항상 자신의 견해가 가장 최상의 것임을 입증하지 못한 채 그 견해가 자신의 것임을 고백하는 것으로 만족할 뿐이다. 그리고 그가 행한 선택은 단지 외관이 결정하는 선택일 뿐이다. 그가 자신의 견해에 절망적으로 집착하는 것은 분명히 이 견해가 흔들리기 시작하는 그 순간이다. 이러한 때 그는 다음과 같은 극단적인 논증을 하게 된다. 이 견해가 흔들린다는 느낌을 받는 바로 그 순간에 그는 자신의 모든 인격을 동원하여 이를 지킬 것을 다짐하면서 "최소한 이 견해는 나의 것이다."라고 주장하는 것이다.

사람들은 모든 견해에 대해서 하나의 평등한 가치를 인정하는 것으로 충분하다고 말한다. 하지만 이는 불가능하며, 이성에 있어서 모순된다. 왜냐하면 이러한 계산 아래에서는 견해들이 모든 것을 무너뜨릴 것이기 때문이다. 모든 견해가 하나의 동일한 가치를 가지고 있다고 말한다는 것은 이 견해들이 어떠한 가치도 가지고 있지 않다는 것을 말하는 것이다. 다시 말해서 이 견해들은 단지 견해들일 뿐이며, 진리에 대한 분명한 비전을 담고 있지 않으며, 단지 욕망이나 상상력의 가능성에 대한 선호만을 표현할 뿐이라는 것이다.

사람들은 "이해력을 통해서는 모두가 불평등하지만, 진실함(sincérité)을 통해서는 모두가 평등할 수 있다."라고 말하면서 탈출구를 찾지는 못할 것이다. 그런데 이는 아직 사실과는 거리가 멀다. 이를 증명하기 위해서 가장 진실한 견해가 여전히 어리석거나 오류일 수 있다는 것을 주장할 필요는 없다. 왜냐하면 진실함과 진리 사이에 어떤 특정한 만남이 있을 수 있다는 것은 항상 가능하기 때문이다. 다만 누구도 자신의 견해가 어디까지 진실한 것인지는 결코 말할 수 없다. 그리고 의심의 여지 없이 이러한 견해가 순수한 견해로 남아 있는 한 이럴 수밖에 없을 것이다. 왜냐하면 가장 진실한 사람들은 또한 자신의 견해를 제시하는 데 있어서 가장 망설이는 사람들이기 때문이다.

견해는 한 개인으로서 승리하기 위해 싸운다. 누구든지 한 사람의 가치를 들어 올리는 사람은 또한 다른 사람의 가치도 들어 올린다. 우리가 앎에 도달하고 이 앎을 소유하자마자, 견해는 가라앉고 있는 성격과 허영심의 모든 변동을 반영해 준다. 이러한 견해가 어디서 기인된 것인지를 알고 있는 현자는 자신의 견해를 타인의 견해와 비교하는 대신에, 자신의 견해에서 '자기-사랑'을 제공해 준 힘을 제거시키고, 싸움 안에서 이를 따르기를 거절한다.

타인의 견해를 경멸해야만 한다면, 마찬가지로 우리의 견해를 경멸해야 하지 않을까! 그런데 사람들이 생각하는 것과는 달리, 자신의 견해에 다른 사람이 동의하도록 설득하는 사람은 이미 자신의 견해에 대해서 어떤 불확실함을 체험하며, 다른 사람들의 지지를 얻음으로써 자신에 견해에 대한 자신감을 얻고 이를 확인하고자 하는 것이다.

3. 다림추(plomb)[99]의 규칙

　모든 참된 판단은 선호를 나타내며 항상 다양한 가치들 사이의 비교를 가정한다. 하지만 사람들은 완전성이나 장점을 결코 하나의 동일한 규칙에 따라 평가하지 않는다. 사람들은 좋은 규칙이란 실재의 모든 굴곡에 적용할 수 있는 건축가들이 사용하는 다림추의 규칙만큼이나 유연성을 소유하고 있는 것이라고 말한다. 하지만 모든 규칙은 어느 정도 엄격하다. 이 규칙은 이것이 규칙이기 때문에 정도를 달리하여 실재와는 분리되어 있다. 우리 중 각자는 자신이 이해한 이상적인 것에 따라서 서로 다른 규칙을 적용하고 있다. 이러한 서로 다른 규칙은 의심의 여지 없이 절대에 대한 그의 고유한 참여의 징표이다. 하지만 오직 하나의 절대만이 있을 수 있기 때문에, 비록 모든 사람이 그의 본성에 따라 절대에 참여하지만, 각자는 자신이 본 것의 이름으로 다른 사람들과 투쟁하게 된다. 그리고 자신에게는 절대에 대한 참여가 거부되었을 때, 그는 타인과의 투쟁 중에서 어떤 것을 절대적으로 구성하는 것을 금지하여야 한다고 생각하는 것이다.

　바로 여기에서 사람들 사이의 차이들이 단지 섬세함이나, 침투 혹은 깊이의 차이만이 아니라는 것을 알 수 있다. 이러한 차이들은 항상 사람들이 위탁자라고 믿고 있는 절대자와의 관계성 안에 있다. 그리고 만일 이들이 서로 싸우고 있다면, 흔히 사람들이 그렇게 생각하듯이 이는 다만 그들 자신을 위해서 싸우는 것이 아니다. 오히려 그들에게서 자신들에게 대립하는 절대적 존재의 현존을 느끼고 있으며, 이 현존이 대립하는 것들을 일치시켜야 한다는 생각으로 인하여 절대적인 존재를 위해서 싸우는 것이다.

　우리 각자는 그의 순수한 본질에 속한 모든 것, 즉 세계 안에서 절대자와의 그의 본래의 관계를 표현하는 모든 것 안에서 다른 모든 사람에 앞선 유일하고 비교할 수 없는 하나의 존재이다. 하지만 우리로 하여금 겸손하도록 요청하는 이유는 이와 동일한 이유로 우리 각자는 다른 모든 사람보다 아래에 있

99　역주) '플롬브(plomb)'는 '납' 혹은 '납으로 된 추'를 말하는 것으로 집을 짓는 목수들이 모든 기둥과 벽의 수직을 측정하기 위해서 줄에 납추를 달아서 사용하는 것을 말한다. 이러한 '추'를 한국어로는 '다림추'라고 한다.

기 때문이다. 나는 인간이란 자신에게 맡겨진 모든 것 중에서 가장 겸손하고 가장 미천한 존재임을 이해하는데, 이 맡겨진 것들은 또한 인간이 받은 특별한 선물임을 증거하고 있다.

우리의 '자기-사랑'은 거의 항상 다른 이들을 판단함에 있어서 그들의 무능력에 대해서 판단하는데, 이는 우리가 어떤 것을 탁월하게 수행할 수 있는 것만큼 그들이 잘할 수 없다고 판단하는 것이다. 하지만 사실상 이 어떤 것은 우리 자신의 영역에 속하는 것이다. 만일 정확하게 그들의 영역에서 이 어떤 것과는 다른 일들을 수행하는 것이 문제가 된다면, 우리는 여기서 자신이 얼마나 무능력한지는 생각하지 않는 것이다.

4. 다름에 대한 적대감

모든 개별적인 실존을 위협하는 적대감, 이 실존이 그 자체로 보다 큰 독창성과 더 큰 위대함을 지니고 있음에 따라 더 커지는 적대감에 대해서 분개할 필요는 없다. 이는 단지 인간 사회의 한 법칙일 뿐만 아니라, 존재의 심오한 법칙이기도 하다. 왜냐하면 총체(Tout)의 통일성에 그리고 이 동일한 총체 안에서의 모든 부분의 평등한 현존과 평등한 존엄성에 어떠한 훼손도 발생하지 않는다면 원시적인 불명료함 안에서도, 여전히 사교적인 사회적인 집단 안에서도 어떠한 차이도 솟아날 수가 없기 때문이다. 따라서 자연적으로 이 차이들을 평등함으로 복원하고자 하는 보상적이고 파괴적인 반응이 산출된다. 이를 증명해 주는 것은 사람들이 드러내고 있는 모든 개인적인 차이가 자주 다른 사람들을 깎아내리는 데 사용된다는 점이다. 하지만 이것은 하나의 전쟁의 책략에 불과하다. 왜냐하면 이러한 움직임은 순간의 관심들에 따라서 양방향[100]으로 산출될 수 있기 때문이다. 그리고 한 가지 중요한 사실은 동일한 총체의 무차별성 안에서 이 개별적인 차이들이 소멸된다는 것이다.

우리의 삶이 드러나려고 하자마자 적대감과 경멸이 즉시 이를 둘러싸기 시작한다. 하지만 이것에 우리가 놀라서는 안 된다. 왜냐하면 우리는 우리가 즉

---

100 역주) 여기서 '움직임의 양방향'이란 물론 '남을 깎아내리고 파괴하는 방향'과 '남을 인정하고 들어 올리는 방향'으로 서로 반대되는 양방향을 말한다.

시 알아볼 수 있는 다른 사람들에게 나타나는 개별적인 본성의 흔적들인 거만함, 무능함, 어리석음 등을 인내할 수 없기 때문이며, 반면 우리 역시 다른 사람들의 것과는 다른 우리 자신의 개별적인 본성의 흔적들을 가지고 있고, 동일한 방식으로 다른 사람들의 시선에 비춰지지만 우리는 이러한 약점들을 인지하지 못하기 때문이다.

사람들 사이에서 군림할 수 있는 가장 생생하고 심오한 적개심은 가장 작은 것으로 표현되는 적개심이다. 왜냐하면 이러한 적개심은 갑자기 발견된 그의 본질 자체 안에서 그 근원을 취하며, 거역할 수 없는 방식으로 타인에게 반대하기 때문이다. 즉, 너무 뻔하고 너무 적법한 동기들로 이러한 적개심을 정당화하고 은폐하기 때문이다. 그리고 중요한 것은 동기들이 아닌데, 가장 심각한 것들조차도 사람들이 자신들의 고유한 지반에서 나타나자마자 소멸하고 말기 때문이다. 가끔은 일치를 위해서 가장 최선을 행하는 사람들조차도 돌이킬 수 없는 분열을 일으키고 가장 큰 괴로움을 주기도 한다.

가끔 사람들은 단순한 하나의 말이 지금까지 친구로 보였던 두 사람을 영원히 갈라놓는 것을 보고 놀라곤 한다. 이와는 대조적으로, 가장 심각한 의견 차이, 공공연한 반목들, 이해 충돌 등은 거의 삶에 영향을 미치지 않는다. 두 사람을 갈라놓은 이 말은 사심이 없는 것이며, 어떠한 이득도 추구하지 않은 것이며, 어떠한 상처를 주기를 원하지 않았고, 우연히 피할 수도 있었던 것이다. 이 말은 무죄한 것 같으며, 결과를 동반하지 않는 것 같다. 그런데 바로 여기에 이 말의 심오한 의미가 있다. 왜냐하면 이 말은 존재 자체를 거역하고 그의 본질을 숨김없이 드러내기 때문이다.

5. 위대한 것에 대한 비판

만일 모든 위대함이 상대적인 것이라면, 주변에 있는 모든 사람을 깎아내리면서만 위대하게 되는 것 외에 다른 방법이 없는 사람들이 있을 것이다. 오직 가장 위대한 사람들만이 이들의 충격에 영향을 받을 것이다. 자신들이 거부하는 것 위에 자신들을 놓을 수 있다고 생각하는 하나의 지속적인 부정과 그들의 정신의 절박함과 풍요를 드러내는 항상 새로운 비판들이 가끔 하나의 체계를 위한 폐허의 더미를 형성한다. 하지만 이들은 자신들이 파괴한 것의 수준 이상으로 상승하지는 않는다. 이들의 영혼은 공허하고 바람으로만 부풀어 오른다. 왜냐하면 이들의 영혼을 채울 수 있고 성장시킬 수 있는 것은 그들 자신으로서는 결코 불가능했던 오직 다른 사람들이 발견한 것들뿐이기 때문이다. 이들은 이 발견들을 자신들이 일용할 양식으로 나타나게 하기보다는 무가치하게 던져 버리는 것을 더욱 좋아한다.

모든 비평은 비평가를 다음과 같이 분류한다. 첫째, 그는 비평하고 있는 대상을 넘어서거나, 둘째, 비평하고 있는 대상과 동일한 수준이거나, 셋째 그가 비평하는 대상보다 아래에 있다. 이러한 비평들은 그 자신이 분류되고 있다는 것을 통찰하지 못하는 다른 사람들에게 분류할 권리를 찬탈하는 것이지, 그들로 하여금 자신들을 이해하도록 하는 것이 아니다.

가장 위대한 작품들은 항상 가장 많이 노출되어 있다. 이 작품들은 항상 하나의 한계를 가지고 있다. 왜냐하면 이러한 작품들은 그것을 통해서 사람들이 입장을 취하고 이러한 한계 자체를 선택하게 되는 확증의 행위를 반영해 주기 때문이다. 이 작품들이 그 자체 안에 무한한 것을 지니고 있다는 것은 사실이지만, 이는 이미 주어진 하나의 선물이 아니라 진보의 능력처럼 그렇게 주어져 있다. 이 작품들은 비평가들에게 가장 훌륭한 주제를 제공하는 작품들이다. 하지만 비평가들의 비판이 그 대가로 우리에게 제공하는 것은 무엇이란 말인가? 그것은 무관심으로 되돌아가는 것인가? 단절되어서는 안 될 하나의 비-존재(non-être)로 되돌아간다는 것인가? 아니면 이와 반대로 작품들이 요청하였던 존재의 새로운 국면을 드러냄으로써 이를 무한히 풍요롭게 할 불완전한 창조에 협력하지만, 이 작품은 그림자 속에 남겨 둔다는 것인가? 가장 강력한 비평가는 그가 말하는 것들을 확장시키고, 가장 연약한 비평가는 이들을 감소시킨다.

그러나 악의적인 사람은 거의 틀림없이 가장 위대한 존재들을 공격할 것이다. 왜냐하면 악의적인 사람은 위대한 존재들한테서 분노나 자기-사랑의 반응을 일으키는 것을 잊어버리지 않으며, 이를 통해서 항상 이들을 깎아내리고, 자신들을 정당화하기 때문이다.

6. 영적인 것(les spirituels)에 대한 적대감

　누구도 자신의 고유한 삶을 혼자서는 실현하지는 않으며, 다른 사람들의 중재를 통해서 실현한다. 나에게는 나를 확인하고 나를 도와주는 우정이 필요하지만, 그러나 나에게 시련을 주고, 나의 한계들에 대해 의식하도록 하고, 나를 성장하도록 하고, 끊임없이 나를 정화시키도록 하며, 점점 더 나 자신에게 충실하게 하고, 모든 손쉬움이나 성공의 유혹들로부터 방어해 주고, 나아가 나 자신의 가장 심오한 부분, 가장 비밀스럽고 가장 영적인 곳으로 내려가게 하는 적대감 또한 필요하다. 이곳에서는 나에 대한 공격들이 더 이상 쓸모없는 것이 되고, 적대감은 공격할 수 있는 대상이나 파괴할 수 있는 대상을 아무것도 만나지 못할 것이다. 이처럼 가장 영적인 사람은 가장 미움을 받는 사람이 아니겠는가? 왜냐하면 '미워함(la haine)'이란 노예화된 사랑, 자기 자신에 대한 질투, 자신의 무능력으로 인한 짜증에 불과하기 때문이다. 복음서가 우리에게 말해 주고 있는 의인의 운명은 항상 우리 눈앞에 있다.

　가장 끈질긴 증오는 다른 사람들이 가장 값지게 평가하는 것들에 대해서 단지 시늉만 그런 것이 아니라, 실제적으로 무관심을 표시하는 사람들이다. 이러한 증오는 이를 붙들고 퍼뜨릴 힘이 있는 사람들에게서 더욱 악화된다. 이러한 사람들은 자신들이 멸시받고 있으며, 자신들이 평가할 수 있는 유일한 행동의 수단을 박탈당했다고 믿고 있는 사람들이다.

　최소한의 영적인 진보만으로도, 우리한테서 자족하기 시작하는 존재를 보는 사람들과의 경쟁에서 벗어나게 한다.

　세상은 세상의 바깥에 있는 모든 이, 즉 그 스스로 충분한 이 사회의 바깥에 있는 모든 이를 경멸한다. 하지만 이 세상과 이 사회란 어떠한 존재도 스스로 충분하지 않은 곳이며 어떠한 실재도 고려되지 않는 곳이다. 그렇지 않다면 다만 이 실재를 해석해 주는 외관과 이 실재가 제공하는 의견만을 고려하는 그러한 곳이다. 모든 사람은 다른 하나의 세계로 진입하는 문을 가지고 있는데, 이 다른 세계란 사회가 그 자체로는 그 무엇에도 충분하지 않고, 각자는 스스로 충만해야 하고, 실재는 내적이고 눈에 보이지 않게 남아 있으며, 외관이 없어지고 견해가 쓸모없게 되는 그러한 세계이다. 물질적인 세계를 넘어선 이 영적인 세계는 결코 볼 수 있는 대상이 아니지만, 그러나 우리가 살아가고 있는 유일한 곳이다. 우리의 시선이 이 세계에 스며들자마자 이 시선에서 영적인 세계로 나아가는 하나의 방법이나 징표가 되지 않는 모든 대상은 뒤로 물러나고 사라져 버린다.

7. 교만과 겸손

가장 심오한 정신을 가진 사람들에게 있어서 겸손의 가장 큰 근원인 육체의 현존은 가장 피상적인 정신을 가진 사람들에게 있어서는 모든 허영심의 근원이 된다. "우리에게 있다(il est à nous)."라고 말해야만 되지만, 대다수의 사람은 "이것이 우리이다(il est nous)."라고 말하고 있는 육체와 함께하는 이 살림살이(ménage), 육체의 욕구를 충족시키기 위해서 따라야만 하는 필연성, 육체의 비참함을 참아 내어야 하고, 육체가 우리를 폭로하고 드러내는 것을 받아들여야 하고, 일종의 지속적인 경솔함으로 우리를 대중에게 개방하는 이 살림살이, 바로 이것이 우리로 하여금 최상으로 겸손하도록 요구하는 것이다. 하지만 진정한 겸손은 신을 향해 우리의 영혼을 최고로 들어 올릴 것을 요청하면서 땅을 향해 우리의 전 존재를 마지막까지 낮추도록 하는 특별하게 드문 형이상학적인 태도이다. 왜냐하면 그 어떤 사람도 신이 빈 곳을 차지하도록 허락하는 경우를 제외하고는 그 스스로를 '무화(無化, anéantir)'시킬 수가 없기 때문이다. 그리고 오직 신에게 있어서만 자발적인 육화(Incarnation volontaire)의 기적인 '겸손의 심연(l'abîme de l'humilité)'이 실현될 수 있다.

진정한 교만을 의미하는 거짓 겸손이 있는데, 이는 다른 사람들이 소유하거나 평가하는 모든 것을 경멸하면서, 속으로는 자신이 이 모든 것의 위에 있다는 것과 그럼에도 오직 혼자만 겸손하다는 것을 축하하는 것이다. 다른 사람들과 경쟁하면서 오직 자기 혼자만 낮춤 자체를 알고 있다고 생각하면서 다른 사람들보다 자신을 들어 올리기 위해 신 앞에서 자신을 낮추어서는 안 된다. 이러한 사람은 항상 자신보다도 다른 사람들을 더 기다린다. 자기-사랑의 어떠한 보상도 바라지 않는 진정한 겸손의 태도를 유지하는 것보다 더 어려운 것은 없다.

감미로움을 산출할 수 있는 것은 오직 겸손뿐이다. 교만한 사람은 항상 성급하고 화를 잘 낸다. 그리고 온유하게 되고자 하는 교만은 감미로움을 파괴할 것이다. 하지만 온유한 사람은 다른 사람들을 화나게 할 만큼 자신에 대해서 많이 생각하지는 않는다. 교만은 우리에게 주어질 수 있는 가장 큰 선들에서조차 불만족할 만큼 우리 자신을 영광스럽게 생각하는 것이다. 겸손은 '우리 자신인 것'에 대해서 불만족하지 않고 우리가 받을 가장 작은 것들에 대해서도 기뻐할 수 있게 한다. 그리고 가장 완전한 겸손은 우리로 하여금 '우리 자신인 것'이 매우 비천하게 보일 때조차도 여전히 이 작은 것에 만족하게 하는 바로 그것이다.

8. 겸손과 타인에 대한 존중

오직 겸손만이 우리가 뿌리내리고 있는 땅에 우리를 고착시킬 수 있게 한다. 겸손만이 우리를 땅 위에 세우도록 의무 지우며, 모든 추락에서 우리를 보호한다. 그리고 나로 하여금 세계의 중심이 되게 하고 자신이 점유하고 있는 작은 실재의 다발을 무한에까지 들어 올리는 교만이 우리의 가장 강력한 죄가 되기 때문에만 겸손이 하나의 미덕으로 나타난다. 그리하여 겸손은 우리에게 부족한 그것, 즉 우리 자신을 향한 판단을 고려하면서 우리 자신을 개혁할 것을 요구한다. 이러한 개혁은 우리 자신들의 고유한 척도를 다시 발견할 수 있게 한다.

왜냐하면 겸손은 우리의 품격을 떨어뜨리고 거의 항상 우리 자신과 우리가 속한 우주에 대한 분노를 표출하는 자기-자신에 대한 경멸이 결코 아니기 때문이다. 이러한 분노의 감정은 우리의 모든 근원을 제거해 버리지만, 반면 겸손은 이러한 근원들을 보다 잘 사용하기 위해서 한계를 지워 준다.

하지만 여기에는 분명 어려움들이 있다. 사람들은 타인을 보는 것처럼 그렇게 자기-자신을 볼 수가 없다. 누군가 판사이거나 전문가일 때, 공통되는 규칙을 적용하게 된다는 것은 비-정의롭게 되는 것이다. 우리의 시선은 우리-자신에 대해서는 오직 우리 자신들의 의무만을 응시해야 하고, 다른 사람들에 대해서는 오직 그들의 권리만을 응시해야 한다. 자신들에게 나타나는 것은 존중하고, 타인들에게 나타나는 것은 경멸하는 가장 천박한 사람들의 조잡한 판단과는 반대로, 가장 고상한 사람들은 그들이 이미 실행한 것은 전혀 바라보지 않고, 항상 그들이 보는 것 안에서 실행해야만 할 어떤 힘, 그들이 존중하지만 그들에게는 부족하고 믿고 있는 이 힘을 발견하는 것이다. 천박한 사람들은 오직 다른 사람들에게만 무엇을 요구하지만, 이와 반대로 고상한 사람들은 오직 자기-자신에게만 무엇을 요구하게 된다. 여기서 겸손은 교만과는 반대로 나타나며, 우리의 자존감의 흔적이 되는 것이다.

진정한 겸손이란 다른 사람들을 자신보다 더 좋게 평가하는 것에서 주어지며, 다른 사람들에게서는 그들이 가진 것을 발견하고, 자신에게서는 부족한 것을 발견하는 것에서 주어진다. 모두가 자기 이웃을 가르치려고 하는 반면에 겸손한 사람은 스스로 가르침을 받고자 한다. 겸손함은 사람들 사이에서 가장 내밀한 관계성을 성립시킨다. 왜냐하면 나는 [겸손함을 통해서] 타인들이 나에게 부과하는 것이나 타인들이 나에게 준 것까지도 사양할 수 있으며, 내가 가진 겸손함으로 그들에게 도움을 청하거나 혹은 그들에게 무엇을 받아들이면서 그들과의 친밀함을 유지하기 때문이다.

9. 겸손이 아닌 단순하게 되기

'굴욕(humiliation)'이라는 용어는 우리의 삶의 모호함을 밝혀 주는 하나의 '모호함'을 포함하고 있다. 이 모호함은 회복할 수 없는 모든 굴욕을 받아들이는 가장 경멸스러운 비겁함의 표징이며, 동시에 악의나 복수의 감정에 양보하지 않고 이 굴욕들을 받아들이는 가장 보기 드문 용기의 표징이기도 하다. 자신을 낮춘다는 것이 항상 비천함을 나타내는 것은 아니다. 그리고 가끔은 신 앞에서 가장 완벽하게 자신을 낮추면서도 다른 사람들 앞에서는 결코 자신을 낮추지 않는 사람들의 영혼 속에 교만이 살고 있는 경우가 있다.

왜냐하면 한 개인이 유지해야만 하는 존엄성이 있으며, 이것 없이는 그가 지닌 겸손이 어떠한 것이라 할지라도, 가장 높은 영적인 운명을 지닌 한 영혼이 자신에게 현존한다는 것을 부정하게 될 것이지만, 그럼에도 그는 모든 모욕보다 더 깊고, 이러한 모욕을 용서할 뿐만 아니라 받아들이라고 요구하는 하나의 비참함에 대한 감정을 가지고 있다.

거의 항상 굴욕은 어떤 민감한 지점에서 우리의 '자존심'에 상처를 입힌다. 하지만 '자존심'이 불타오르는 그 순간에 우리를 자존심으로부터 치유하면서 상처를 불태워 버리는 것은 우리 자신에게 달려 있다.

마치 사람들이 막대기를 똑바로 세우기 위해 막대기를 반대 방향으로 돌리듯이, 겸손이란 자신에 대한 사랑과 허영심 또는 교만으로부터 구해 줄 치료제를 추구하는 의지의 순간적이고 잠정적인 하나의 태도일 뿐이다. 하지만 겸손이 도달하고자 하는 목표는 단순성 안에 있는 올바름이다. 의도는 올바른 것이어야 하고, 우리의 영혼을 굽히는 것은 다만 무한한 탄력성을 가진 실재와 삶의 윤곽에 우리의 의도를 항상 정확하게 적용하기 위해서일 뿐이다.

10. 인색함, 순수한 힘에 취하기

인색함은 교만과 더불어 '자기-사랑'의 가장 깊은 해악이다. 인색함은 무엇을 획득하기보다는 가진 것을 절약하고자 하는 욕심이기 때문에 탐욕에 반대된다. 인색한 사람은 자신이 소유한 것을 즐기고, 더 많은 것을 소유하고자 하는 위험을 가지지는 않는다.

인색한 사람은 항상 비밀스러운 기쁨을 가진 외로운 사람이다. 왜냐하면 그에게 기쁨을 주지만, 오직 그에게만 속하지 않는 그의 부를 위험하게 하지 않고서는 이를 드러낼 수도 나누어 줄 수도 없다고 생각하기 때문이다.

그는 자신에 대한 어떤 권리를 가지고 있다고 생각하는 가까운 사람들과 상속자들에 대한 증오심을 가지고 있다. 그는 황금이 제시할 모든 가능성을 한눈에 파악하고 있지만 이 중 그 어떤 것도 상상으로조차도 실현하지 않는다. 그는 우리가 그렇게 믿고 있듯이 자신이 줄 수 있는 모든 선에 대해서는 상상조차 하지 않으며, 오히려 그에게 있어서는 선행이란 자신이 사랑할 수 있는 유일한 것을 파괴하는 것이기 때문에 모든 해악 중 가장 큰 것이다. 선을 행하고자 하면서, 그는 선을 간직하고 있다고 믿고 있는 순수한 힘이 자신에게 주는 즐거움을 분열시키고 부패시킨다고 생각한다.

인색함은 오랜 경험을 가정하는 것으로 자신을 채울 수 있는 모든 즐거움을 제공하는 수단을 축적하지만 이 즐거움 자체는 경멸하는 노년기의 악덕이다. 이는 능력에 대한 중독이다. 이러한 능력이 모든 것을 가능하게 하지만 인색한 사람은 이 능력이 줄어들거나 혹은 소멸될 것에 대한 두려움으로 그 어떤 것도 하지 않는 것을 우리는 분명히 볼 수 있다. 우리는 구두쇠가 순수한 가능성을 즐기고 있다고 말할 수 있지만, 이는 실제적인 가능성이지 상상의 가능성이 아니라고 말할 수 있다. 왜냐하면 이 가능성을 나타내는 황금이 바로 구두쇠에게 있기 때문이다. 나아가 그는 이 가능성을 하나의 감각적인 즐거움의 대상으로 변환할 수 있다는 것을 느끼는 것보다는 이를 거절할 줄 아는 방법을 아는 것에서 더 큰 즐거움을 느낀다.

인색함은 섬세한 하나의 악, 즉 육체적인 악이 아니라 정신의 악이다. 어쩌면 이 인색함은 탁월한 정신의 악덕일 것이다. 왜냐하면 인색함은 모든 즐거움의 불확실한 가능성이며, 경험된 모든 즐거움보다 더 좋은 오직 사유될 수만 있는 가능성이기 때문이다. 인색함은 힘의 실행이 이 힘을 감소하지 않도록 순수한 힘의 상태로 유지되어야 한다는 무한히 성장할 수 있는 순수한 힘에 대한 사유와 불가분한 것이다.

그에게 있어서 돈은 모든 욕구를 동시에 충족시키는 이상적인 만족을 가져다준다. 하지만 돈에 대한 갈망은 다른 모든 개별적인 갈망에 대한 만족을 제거시키며, 심지어 이를 상상하는 것마저도 제거시킨다. 돈은 이러한 개별적인 갈망들을 만족시킬 수 있는 능력이지만 결코 이들을 만족시키지 않는다. 따라서 인색함이란 갈망하는 대상의 포로가 되지 않는 유일한 열정이다. 이는 사람들이 그렇게 말하듯이 단지 내가 쓰지 않는 돈이 끊임없이 축적되기 때문만이 아니라, 여전히 돈은 모든 선을 동시에 대표하기 때문이며, 그럼에도 나는 이 선 중 그 어느 것에도 내 생각을 적용하도록 요구받지 않고, 또 나의 즐거움의 한계들에서 멈추어야 할 필요가 없기 때문이다.

모든 사람 중에서 돈을 가장 필요로 하지 않는 사람은 자발적인 고행자이다. 그는 현존(la présence)을 사랑하며, [대상을] 도구적으로 사용하는 것을 경멸한다. 그는 가장 어리석은 사람이다. 하지만 그는 또한 가장 사심 없는 기쁨들, 엄밀하게 '내용이 없는 기쁨들(les joies sans contenu)'[101]을 주는 사람이다. 돈에 대한 갈망은 그로 하여금 다른 모든 갈망을 점령하게 할 것이다. 그는 우리로 하여금 모든 갈망을 채워 줄 돈이 우리를 이 모든 갈망 위에 두게 된다는 것을 알고 있으며, 이 갈망들을 파괴할 소비는 우리로 하여금 다시 그들의 멍에 아래 두게 되리라는 것을 잘 알고 있다.

따라서 구두쇠의 기쁨은 하나의 모순 속에 갇혀 있지만, 이 모순이 기쁨을 특히 예리하게 만든다. 왜냐하면 그는 자신에게 모든 것을 허락할 수 있지만 그 어떤 것도 허용하지 않기 때문이다. 그는 모든 것을 소유하고 있지만 그러나 아무것도 소유하지 못하고 있다. 그는 가상의 소유를 현실적인 소유로 변모시킬 수 있는 능력이 있음에도 불구하고 이 능력을 절대로 사용하지 않는 것에 기쁨을 느끼고 있다. 바로 여기에 너무 빨리 쾌락의 매력으로 대체되고, 많은 고통을 견디도록 강요하는 황금의 매력이 있다. 하지만 이 황금의 매력은 조금씩 쾌락의 원수가 되고 그리고 한번 추구한 뒤에는 항상 이를 회피하게 되는 것으로 끝나 버린다. '라인강의 황금에 대한 추구(la quête de l'or du Rhin)'[102]는 지상의 재화들을 악착같이 추구하고, 자신의 모든 노력을 여기에 종속시키나, 그럼에도 결코 이를 소유하지 못하고 오직 이를 소유하기 위한 노력만을 가질 수 있을 뿐인 정신의 퇴폐적인 흔적을 보여 주고 있다.

---

101 역주) '내용 없는 기쁨'이란 진정한 '우정'이나 진정한 '사랑'에 있어서처럼 그 어떤 다른 목적이 있어서가 아니라, 존재 그 자체가 주는 기쁨을 말하는 것이다. 아리스토텔레스는 이러한 '순수한 기쁨'을 주는 것을 '우정'이라고 하였는데, 진정한 우정은 그 목적이 '우정' 그 자체, 즉 벗의 현존 외에 다른 어떤 것도 고려하지 않기 때문에 순수한 것이다. 아리스토텔레스는 순수함의 측면에서 우정은 사랑보다 탁월한 것이라고 하였다.

102 역주) 여기서 〈라인강의 황금〉이란 북유럽의 중세 서사시 〈니벨룽겐의 반지〉에 나오는 내용을 말한다. 바그너가 '음악극'의 형식으로 이를 4부로 작곡하였는데, 그 1부가 서막 격인 〈라인강의 황금〉이란 제목을 가지고 있다. 이 서막은 4개의 장으로 구성되어 있다. 이야기의 시작은 라인강의 황금을 지키는 요정에게 난쟁이 부족 니벨룽 중, 욕심쟁이 알베리히가 구애를 하였으나 거절당하여 복수를 하기 위해서 황금을 빼앗아 달아나는 것으로 시작한다. 이후 이야기는 황금을 쟁탈하기 위한 신과 인간 사이의 집요한 싸움에 대해 다루고 있다. 현대의 비평가들은 〈라인강의 황금〉은 물질과 권력에 대한 인간의 집요한 집착을 적나라하게 보여 주는 작품이라고 평하고 있다.

11. 영적인 재화(L'Or spirituel)[103]

물질적인 인색함이 있는 것과 마찬가지로 영적인 인색함이 있다. 사람들은 영적인 삶 안에서도 절약하는 사람과 낭비하는 사람을 볼 수 있다. 하지만 여기서는 또한 결코 사용하지도 않으면서 끊임없이 보물들을 축적하는 사람들도 있다. 분명 모든 것을 획득하기 위해서 모든 것을 상실하는 것이 문제인 곳에서 그리고 모든 이에게 주어진 무한한 것을 소유하기 위해서 우리 자신에게만 주어진 유한한 것과 교환하는 것에 지나지 않는 곳에서 이들은 모든 것을 잃어버릴까 봐 두려워하고 있는 것이다.

돈은 우리에게 모든 영적인 재화에 대한 꽤 좋은 비유를 제공해 주고 있다. 왜냐하면 돈은 영적인 재화와 반대되지만 그럼에도 동일한 법칙을 따르고 있기 때문이다. 돈은 영적인 선에 반대된다. 왜냐하면 돈은 사고팔 수 있는 것 이상을, 즉 물질적 질서에 속하는 것 이상을 아무것도 대표하지 못하며, 경험하는 것만으로 충분한 즐거움을 우리 안에 산출하기 때문이다. 반면 영적인 재화는 오직 우리가 홀로 수행할 수 있는 내적인 행위, 즉 오직 우리 자신만이 구할 수 있는 우리 영혼의 동의에 달려 있다.

하지만 돈은 또한 모든 행운의 재화 중에서 가장 순수한 것이다. 돈은 손상시키지 않고, 사용하지 않는다는 한에서 끊임없이 축적된다. 돈은 다른 모든 것을 획득할 수 있는 순수한 능력이기에 이 모든 것을 잠정적으로 포함하고 있다. 우리는 인색함이란 모든 열정 중에서 가장 폭력적이고 또한 가장 무서운 것임을 이해할 수 있다. 왜냐하면 인색함이란 비록 자신이 통제하고자 하는 것이 감각적인 것들의 세계뿐일지라도 그것의 발전 과정 중에서는 거의 영적이며, 금욕주의에까지 이끌고 가기 때문이다.

---

103 '영적인 재화'로 번역한 불어의 'l'or spirituel'은 직역하면 '정신적인 황금' 혹은 '영적인 황금'이 될 것이다. 그런데 여기서 '황금'이라는 용어는 일종의 상징적인 것으로 '자산', '재화', '소중한 것' 등을 의미한다. 그리고 'spirituel'은 '정신적인' 혹은 '영적인' 등으로 모두 사용되는 것이다. 하지만 불어에서는 '정신'과 관련된 용어인 'raison(이성)', 'intellect(지력)', 'intelligence(지성)' 등의 용어가 있고, 'spirituel'은 특히 '내적인 삶'과 관련된 것으로 '영적인 것' 혹은 '영성적인 것'으로 더 많이 사용된다. 이 'spirituel'이라는 용어는 특별한 개별 종교를 염두에 두지 않으면서, 종교적 삶과 관련된 참된 것, 진리 등과 관련된 인간의 정신적인 활동에 부여하는 용어이다. 따라서 'l'or spirituel'을 '영적인 재화'로 번역하였고, 'spirituel'은 경우에 따라서 '영적인' 혹은 '정신적인'으로 번역하였다.

비록 인색한 사람이 앞당겨 자신이 주인이 되고자 하는 미래만을 생각하고 있지만, 그럼에도 불구하고 우리는 이들한테서 시간이 단죄한 모든 물질적인 재화를 시간에 따른 마모와 파멸로부터 보존하고자 하면서, 그리고 대부분의 사람이 즐거움이 유일하게 실현될 수 있는 미래를 기다림에도 불구하고 이들은 생각으로만 가지고 있는 그 기쁨을 현재 안에 옮겨 오고자 하면서 시간을 초월하고자 하는 하나의 노력을 엿볼 수 있다. 바로 여기에 오직 사고의 행위에만 속할 수 있는 특성들을 돈에 이전시키고자 하는 인색한 이들의 '역설'이 나타난다.

왜냐하면 오직 사유의 행위만이 현재 안에서 실행될 수 있는 데 비해 돈이란 미래를 위해 지불하는 것이며, 오직 사유만이 이념의 소유를 완수할 수 있는 데 비해 돈은 미래 어느 날 기쁨으로 바뀔 수 있다는 한에서만 의미 있을 뿐이기 때문이다.

인색함은 우리의 행동을 정신화(영성화)하지만, 그럼에도 우리의 행위를 물질에 대한 예속에서 자유롭게 하지 못하며, 우리가 물질적인 것을 사용하고자 할 때는 더욱 집착하게 한다.

인색함은 도덕적 질서에서 가장 높은 의미를 갖는 시도를 물리적인 질서에 적용한다. 왜냐하면 우리는 내적인 삶의 능력들을 신중한 행동들이라고 부를 수 있기 때문이다. 하지만 인색함은 이를 심오하게 변질시킨다. 왜냐하면 내적인 삶에서는 어떠한 능력도 자신을 소멸하기보다는 오히려 강하게 해 줄 '실행'과 분리될 수가 없기 때문이다. 내적인 삶이란 고유하게 정신적인(영적인) 것인데[104], 이는 정신을 감소하게 할 모든 행동에 대해서 일종의 금욕을 통해서가 아니라, 행동의 과정에서 이해득실을 헤아리지 않고 항상 행동할 것을 요구하는 무욕(無慾)과 자비를 통해서 그러하다.

진정한 영적인 황금이 있는데, 다른 황금은 단지 이미지에 지나지 않으며, 우리를 매료시키고 항상 우리를 속이는 것에 지나지 않는다. 이 후자만이 우리로 하여금 탐욕에 빠지게 하는데, 우리가 이를 소비할 때 마모되고 상실되

---

104 역주) 여기서 저자가 '내적인 삶'을 '영적인 것(spirituel)'으로 간주하는 이유는 '영적인 힘'은 물질적인 것과 반대로 사용할수록 감소하는 것이 아니라 오히려 늘어나기 때문인데, 우리의 내적인 행위가 그러하기 때문이다.

는 것을 보게 되는 두려움을 야기하는 것이다. 반면 영적인 황금은 우리가 실행한다는 한에서만 실존을 가질 수 있게 하는데, 사유나 의지 혹은 사랑의 행위에서 볼 수 있듯이, 이 실행만이 실존을 산출하고 실존을 무한히 향상시키는 것이다.[105] 그러나 우리에게는 마치 이러한 영적인 재화를 다른 사람들과 공유하자마자 낭비하고 타락하게 되는 것처럼, 모든 영적인 재화를 마치 우리 자신만을 위하여 간직하고 유지해야 하는 것으로 간주하도록 부추기는 일종의 자연적인 유물론이 있다. 반면 진정한 지혜는 이와 반대로 물질적인 선들은 사용되는 순간에서만 그 자체 선인 것으로 간주하고, 재화의 사용과 동시에 선을 증가시키고 재화의 성격을 변화시킨다. 다시 말해서 우리가 선하게 사용하는 것에 따라서 물질적 재화가 영적으로 변화되는 것이다.

---

105 역주) 사유하고, 의지하고, 사랑하는 행위는 이를 실제로 행한다는 한에서 그 실존이 형성되고, 이를 행할수록 그 실존이 증가한다는 것은 현실 안에서 쉽게 체험으로 알 수 있는 것이다. 하지만 여기에는 한 가지 조건이 있다고 볼 수 있다. 즉, 올바른 것을 사유하고, 올바른 것을 의지하며, 참된 사랑을 하여야 한다는 한에서이다. 왜냐하면 그 대상이 올바르지 않거나 참되지 않다면, 우리의 사유나 의지나 사랑은 자주 환멸을 체험하고 이러한 행위를 오히려 포기하고자 할 수도 있기 때문이다. 추구하는 대상이 올바른 대상 혹은 참된 것일 때, 이러한 행위는 오히려 무한히 우리의 실존을 증가시키고 더욱 이러한 것을 갈망하게 되며, 그 한계는 존재하지 않는다. 우리의 갈망에 한계가 없다는 것, 이것이 곧 인간의 정신 혹은 영혼이 '무한'과 관계되어 있다는 것을 말해 주고 있다는 것은 모든 유신론적인 실존주의자들이 긍정하는 관점이다.

제9장

정신들 사이의 나눔

1. '공통'이라는 용어의 두 가지 의미

인생은 모든 이에게 동일한 하나의 영적인 우주에 참여하면서, 그의 고유한 실존의 장소와 그의 개인적인 운명의 표식을 발견한 사람에게만 의미가 있다. 이 영적인 우주는 그 안에서 모든 존재가 서로 통교(通交, communier)[106] 하는 '총체적인 현존(la présence totale)'이다. 우리는 가장 아름다운 것이란 공기, 하늘, 빛 그리고 생명과 같이 가장 공통적인 것이라는 것을 알 수 있다. 그리고 이와 마찬가지로 영혼 안에서도 우리에게 가장 순수한 기쁨을 주는 것은 가장 공통된 감정들이다.

하지만 항상 열려 있는 이 통교와 분리되자마자 그리고 다른 모든 사람과 자신을 구별하기 위하여 자신의 고유한 한계 안에 칩거해 버리고 바깥세상에는 오직 육체의 본능과 이기심의 움직임만을 보여 주는 공통된 추한 실존이 있다. 일종의 역설을 통하여 이러한 실존은 모든 실존의 '공통된 고향(le foyer commun)'과는 더 이상 어떠한 관계도 가지지 않으면서 다만 분리된 다른 개인들과만 관계하게 될 것이다. 그래서 만일 그가 모든 곳에서 최소한 이

---

106 '꼬뮈니에(communier)'라는 동사는 가톨릭에서 '영성체하다', '성체를 모시다'라는 등의 의미를 가진 특수한 용어이며, 일반적인 의미로는 '공감하다', '연대감을 갖다'라는 뜻을 가지고 있다. 그리고 이 둘이 연합하여 성체(聖體)를 모신 뒤에 성체를 영한 '신앙인과 그리스도가 일치를 이루는 특수한 행위'를 지칭하기도 한다. 이러한 행위는 단순한 소통을 의미하는 것도, 서로 이심전심으로 통하는 '교감'을 의미하는 것도 아니며, 이 둘을 모두 포함하며 이를 넘어서는 일종의 존재론적인 일치를 말하는 것이다. 그래서 흔히 신실한 신앙인들이 서로 깊이 내적으로 일치하고 있을 때, '꼬뮈니에'라는 표현을 사용한다. 따라서 이 용어에 해당하는 적절한 표현이 없으므로 편의상 '통교(通交)하다'라는 표현을 사용하였다.

들에게 뒤처지지 않기 위해서 이들을 능가하고자 희망하지 않는다면 이들을 모방하는 것으로 끝나 버릴 것이다. 이러한 거짓 유사성은 타인들과의 관계를 보다 견고히 하는 것이 아니라, 존재들이 결합할 수 있는 모든 실제적인 관계를 파괴한다. 그들에게서 행동하는 것은 정신에게 비춰 보지 않는 육체 혹은 허영심이다. 이는 사람들이 부여할 수 있는 가장 비참한 의미에서의 공통된 실존이다.

따라서 '공통되다'라는 것, 이는 우리의 행위가 양식을 취하게 되는 근원을 발견하였을 때 나타나는 행위의 완성이며, 이와 동시에 우리의 행위가 모든 고유성을 포기하고 외부에 의해서 휩쓸려 갈 때 나타나는 행위의 타락이다. 그런데 진정한 정신적 차원의 식별은 첫 번째 의미의 공통되는 것을 발견하기 위해서, 끊임없이 이 두 번째 의미의 공통되는 것을 떠나는 것에서 주어진다.

따라서 사람들이 공통되는 것들에 대해서 말할 때 주의 깊게 들어야 한다. 왜냐하면 사람들이 말하는 이 공통된 것은 우리가 노력 없이 획득하고 소유할 수 있는 것, 즉 사람들이 타인을 모방한 그것일 수도 있으며 혹은 모든 존재가 '교통'하는 하나의 원리 안에서 스스로를 넘어서도록 요청하는 가장 귀하고 가장 얻기 힘든 것일 수 있기 때문이다. 그리고 대중이 지배하는 사회 안에서 살아갈 때 가지게 되는 위험은 이기주의를 초월하면서만 공통된 것일 수 있는 그것을 개인들은 반복된 이기주의를 통해서 획득하고자 하게 된다는 것이다.

2. 일치를 낳는 분리

분리와 일치는 이 둘을 초월하는 어떤 특정한 목적을 위해 하나가 다른 하나를 요청하면서 두 존재의 생동감 있는 협력 안에서 화해한다. 바로 여기서 그들 각자가 가진 고유한 천재성에 따라 기여하는 것이다.

두 반대되는 존재에게 있어서 그러한 것처럼 분리와 일치는 단지 연대되어 있는 것이 아니다. 각자는 상대방을 위해서 봉사하는 하나의 방법이 되어야 한다. 가장 사심이 없고, 가장 순수한 친교(communion)[107]의 행위를 성취할 수 있는 사람은 가장 개별적이고 가장 고독한 존재이다. 모든 친교는 다만 하나의 매혹일 뿐이다. 만일 친교가 친교와 동시에 우리의 분리된 실존에 대한 보다 생생한 의식을 제공하지 못한다면, 친교는 우리를 굳건하게 하기보다는 오히려 우리를 파괴하고 말 것이다.

우리를 분리시키는 모든 것은 또한 우리가 일치할 수 있는 간격을 형성한다. 사람들은 오직 서로를 구별해 주는 그 차이점을 인정하고 받아들이는 순간부터 의사소통을 할 수가 있다. 그래서 각자는 다른 사람에게 그 자신 안에서는 찾을 수 없는 하나의 계시를 가져온다. 내가 내 주위에서 나 자신과 동일하고 나의 모든 생각과 감정을 동일하게 산출하는 존재들을 찾을 수 있다고 생각하는 것은 큰 오류이다. 내가 이들한테서 그들의 참된 존재를 형성하고 그들로 하여금 '나'라고 부를 수 있게 하는 그들 본성의 개별적인 부분을 무시하면서 다만 나와 닮은 점만을 찾고자 하는 것도 오류이다. 이 개별적인 부분은 내가 그들을 만날 수 있는 지점 자체이며, 나의 고독함이 깨어지기 위해서 내가 도달해야만 하는 지점이다.

만일 사람들이 모든 개별적인 존재의 흉내 낼 수 없는 개별성을 인정할 수 있다면, 이들은 즉시 자신들 안에서 이기심과 시기심이 사라지는 것을 보게 될 것이며, 서로가 배척하는 대신에 서로 요청하라고 촉구하는 상호적 존경을 체험하게 될 것이다. 왜냐하면 그 이유는 존재하고 있는 절대성의 일부를 표현하고 있는 것이 바로 이 개별성이기 때문이다. 말하자면 이들은 절대적인 것을 운반하는 사람들이며, 그가 아무리 보잘것없이 보일지라도 세계 전체가 그의 운명에 관심을 가지고 있기 때문이다. 나는 당신이 생각하는 것과 정반대되는 것을 생각한다. 하지만 나는 또한 당신의 생각이 나의 생각과 마찬가지로 세계의 질서에서 필연적이라고 생각한다. 그리고 당신의 생각 없이는 나의 생각이 이 세계의 질서 안에서 그 자리를 발견할 수 없을 것이며, 지지자도 발견할 수 없을 것이고, 그 결과 나의 생각은 존재 이유와 진리를

---

107 '꼬뮈니옹(communion)'은 '꼬뮈니에(communier)'의 명사형으로 두 존재 사이에서 가장 내적이고 가장 깊고 가장 순수한 소통과 일치를 표현하는 것으로 '영성체', '공감', '통교', '친교' 등의 의미를 지니고 있다. 여기서는 가독성을 살려서 '친교'라는 표현을 사용하고 있다.

동시에 상실하게 될 것이다.

하지만 사람들은 항상 자신의 존재 안에서 지속하기를 추구하며, 결과적으로 자신의 고유한 형식을 보호하고자 한다. 그는 모든 다름(différence)[108]을 마치 자신의 본질에 대한 논쟁, 자신에 대한 침해인 듯 경멸하는 것이다. 이 '다름'에서 그가 타인의 우월함에 대한 가장 작은 표시를 의심한다는 것은 거의 필요하지 않다. 이를 위해서는 이 '다름'이 지니고 있는 것들을 외면하는 것으로, 그가 보잘것없다고 느끼도록 시선을 자신으로 향하게 하는 것으로 충분하다. 왜냐하면 이렇게 하여 이미 그는 버림받고, 잊히고, 자신을 부인하는 세계의 한가운데서 사라질 준비가 된 것이기 때문이다. '나와 다른 것'에 대한 계시는 나 없이도 여전히 존재할 수 있으며, 나를 제외시킬 수 있는 세계에 대한 계시이다.

사람들로 하여금 서로 대립하게 하는 '다름들'은 이들을 판단하는 하나의 시험이다. 가장 연약하고 가장 이기적인 사람들은 이러한 다름으로 인하여 불쾌감을 느끼고 오직 이 '다르다는 것'을 폐지하고자만 생각한다. 반면 가장 강하고 가장 관대한 사람들은 이러한 '다름들'에서 항상 더 많은 기쁨과 더 큰 부를 얻으며, 이러한 '다름들'이 사라져 버리기를 바라기보다는 오히려 이러한 '다름들'이 다양화되기를 바란다. 그리고 그들 자신의 한계들을 발견할 때, 세상을 사는 모든 사람이 그들의 친구가 될 만큼 이 한계들을 초월하는 '다름들'에서 매우 든든한 지지를 느끼게 되는 것이다.

---

108 역주) 불어에서 '디페랑스(différence)'는 '차이'와 '다름' 모두를 의미한다. 차이와 다름은 동일한 의미가 아니다. 차이란 동일한 범주나 종류에 있어서 양적인 차이 혹은 질적인 차이를 가진다는 것이며, '다름'이란 범주나 종류가 다르다는 것을 말한다. 가령 한 학급의 모든 학생은 '성적에 있어서는 차이'를 보이고 있다. 이는 정도가 다른 것을 의미한다. 하지만 각각의 학생이 서로 다른 생각을 지니고 있을 때, 이는 차이가 아닌 '다름'이다. 즉, 어떤 학생은 성적을 생각하지만, 어떤 학생은 친구를 생각하고, 또 어떤 학생은 가족 여행을 생각할 수도 있다. 이러한 생각은 서로 비교할 수 없는 범주(종류)의 다름이다. 하지만 대개는 하나의 사태에 있어서는 '차이'와 '다름'이 공존한다. 가령 모든 학생이 동일한 '수채화'를 그리고 있지만, 여기에는 '차이와 다름'이 모두 포함되어 있다. 스케치나 색의 운용에 있어서는 '질적인 차이'를 보이겠지만, 그림을 통해서 궁극적으로 표현하고자 하는 그 목적은 비교가 불가능한 '다름'을 내포하고 있기 때문이다. 그리고 만일 이러한 '서로 간의 구별'이 한 개인 혹은 인격이라는 존재론적인 '나'와 '너'를 구분할 때는 차이가 아니라, 당연히 다름이라고 하여야 할 것이다. 저자는 여기서 이러한 '다름'의 의미로 사용하고 있다.

3. 타인들과의 관계 안에서 그리고
    나 자신과의 관계 안에서의 동일성

　다른 사람들이 우리와 맺는 관계는 항상 우리가 우리 자신과 가진 관계의 이미지이다. 누구나 다른 사람들이 자신에 대해서 가지는 반감이나 불쾌함의 감정을 어느 정도까지는 느끼고 있다.

　하지만 우리가 가진 다른 사람들과의 관계와 우리 자신과 가진 관계 사이의 이러한 동일성은 종종 미묘하고 인정하기가 쉽지 않다. 이처럼 마치 누군가를 증오심으로 없애 버리려는 것처럼 이 누군가를 집요하게 추적하는 사람은 자주 이 누군가에게 존재하고 있고, 존재할 수 있었다고 느끼는 동일한 인물을 궁지에 몰아넣음으로써 자기-자신에게 복수하는 것이다.

　나 자신의 것, 그것은 당신이 당신한테서 발견하는 것과 유사하거나 반대되는 첫 번째 자극에 따라서 당신을 기쁘게 하거나 불쾌하게 만드는 나의 모든 움직임이다.

　하지만 이러한 '나 자신의 것'은 아직은 내가 아니다. 왜냐하면 '나'란 이 모든 움직임을 수용하거나 인도하는 사람, 이 움직임들에 환호하거나 양보하는 사람, 혹은 이 움직임들에 저항하거나 싸우는 사람일 수 있기 때문이다. 내가 이러한 움직임들과 분리되고 이러한 움직임에 동참하는 것을 멈추자마자 이러한 움직임들이 나를 불쾌하게 하는 것처럼, 때때로 이러한 움직임들은 당신이 나에 대해 가진 그 사랑으로 인해 당신을 불쾌하게 할 수가 있다. 그리고 가끔은 나를 싫어하는 사람이 내가 이러한 감정에 휩싸이는 것을 보고 기뻐하는 것을 볼 수도 있다. 이 움직임들은 참으로 내가 휘어 잡힌 본성의 세계에 속하는 것이지만, 이 세계에서 나는 선택할 의무가 있다. 여기서 내가 그 의미를 바꿀 수 없는 것이거나 영적으로 바꿀 수 없거나 변모시키지 말아야 할 것은 아무것도 주어져 있지 않다. 그리고 우정의 고유함은 그들을 칭찬하는 것이 아니라, 그들을 맑은 평온으로 이러한 변모를 획득하도록 돕는 것이며, 이를 잘 활용하고, 이를 부드럽게 하며, 올바르게 하도록 돕는 것이다.

4. 타인을 위한 행위

사람들은 우리가 우리 자신을 위해서 행동하는 것처럼 그렇게 다른 사람을 위해서 행동하라고 요청한다. 하지만 관객이면서 동시에 광경의 대상이 될 수가 없기 때문에 나는 나 자신에게 나 자신의 광경이 아니라 세계의 광경을 제시해야 하는 것처럼, 내가 행동하는 것은 나 자신을 위해서가 아니라 다른 사람들을 위한 것이다. 그리고 나 자신이 행동의 작가이기 때문에 나는 결코 내 행동의 목적이 될 수가 없다. 이처럼 나르시스로 하여금 무덤으로 인도하고 항상 실패하고 마는 이기적인 행동의 악영향들이 서로를 알아야 하는 필요성에 의해 치유되는 것이다.

그런데 만일 내가 나 자신을 보는 것을 멈추고 나의 주변 사람들을 바라본다면, 놀라운 역설에 의해서 나는 나 자신을 알고자 생각하지 않고도 나 자신을 알게 되는 것이다. 그리고 내가 나 자신의 선(bien)을 추구하는 것을 멈추고 다른 사람들의 선을 추구하고자 할 때, 나는 역시 나 자신의 선을 발견하게 되는 것이다. 빛의 모든 광선이 나 자신을 비추기 위해 오기 이전에 먼저 세상을 비추어야 한다. 나를 풍요롭게 하는 모든 행동은 하나의 사심 없는 행동이며, 나는 나의 희생을 통해서만 성장할 수 있다. 이처럼 세계는 '되어야 할 어떤 것'이 아니며, 세계의 완벽한 통일성은 모든 존재를 연결하는 이 호혜성 안에서 각자가 자기-자신을 위하여 행하기를 거부한 그것을 타인을 위해서 행하는 경우에만 실현된다. 따라서 그는 욕망을 포기함으로써 욕망이 기다리거나 희망할 수 있는 것보다 훨씬 더 많은 것을 얻는다. 이는 다른 사람들 역시 자신들의 차례에서 '그'를 위해서 행동하기 때문이 아니라 [왜냐하면 욕망의 이 기술은 그 의미가 변화되지 않기 때문에], 어떠한 회한의 감정도 없는 이러한 행동은 나를 고양시키고 강하게 하는 유일한 행동이기 때문이다.

그럼에도 사람들은 최후의 도덕적인 말은 우리가 우리 자신을 사랑하듯이 타인들을 사랑하고 우리가 우리 자신을 위해서 행하는 것을 타인을 위해 행하는 것이라고 말한다. 우리가 우리 자신의 나약함에 요청할 수 있는 모든 것이 여기에 있는 것 같다. 하지만 성장하는 이기주의는 이러한 것과 반대되게 말하고 이러한 생각을 부숴 버린다. 우리는 또한 진정으로 사랑하는 사람은 오직 자기 자신을 사랑하고자 생각하지 않는 사람이며, 다른 사람들에 대한 사랑만이 유일하게 순수한 사랑이라고 말할 수 있을 것이다. 이러한 사람은 결국 다른 사람에게 자기-자신에 대한 사랑을 규정해 주는 표본이 되고, 자신에게서는 이를 정화시키는 사람이다.

우리는 그 본질이 최상인 나무는 가장 아름다운 열매를 맺는 나무라고 판단한다. 이 나무가 죽지 않고 지속적으로 열매를 맺기 위해서는 계절마다 열매가 자신으로부터 분리되어야 한다. 그렇게 된다면 이 열매들은 양식으로 변화할 것이다.

5. 타인에 대해 영향력을 행사하는 것을 추구하지 않기

우리는 진리가 살아 있는 행위라는 것을 쉽게 알 수 있지만, 우리 자신에게 이를 산출하지 않고는 그리고 다른 사람들로 하여금 그들 자신에게서 이를 산출하도록 초대하지 않고서는 발견할 수 없다. 진리는 우리와 우주 사이에, 우리와 다른 모든 존재 사이에 형성되는 소통을 통하여 그리고 이 동일한 우주에 대한 앎 안에서 진리의 효과성을 통해 스스로 입증된다. 하지만 의식들 사이에는 이보다 깊고 보다 더 개별적인 교제(commerce)[109]가 있는데, 이것이 숨겨져 있지만 추구되지도 않고 바라지도 않을 때는 항상 후회하게 되는 것이다. 이러한 교제는 우선 목적을 가지지 않은 하나의 효과여야 한다.

왜냐하면 우리가 타인들과 소통하는 이러한 노력들 안에는 넘어서는 안 되는 경계선들이 있으며, 우리는 이를 넘지 말아야 하는 것을 배워야 하기 때문

---

[109] 역주) 여기서 저자가 말하는 '의식들의 교제(commerce des consciences)'란 일종의 아리스토텔레스식 우정 혹은 친교를 말한다. 이 우정은 정신적인 것이며, 그 어떤 외적인 목적을 가지지 않는 '친교의 나눔' 그 자체가 목적인 것이며, 다양한 인간관계에서 주어질 수 있는 것이다. 만일 굳이 목적을 말한다면 각자의 존재의 발전 혹은 완성을 지향하는 것일 것이다. 어떤 의미에서 모든 인간관계는 이러한 '의식의 교제', 즉 친교로 발전하여야 하며, 그렇기 때문에 의식의 교제, 즉 친교는 다양한 형식을 취할 수 있으며 다양한 정도나 다양한 밀도를 가질 수 있는 것이다. 이러한 친교가 모든 인간관계에서 성장할 수 있는 유일한 방법이 있다면 그것은 관계를 형성하는 개인들 각자가 절대자와의 관계를 우선적으로 전제하는 것이다. 왜냐하면 그런 한에서만 사람들은 자기-사랑 혹은 '이기적 목적'에서 벗어날 수 있으며, 오직 상대방의 '선'을 추구할 수 있기 때문이다.

이다. 이러한 경계선들은 각자의 개별적인 소명들을 서로에게서 분리해 주는 경계선들이다. 이러한 다양성 안에는 하나의 아름다움과 완전함이 있는데, 우리는 이를 알고 존중하는 법을 배워야 한다.

이러한 경계선들을 밀어붙이려고 시도한다는 것은 '그 자신의 것'을 의미하는 유일하고 비교할 수 없는 이 신비 안에서 개별적 존재의 섬세함을 훼손하는 것이다. 여기서 사람들은 많은 수고를 낭비하며, 항상 헛된 싸움을 시도하고 있다. 그리고 여기에 '고유한 자기-사랑'을 뒤섞고, 수많은 몰이해와 원망 그리고 상처를 낳을 위험이 있는 것이다.

우리에게서 달아나기를 멈추지 않는 하나의 교제를 요청한다는 것은 얼마나 허망한 일인가! 그러나 특권이 있는 두 존재 사이에서 어떤 특정한 예외적인 관계들이 필요하다고 말하면서 만족해야 하는가? 하지만 각자는 다른 모든 이가 가질 수 있는 [교제의] 권리가 있지 않은가. 다만 개인들 그 자체뿐만 아니라, 이러하고 저러한 각각의 사람에 대한 각각의 상황으로 무한히 다양한 [교제의] 유형이 있다. 이는 식별할 수 있어야만 하는 서로 다른 길들이다. 나를 이것과 일치하게 하는 것은 나를 저것과는 분리시킨다. 이 길들의 다양성은 오직 큰 섬세함을 통해서만 인정될 수 있다. 이러한 다양성을 혼동하는 사람은 모든 것에 손실을 입힌다. 다양성을 혼동하는 곳에서는 어떤 규칙도 우리를 지지할 수 없으며, 선한 의도만으로는 충분하지 않다. 그런데 사람들은 '자신인 그것'을 드러내어야만 한다고 분명히 말할 수도 있을 것이다. 하지만 접촉하는 다양한 표면과 이를 취하는 다양한 방법에 따라서 우리 스스로가 다양하다. 여기서 중요한 것은 결코 능숙함이 아니며, 진리이다. 한 사람이 다른 사람들과 가지는 관계들은 어떤 가능성들이 존중될 때라야만 실제적인 것으로 발전할 수 있는데, 이 가능성을 발견하는 데는 수많은 시도와 갈등이 있고 실패 없이는 불가능한 것이다. 개인들로 하여금 자신들의 고유한 본질을 인식하고 절대자 안에서 [다른 사람들과] 일치하도록 허락하는 것은 오직 각자와 다른 모든 사람 사이의 정확한 균형(exacte proportion)뿐이다.

6. 신중함

사람들은 다른 사람에게 행동을 취하고자 원하지 않을 때에만, 다른 사람들에게 행동을 취할 수 있다. 왜냐하면 나의 동의를 정복하고자 하는 당신의 의도는 나로 하여금 경계하게 하고 동의하는 것을 방해하기 때문이다. 이러한 의도는 당신의 고유한 생각을 변질시키고 부패하게 하며, 더 이상 자신을 위한 시각을 가지지 못하고 오직 자신이 획득하고자 하는 것에 성공하기만을 생각하게 된다. 그 어떤 사람도 '자신인 것'을 통해서 행위할 뿐이며, 자신이 목표하는 것을 통해서 행위하지는 않는다. 만일 그가 다른 사람의 의식을 깎아내리기 위해 다른 사람의 의식 안으로 침투하고자 한다면, 이는 그 자신의 영적인 시선의 순수성 자체를 변질시키는 고유한 자기-사랑의 계획에 의한 것이다. 그는 영적인 시선 대신에 상대방을 방해하는 것으로 충분한 성공의 일시적인 욕구로 대체하는데, 때로는 놀라움, 저항 혹은 차가움만을 야기하고 깨달음보다는 무지만을 양산하는 감상적인 호소로 대신하기도 한다. 그의 사유가 승리하기를 바란다는 것은 영적인 시선의 가장 완벽하고 가장 정화된 형식을 추구하기보다는 그의 고유한 사유를 부패시키는 것이다. 사유의 유일한 승리는 보다 완전하고 정화된 형식을 가지는 데에 있다.

타인이 나에게서 완전히 사심이 없음을 느낄 때에만, 그리고 이렇게 말할 수 있다면, 나를 설득하는 데 전혀 무관심할 때에만, 나는 타인에 대해서 진정으로 관심을 가지기 시작한다. 타인의 시선을 끌거나 이해받고자 하는 염려를 완전히 비우고 그의 고유한 본질의 한 중심으로 피신하는 사람이 오히려 이러한 타인의 시선과 이해를 얻을 수 있는 보다 많은 기회를 가지게 된다. 왜냐하면 오직 외모만을 추구하는 돌팔이 의사는 자신의 주위에 오직 육체들만을 모아들이기 때문이다. 나는 다른 사람들에게 항상 나의 고유한 능력과 고유한 안정을 통해서 '나인 그것'만을 제시하여야 하며, 어떤 사람한테도 모델이 되고자 해서는 안 된다. 그리고 나의 고유한 운명에 대해 의식하고 있지만, 다른 모든 이도 그들의 고유한 운명을 가지고 있다고 생각해야 하며, 그들이 통제받기를 원하는 것을 멈추자마자 소통할 준비가 되어 있다고 생각하여야 한다.

우리의 생각이 오직 우리 자신에게만 관심을 가지는 완전한 겸손과 비록 아무런 반향이 없다 해도 여기에 책임을 지고 여기서 지지를 얻는 고요한 확실성은 또한 우리의 영혼으로 하여금 자기-자신에게 지속적으로 현존하게 하고 새로 발견된 무죄함을 동반하는 흔들리지 않는 자부심과 활력소를 제공한다. 그리고 이는 우리시대의 대다수 사람이 추구하는 눈에 보이는 효과와 다른 사람들에게 외적인 영향력을 행사하고자 하는 모든 수단의 범위를 독특하게 감소시킨다. 그렇게 되는 것이 올바른 것이듯, 이러한 모든 수단은 실패할 수밖에 없다. 왜냐하면 유일하게 중요한 것은 존재하는 것이지 행동하는 것이 아니기 때문이다. 혹은 적어도 행동하면서만 존재한다는 것이 사실이라면, 이러한 행동은 내 안에 있는 것, 내가 기다려야만 하는 것을 증언해 줄 뿐이지, 나를 존경하게 하거나 모방하게 하는 것은 결코 아니며, 다만 우리의 공통적인 운명 안에서 모든 사람에게 자신의 고유한 작품을 창조하라는 부름을 야기하는 것이기 때문이다.

따라서 우리는 다른 사람들과의 관계들 안에서 매우 신중해야 하며, 거절하는 사람에게 답변을 강요해서는 안 되며, 그들과 우리 사이를 분리하는 이 다름을 증오하거나 제거하려고 해서는 안 될 것이다. 언젠가 우리를 '우리의 이중의 비밀의 공통된 근원(la source commune de notre double secret)'[110]으로 인도해 줄 길을 발견하는 것은, 우리의 재량으로 다른 사람이 스스로 자신을 발견하리라는 기대 안에서, 이 다름에 대한 존중을 통해서이다. 모든 개인은 항상 다른 사람이 자신에게 행사하고자 하는 행동에 저항한다. 그는 그의 내밀함에 침투하고 이를 침해하고자 하는 시선을 밀어 낸다. 그러나 다른 사람이 보이지 않는 현존을 야기하는(évoquer) 순간, 그는 신뢰와 기쁨의 놀라운 도약으로 자신이 영적인 자양분을 얻었던 보이지 않는 이 현존을 향해서 모든 부름에 응답하게 되는데, 이 보이지 않는 현존은 그의 개별적인 실존과 고유한 소명 그리고 '다른 모든 존재와의 현실적인 그의 공동체(sa communauté actu-

---

110 역주) 여기서 '우리의 이중의 비밀'이란 '너와 나'의 다름이 서로에게 비밀스러운 것이라는 뜻이며, 이러한 이중의 비밀의 공통된 근원이란 곧 '절대자', 즉 '신'이다. 왜냐하면 이러한 한 개인의 근본적인 개별성의 기원이 곧 신이기 때문이다.

elle avec tous les autres êtres)'[111]를 형성하는 살아 있는 신의 현존 그 자체가 되기 위해서 환상과 게임 그리고 희망이 되기를 멈추는 것이다.

7. 영적인 사랑의 빛

영적인 사랑(la charité)[112]은 가장 단순하고 가장 어려운 것으로 영혼의 모든 태도 중 하나이다. 이는 타인의 실존에 대한 하나의 순수한 주의집중이다. 하지만 영적인 사랑도 사랑(amour)이며, 사랑은 자주 사람들이 그렇게 믿고 있듯이 정신을 비춰 주기보다는 정신을 눈멀게 하는 정념의 운동이 결코 아니다. 가장 완전한 영적인 교제들 안에서 사람들은 교제하는 이 두 존재에 대해서 지성적이라고 말한다. 넘어설 수 없는 하나의 최고봉이 바로 이곳이며, 이곳에 도달할 수 있는 것은 오직 사랑뿐이다. 그래서 가끔은 사람들이 더 이상 이를 인식하지 못하기도 하는데, 그것은 이들에게 있어서 이 사랑은 더 이상 어떠한 그림자도 남아 있지 않으며 더 이상 순수한 빛과 구별되지 않기 때문이다.

나는 다른 사람들에게 그들의 생각이나 행동을 변화시키고, 나와 그들 사이에 합의를 추구하며, 그들이 나와 동일한 것을 선호하고 그리고 나와 동일하게 최선의 것을 따르도록 하기 위해 조언하는 것을 포기할 수가 없다. 그리고 이는 의심의 여지 없이 내가 그들에게 영향력을 행사하고, 그들 안에서 '나와 유사한 것'을 확인하고 이것이 보다 발전하도록 원하기 때문이다. 하지

---

111 역주) 이러한 '모든 존재와의 현실적인 공동체'는 정신적인 이념 혹은 영적인 삶의 지평에서만 가능할 것이다. 이는 키르케고르가 '모든 이와 벗하기 위해서 어느 누구와도 벗할 수 없는 실존의 역설'을 말할 때의 그것과 같은 것이다. 이러한 공동체가 가능한 사람은 신의 현존에 자신을 완전히 증여한 자분일 것이다. 왜냐하면 신의 시선만이 모든 존재를 동일한 형제자매로서 바라볼 수 있기 때문이다. 모든 크리스천 아니 모든 종교인의 궁극적인 목적이 여기에 있다는 것은 종교 철학적인 관점에서 부정할 수 없는 진리일 것이다.

112 역주) 불어에서 '샤리떼(charité)'와 '아무르(amour)'는 다 같이 '사랑'으로 번역되고 있지만, 서로 다른 의미를 가진 개념이다. 일반적으로 신약 성서에서 말하는 사랑은 '샤리떼'이다. 반면 '아무르'는 구체적인 범주를 염두에 두지 않은 단적인 '사랑'을 말한다. 따라서 '아무르'는 '이성 간의 사랑', '부모의 사랑' '사제지간의 사랑', '종교적 사랑' 등 모든 종류의 사랑을 포괄하는 개념이라고 할 수 있다. 따라서 '샤리떼'도 '아무르'의 한 종류라고 볼 수 있다. 하지만 일반적으로 '아무르'는 남녀 간의 이성적인 사랑으로 주로 사용되고, 'mom(나의) amour'라면 곧 '나의 애인'을 말한다. 그리고 '샤리떼'는 이성 간의 사랑을 의미하는 '아무르'와 달리, 종교적 차원에서 모든 인간에게로 향하는 자기희생적인 사랑을 의미하는 가장 차원 높은 사랑이라고 할 수 있다.

만 이는 또한 모든 의식은 오직 하나를 이루고, 동일한 진리와 동일한 선을 추구하고 있다는 것을 내가 알고 있기 때문이다.

그럼에도 불구하고 각자 안에는 다른 사람들과 분리되고, 다른 사람들이 자신에게 그들의 법칙을 강요하거나 따르도록 하는 것을 거부하고, 그들과 동일한 공동체에 들어가기보다는 각자의 고유한 소명의 독창성을 방어하고 자 하는 독립심에 대한 갈망이 여전히 존재한다. 그런데 이렇게 상반되는 것 같은 두 가지 소망은 사실 오직 하나를 이룰 뿐이다.[113] 그리고 누구도 다른 모든 사람의 고유한 천재성이 솟아나는 이 영감의 원천을 발견하는 것 외에 다른 방식으로는 자신의 고유한 천재성을 발견할 수가 없을 것이며, 따라서 각자가 자신에게 보다 열정적인 만큼 더욱 다른 사람들에게 보다 가까이 다 가갈 수가 있는 것이다.

8. 서로 무거운 짐을 들어 주기

다른 사람들에게 최소한의 도움이라도 줄 수 있는 사람은 아무도 없는 것 인가? 각자가 다른 사람들에게는 진입이 불가능하게 거주하는 고독한 은신 처는 없는 것인가? 아니면 이와 반대로 그가 다른 사람으로부터 오는 행동의 대상이 되자마자, 그의 고독이 깨어지거나 혹은 자신의 비밀스러운 삶의 깊 은 심연으로부터 떠나게 하는 외관의 길을 발견하게 된다고 말해야 하는가? 만일 우리의 침투의 능력이 여기에까지 이를 수가 있다면, 이러한 능력은 선 행(善行)이 될 수가 없거나 잔인한 것이 아닐까? 우리의 절망은 발견되면서 보 다 악화되는 것인가, 아니면 나누어 가지면서 안도감을 체험하는 것인가?

성경은 우리에게 "서로 무거운 짐을 들어 주시오. 그러면 당신들은 그리스 도의 계명을 완수하는 것입니다."라고 말하고 있다. 하지만 당신은 "나는 나 자신의 짐도 충분히 지탱하지 못하고 있다."라고 말하지 않는가? 다른 사람

---

113 역주) '최고로 완성된 모든 것' 안에서는 대립하는 것이 일치를 이룬다. 우리는 이를 예술가들의 예술 행위에서 잘 볼 수 있다. 가령 베토벤의 교향곡들 안에서는 '모든 이가 공감하고 함께 향유할 수 있는 보편성과 그 누구도 흉내 낼 수 없는 한 개인의 독창성'이 함께 발견되고 있다. 그래서 중세 철학자들은 신 안에서는 세상의 모든 대립되는 것이 일치되어 나타난다고 한 것이다. 즉, 어떤 것이 보다 완전해진 다는 것은 보편성과 개별성이 함께 증가되고 완성된다고 볼 수 있다.

의 짐을 들어 준다는 것은 절대로 불가능한 일일까? 다른 사람들의 짐이 어떻게 나의 짐이 될 수 있다는 것일까? 그런데 이러한 생각에는 자비로움보다는 무분별함이, 섬세함보다는 무모함이 있는 것은 아닐까? 어떤 것을 안다는 것은 세계에 대해 아는 것이지 자기-자신에 대해서 아는 것이 아닌 것처럼, 각자가 자신에 대해서 완수해야 한다고 믿고 있는 책임성은 곧 세상에 대해서 자신이 가져야 할 책임성이다. 나의 고유한 불행은 오직 내가 이것을 뒤따를 수밖에 없는 것이며, 필연적으로 나는 여기에 구속되어 있다. 이기주의의 정당성은 이러한 것으로 충분하다.[114] 하지만 이와 반대로 타인들의 비참함에 대해서 나는 자유의 행위와 사랑의 행위를 통해서 이를 책임지는 것이 가능한 것이다.

만일 사람들이 봉사한다는 말이 인간의 언어 중에서 가장 아름다운 말이라고 할 수 있다면, 이는 봉사의 행위가 우리 자신을 선(善)에 대하여 질서 지운다는 표징이기 때문이며, 이러한 표징의 고유한 특성이 항상 우리가 스스로를 초월한다는 것을 의미하기 때문이다. 우리가 봉사를 할 때, 우리는 우리의 한계를 초월하는 행동의 대상을 발견하기 위해서 우리 스스로 자신의 고유한 한계를 넘어서도록 요구한다. 이렇게 된다면 우리 자신을 다만 창조된 존재로 축소하거나 혹은 우리의 고유한 행위를 이미 창조된 것들에 국한시키지 않고, 우리는 신의 창조 사업에 협력하게 되는 것이다.

9. 주고받기

사람들은 누구든지 그 스스로가 줄 수 있는 것만을 받을 수 있을 뿐이며,

---

[114] 역주) 파스칼은 육체적인 존재와 사유하는 존재로서 '인간의 비참함과 위대함'에 대해서 말한 바 있는데, 여기서 라벨은 다른 차원에서 인간의 비참함과 위대함에 대해서 말하고 있다. 모든 인간은 인간 조건으로부터 그리고 각자의 고유한 조건으로부터 비참함을 가진다. 누구도 완전한 인간은 없기 때문에 각자 스스로는 해결 불가능한 자신만의 결함이나 단점 등을 가지고 있다. 그렇기 때문에 스스로 자신의 비참함을 해결하고자 하는 사람은 '이기적'이 될 수밖에 없다. 왜냐하면 이러한 비참함은 '자기인 것'으로부터 주어지는 것이기에 스스로 해결 불가능한 필연적인 것이기 때문이며, 결코 해결할 수 없는 문제에 매달린다는 것은 결코 다른 것에 관심을 둘 수가 없다는 것을 말하기 때문이다. 그래서 라벨은 이러한 문제를 해결하는 것은 서로가 타인의 무거운 짐을 들어 주어야 하는 것이며, 여기에 인간의 위대함, 자기를 넘어서는 위대함이 있다고 보는 것이다.

하나의 '선물(재능, don)'[115]을 수용할 수 있기 위해서는 이를 실행할 수 있어야 한다고 말한다. 그럼에도 우리가 신에게 바치는 영광은 우리가 신에게 아무 것도 줄 수 없다는 것을 의미하는 것이 아니라, 우리가 신으로부터 선물을 받기에 합당하다는 것을 보여 주는 것이다.[116] 그리고 만일 선한 사람이 악한 사람으로부터 존경받을 수 없다면, 이는 악한 사람이 선한 사람으로부터 아무것도 수용할 능력이 없기 때문이다.

그런데 우리가 다른 사람들을 위해서 할 수 있는 가장 큰 선은 그들에게 우리가 가진 부(富)를 나누어 주는 것이 아니라, 그들에게 그들 자신의 부를 발견하게 하는 것이다. 그 이유는 그 누구도 자신에게 낯선(이상한) 선을 수용하지는 않기 때문이다. 따라서 그는 '재능'으로는 오직 '자기-자신인 것'만을 수용할 수 있을 뿐이다. 사람들이 수용하는 모든 '재능'은 자기-자신에게 전혀 의심 없이 소유하고 있는 하나의 능력을 발견하는 것이다. 하지만 이 재능이 우리에게 계시되자마자, 이 재능은 우리가 소유하고 있다고 생각하는 다른 모든 것보다 우리 자신에게 더 내밀한 것으로 나타난다.

---

[115] 역주) 불어에서 'don'은 선물, 재능 등을 말한다. 만일 이 용어가 종교적인 의미로 사용된다면, 모든 인간이 탄생과 더불어 가지게 된 자기 자신만의 고유한 무엇, 재능, 기질, 장점 등을 말하는 것으로 신이 준 선물, 즉 '달란트'로서 고려하는 것을 말한다. 하지만 이러한 신의 선물은 애초에는 아직 실현되지 않은 하나의 '순수한 가능성'에 지나지 않으며, 이를 전혀 실현하지 않는다면 선물을 외면하는 것과 같다. 이러한 순수한 가능성이 '현실적인 것'으로 실현되는 것을 저자 라벨은 '선물을 수용하는 것'이라고 표현하고 있다. 즉, 인간이 신의 현존에 다가간다는 것은 자신에게 주어진 순수한 가능성을 '구체적인 재능'으로 드러나게 하는 것이라 보고 있다. 여기서는 이 'don'을 문맥에 따라, 선물, 재능 등으로 번역하였다.

[116] 역주) 이러한 진술은 얼핏 보기에 교만한 표현처럼 보인다. 구약의 전통에 있어서 인간이 신에게 영광을 돌리는 것은 인간은 아무것도 아니며, 신은 전부이시기 때문이다. 따라서 신의 선물은 인간이 자격이 있어서가 아니라 오직 신의 자비 때문이다. 이것이 신비주의가 말하는 '無에 대한 추구'의 핵심이다. 하지만 여기서 라벨이 말하고 있는 신의 영광은 이와는 차원이 다른 것이다. 내가 그 무엇을 찬미할 때, 이 찬미가 '참된 것' 혹은 '실재적인 것'이 되기 위해서는 찬미하는 대상과 찬미하는 자 사이의 최소한의 소통 혹은 교감이 있어야 한다. 가령 고흐의 그림을 찬미하기 위해서는 고흐의 그림에 대한 최소한의 이해 혹은 인식을 전제로 한다. 만일 그렇지 않다면 그 찬미는 위선적인 것이 될 것이다. 이처럼 '선물' 혹은 '은총'의 수용에 있어서 신을 찬미한다는 것은 이 선물의 의미나 은총의 효과에 대해 최소한의 교감이 있어야 한다. 이것을 이해하게 될 때, 비로소 진정한 신에 대한 경외감이나 찬미가 스스로 우러나고, 이것이 곧 신에게 영광을 드리는 행위가 되는 것이다. 라벨은 이러한 행위를 '내가 이 선물을 받을 자격이 있음을 드러내 보이는 것'으로 이해하고 있다. 왜냐하면 신의 선물을 수용한다는 것은 오직 이를 받을 자격이 있는, 즉 이를 받아들여서 세상을 위해서 이를 사용할 준비가 된 자에게만 가능한 것이기 때문이다.

그리고 만일 의식의 고유한 특성이 우리로 하여금 우리 자신을 넘어서는 [신의] 현존 안으로 우리를 스며들게 하는 것이라면, 선에 대해 의식하고 있는 유일한 사람은 선을 행하는 사람이 아니라, 선을 받아들이는 사람이라는 것을 알게 된다. 왜냐하면 선을 행하는 사람은 이를 행하기 위해서 오직 '자신인 그것'에 따라서 행위하는 것만이 필요하지만, 반면에 선을 수용하는 사람은 그 자신에게 내재하는 능력으로 자신의 고유한 삶을 더욱 풍요롭게 하기 때문이다. 하지만 그는 자신이 혼자인 한은 이를 실행하지는 않을 것이다.[117]

만일 수용되지 않은 선물보다 더 못한 것이 아무것도 없다고 한다면, 우리는 선물을 수용하는 사람이 곧 선물을 만드는 사람, 즉 이 선물로부터 그 효력성과 덕을 획득하는 사람이라고 말할 수 있다.

10. 알려진 위대함

의심의 여지 없이 어떤 사람도 자신의 천재성을 스스로 형성할 수는 없다. [즉, 신의 현존이 이를 현실화시켜야 한다.] 이 재능을 형성하기 위해서는 이러한 사실을 인지하고 여기에 열정적인 것으로 충분하다. 그래도 혼자서는 여기에 도달할 수가 없다. 가장 위대한 사람들은, 운명이 그들 가까이로 데려간 매우 단순한 어떤 사람들한테서 발견되는 이러한 응답을 통해 혹은 이러한 비밀스러운 교감을 통해, 스스로를 확신하는 것이 항상 필요하다. 위대한 사람들의 운명에 무지하고 이를 경멸하는 수많은 사람으로부터 위대한 사람들을 보호하기 위해 이러한 단순한 사람들이 해야 할 것은 이들을 위로하는 것만으로 충분하다.

한 존재의 진정한 가치는 결코 '그인 그것'에 있지 않으며, 그가 자신 안에 현존하는 진리를 인정하고 이 진리의 중개자가 되는 데 있다. 그리고 의심과 절망으로부터 위협받는 느낌을 가지지 않기 위해서는, 최소한 매우 짧은 순

---

117 역주) '혼자인 한은 선물을 실행하지 않을 것'이라는 표현은 애매한 표현이다. 선물을 실행한다는 것은 자신이 수여받은 재능을 구체적인 '행동'이나 '작품'으로 현실화하는 것을 말하는데, 이렇게 실현하는 것이 '신과 함께하는 것'을 의미하기에 '혼자이지 않음'이라는 것인지, 혹은 이러한 실현이 항상 다른 사람들을 위해서 혹은 다른 사람들을 염두에 두고 있기에 '혼자이지 않음'을 의미하는 것인지 모호한 것이다.

간 동안에라도, 그가 수용한 빛을 다른 사람들에게 나누어 줄 수 있다는 감정을 가져야만 한다. 위대함의 징표 그 자체는 이 내적인 공허를, 개인의 이 완벽한 침묵을, 즉 자기-사랑에 대한 침묵과 육체에 대한 침묵을 가질 수 있다는 것이다.[118] 바로 여기서 모든 다른 사람이 자신들에게 공통된 계시를 가져오는 동일한 목소리를 듣는 것이다. 이 침묵은 가장 위대한 존재들이 그들의 차례가 되어 결코 상실하지 않은 그것이다.

가장 순수한 의식은 항상 가장 투명한 것이다. 한 개인이 실현되는 것은 그의 모든 능력이 소멸된 것같이 느껴지고, 그를 새롭게 성장하게 하고 완성하게 하는 내적인 확신이 탄생하는 것을 느끼게 되는 자기 포기 안에서이다. 그리고 행동이 가장 개별적이고 가장 효과적인 때는 주의집중이 가장 유순하고 가장 열정적인 때이다.

따라서 구체적인 한 개인의 위대함은 어디에도 없거나, 혹은 적어도 그 자신의 고유한 위대함은 항상 논쟁의 대상이 될 수 있다.[119] 어떤 의미에서는 알려진 위대함 혹은 알려질 수 있는 위대함 외에 다른 위대함은 있을 수 없다고 말할 수 있다. 하지만 이러한 생각은 자주 위대함에 대해서 오해하거나 혹은 위대함을 박수갈채에 따라서 판단하는 우를 범하기도 한다. 그런데 우리는 우리 자신한테서 위대함의 보다 비밀스러운 표징들을 발견한다. 이 표징은 우리의 모든 포부를 자극하고 동시에 이를 충만하게 하는 것이며, 우리한테서 가장 아름답고 가장 풍요로운 씨앗들을 발아시키는 표징이며, 우리의 고독한 경계선들을 허물고 우리로 하여금 한순간 온 우주와 평등하게 하는 표징이다.

그러므로 가장 위대한 인물들은 그들이 우리에게 제공하는 그것을 통해서가 아니라, 그들의 재능들에서 우리가 수용할 줄 아는 그것을 통해서 위대하

---

118 역주) 우리는 이러한 사람들의 이상적인 모습을 신비가나 성인들에게서 발견할 수 있다. 이들은 신이 자신에게 부여한 빛을 결코 자기 자신을 위해서는 전혀 드러내 보이지 않으며, 오직 세상을 위해서만 드러내기 때문이다. 여기서 우리는 '고유한 자기-사랑'에 대해서 침묵하는 위대함의 징표를 발견하는 것이다.

119 역주) 왜냐하면 영적인 질서에 있어서 한 개인이 지닌 위대함이란 오직 신으로부터 부여받은 재능 혹은 자신에게 존재하는 진리의 현존에서 주어지기 때문이며, 또한 모든 위대함은 어느 정도 세상 모두를 위한 무엇이기 때문에 한 개인의 고유한 위대함이란 존재하지 않는 것이다.

다고 말한다는 것은 사실이다. 어떤 의미에 있어서 그들의 위대함, 이는 그들이 우리에게 빚을 지고 있는 것이다. 우리가 이 위대함의 기원을 인정할 수 있게 되자마자, 즉 그들에게서 이 위대함을 인정하자마자, 그들로부터 수용한 이 풍요에 첨가할 것은 아무것도 없다.

11. 영적인 친화성

소명의 가장 섬세한 중심은 우리가 만든 과업의 선택, 즉 다양한 일들에 행사할 수 있는 우리의 행동만을 담고 있는 과업의 선택에 있는 것이 아니라, 우리의 벗들의 선택에 있다. 이 벗들은 우리가 그들 가운데서 살아가기를 원하는 사람들이며, 우리를 이해하고 우리를 도우며, 그들과 함께 지속적으로 친밀감을 체험하는 사람들이며, 그리고 자신들의 불신이나 적대감으로 우리의 천재성을 위축시키는 사람들이 아니라, 이 천재성을 지원하고 꽃피게 하는 사람들이다.

자신의 영적인 친화성을 인정하고, 이러한 친화성과는 결코 타협하지 않는다는 것은 힘의 비밀이며, 성공과 행복의 비결이다. 작가들 역시 자신감을 강화해 주고, 자신의 작품들이 성장하고 숙성할 수 있도록 도와주는 교감을 나누는 '벗들'을 필요로 한다. 어쩌면 이러한 벗들을 발견하지 못했거나, 그들을 창조하지 못했거나 혹은 그들을 인정하지 못했거나 나아가 그들에 대해 잘못 생각했기 때문에 자신의 운명을 놓쳐 버린 사람들이 있을 수 있을 것이다. 작가가 자신을 이해하고 자신을 지지하며, 좁은 만큼 더욱 열정적인 대중을 필요로 하듯이, 모든 사람은 하나의 환경을 필요로 하는데, 이 환경은 식물들에게 있어 그것 없이는 어떠한 열매도 맺지 못하는 토양과 같은 것이다. 그런데 이러한 환경이 우리에게 주어져 있고, 우리는 이를 받아들이기만 하면 된다고 생각하는 것은 잘못된 것이다. 우리의 삶의 모든 사건이 그러하듯이, 이러한 환경은 자유와 행운을 통하여 만나야만 한다.

어쨌든 신중하여야만 한다. 왜냐하면 우리를 둘러싸고 있는 모든 사람, 우리의 여정에 놓여 있는 모든 사람은 우리가 거부할 권리가 없는 사람들이며, 이는 기회이면서 동시에 시련이기 때문이다. 그렇기 때문에 우리에게 남겨진 사람들이란 우리가 그 가운데 살도록 부름을 받은 사람들의 선택에 의한 것보다는, 서로 무시하고 싸우는 대신 서로를 비옥하게 해 주는 그들의 운명과 우리의 운명 사이의 연결 고리에 대한 분별에 의한 것이 훨씬 더 많은 것이다.

12. 선택된 우정들

자신과 다른 사람의 정신을 만나고, 동일한 생각을 하고 동일한 것을 추구하면서 서로 일치되어 있다는 느낌을 가질 수 있는 다른 한 사람을 찾지 않는 사람은 한 사람도 없다. 이 사실에 대해 반성해 보면 바로 이러한 갈망의 공동체 안에 진정한 사랑의 지반이 있음을 알게 된다. 사람들은 자주 복합적으로 자아를 추구하는 것을 이러한 사랑의 지반과 혼동하는데, 이는 사랑의 지반이 변질된 것을 의미한다.

사랑은 서로 사랑하는 존재들이 희구하는 대상, 그것을 통해 서로 통교하는 사랑의 대상보다 항상 훨씬 더 멀리 나아간다. 마치 지성이 보편적이고 우리로 하여금 존재하는 모든 것을 사유하도록 의무 지우듯, 사랑 역시도 비록 보편적이고 우리에게 모든 피조물을 사랑하도록 의무 지우지만, 사랑은 여기서 자신을 위하여 하나의 선택된 존재를 가질 수 있다는 것을 이해할 수 있다. 우리의 사랑이 이 선택된 존재를 향해 기운다는 것은 정당한 것이다. 이는 마치 지성이 편애를 통하여 하나의 사유에 집착하지만, 여기서 지성이 진리 전체를 발견하는 것과 같은 것이다.

나에게는 항상 탄생하고자 하는 우정이 있으며, 체험이 나를 실망시키기 이전에 나는 모든 인간의 얼굴이 나에게 있어서 벗의 얼굴이 아닌 것을 알고 놀란다. 그런데 우정이란 결코 익명으로 나에게 머물 수 있는 선물은 아니다. 왜냐하면 나는 유일하고 개별적인 한 존재이기 때문이다. 나 자신에 대한 나의 내밀성은 항상 순간적이고, 지엽적이며, 감각적이다. 그리고 나의 벗 역시도 동일한 특성들을 가지고 있다. 이 우정이 한 사람으로부터 다른 한 사람한테로 왔다 갔다 할 때에는 여전히 하나의 가능성에 지나지 않는다. 마지막에 가서 이 우정은 실재가 되어야 한다. 우정은 그 역시 하나의 이름을 가지고 있으며, 마치 내가 혼자 이듯이, 나는 혼자인 다른 사람을 필요로 한다. 여기서 내밀성(intimité)은 오직 혼자서 나에게로 와야 하며, 모순 없이는 모두에게 제공될 수가 없는 것이다.[120]

이처럼 모든 사람은 세상 안에서 자신을 이해할 수 있는 다른 한 사람, 즉 그와 함께 동일한 갈망을 느낄 수 있는 사람을 발견한다고 생각한다. 그런데 사람들의 동물적인 부분 안에서 동일한 갈망이란 마치 서로 상처를 입히고 죽이는 원수들처럼 서로가 서로에게 대립시키지만, 영적인 부분 안에서는 서로 매우 가까이 접근하면서 서로를 위해서 벗이 되는, 즉 서로가 고유하게 다른 이의 영혼이 되는 일종의 마법이 있다.[121]

벗이란 그 앞에서 우리가 숨기는 것이 전혀 없는 그러한 존재이다. 다시 말해서 그 앞에서 우리 자신인 것과 우리가 제시하고자 애쓰는 외관 사이에 어떠한 구별도 없이 우리 자신을 있는 그대로 드러내는 그러한 존재이다. 벗에게 있어서는 다른 사람들과의 관계성 안에서 지니고 있는 차이점의 특성들이 소멸된다. 즉, 우리 자신을 위해서만 지니고 있는 내적인 존재와 우리가 제시하고자 하는 외관인 외적인 존재 사이의 차이가 소멸되는 것이다.

하지만 벗이란 또한 그 앞에서 우리가 아무것도 아닌 존재가 될 수 있는 그러한 존재이다. 즉, 전혀 두려움 없이 우리가 원하는 것과 우리가 가진 가치들을 하나의 순수한 질문으로 환원할 수 있을 만큼 우리 자신을 겸손하게 할 수 있는 그러한 존재이다.[122] 벗이란 그 앞에서 우리의 내적인 삶의 모든 능

---

120 역주) 우정의 특징은 서로 '내밀성'을 지닌다는 것이다. '내밀성'이란 '내적이고 은밀한 것'을 말한다. 그렇기 때문에 우정을 가지기 위해서 누군가에게 다가가는 사람은 그와 가지는 내밀성을 그 아닌 타인에게 제공할 수가 없다. 왜냐하면 그렇게 되면 더 이상 '내밀한 것'이 될 수 없기 때문이다. 그래서 모두에게 제공하는 '내밀성'이란 그 자체가 모순되는 것이다.

121 역주) "서로가 고유하게 다른 이의 영혼이 된다(chacun d'eux devient proprement l'âme de l'au-tre)."라는 표현은 매우 문학적인 표현이다. 엄밀하게 말해 한 인간의 영혼이란 절대적으로 개별적인 것이어서, 나의 영혼은 결코 다른 사람의 영혼으로 변모될 수가 없다. 따라서 여기서 저자가 말하고자 하는 것은 서로 동일한 것을 갈망하고 동일한 내밀성을 가지게 되면서 "정신적으로 매우 유사하게 된다."라는 것을 의미하는 것이다.

122 역주) 저자는 '우리가 원하는 것과 우리가 가진 가치들을 하나의 순수한 질문으로 환원하는 것'을 '겸손한 것'과 동일시하고 있다. 이는 다른 말로 '자기-확신에서 한 발짝 뒤로 물러나는 것'을 의미하기에 '겸손한 것'이다. 예를 들어 오직 세상을 사랑하는 일에 헌신하던 '마더 테레사'가 "과연 자신이 하는 일이 신의 뜻에 의한 것인지, 다만 자신의 신념을 주장하기 위한 것인지 알 수가 없다."라고 말하였을 때 그 말에서 사람들은 그녀의 겸손함을 느끼게 되는 것이다.

력을 얼굴을 붉히는 것 없이 실행할 수 있는 그러한 존재이다.

13. 희미하게 열려진 낙원

다른 한 사람과 지금까지 가졌던 모든 관계를 변화시키고 그 없이도 이러한 관계들이 있을 수 있다는 사실을 잊게 만드는 영적인 친교가 시작되는 지점이 있다. 이러한 영적인 교류는 하나의 세계를 발견하는 것으로만 형성되는데, 이 세계란 이미 상대방이 거의 보았던 것을 서로에게 제시하는 세계이며, 모든 진실이 그것을 통해서 아름다움으로 변환되는 내적인 명료성(clarté intérieure)을 수용하는 세계이며, 탄생하고 완성되는 하나의 갈망과 혼동되기 쉬운 그러한 세계이다.

이러한 교류보다도 더 보기 힘든 것은 아무것도 없다. 가장 자주 이러한 교류는 우리가 단 한 번만 보았던 존재들, 또는 우리에게 가장 익숙한 존재들을 밝혀 주는 것을 통해서만 발생한다. 거의 매번 이러한 교류는 경험되기보다는 예감되는 것이다. 이러한 교류를 붙잡아 두거나 혹은 우리의 재량에 따라서 다시 탄생하도록 하는 것은 불가능하다. 왜냐하면 이러한 교류는 물질세계로부터 우리를 벗어나게 하는데, 이 새로운 세계란 우리의 의지가 포착하거나 감금할 수 없는 세계이기 때문이다. 이러한 세계는 하나의 영적인 낙원이지만, 그러나 오직 희미하게만 열려 있는 그러한 낙원이다.

공평함, 신뢰, 교감 등 우리가 다른 사람들과 가지고 있는 다른 모든 관계는 이러한 낙원을 그려 주고 이를 알려 주며 이미 우리를 여기에 데려가고 있다는 한에서만 의미를 가질 뿐이다. 이러한 관계들의 역할은 이 희미하게 열려진 낙원을 찾는 것에 있지만, 그러나 항상 이를 찾지는 못한다. 이러한 낙원을 발견하지 못하였을 때, 이 모든 관계는 다양하게 변질될 위험에 노출되어 있다. 왜냐하면 두 사람이 만나자마자, 이들이 서로 더 잘 알게 된다는 한에서, 이들은 서로 매우 다르다는 것에 대해서 놀라게 되는 두 낯선 존재이기 때문이다. 개별성이란 우선적으로 우리를 다양화하면서만 긍정된다. 그런 다음 특정한 협약과 특정한 배려가 나타나기 시작하는데, 이는 각자에게 있어서 침해할 수 없는 피난처를 보호하기 위한 일정한 한계에 대한 사유이다.

이러한 한계에 대한 사유는 가끔은 다른 모든 사람과의 우리의 분리를 증가시키는 복합적인 결탁을 보호하기 위한 것으로 나타나며, 가장 긍정적인 경우에는 우리의 고유한 삶을 심화시키고, 이를 지지하며, 다양화하는 신비로운 협력의 감정으로 나타난다.

그런데 비록 이러한 모든 관계 안에 진정한 영적인 교류에 대한 이미지와 예감이 내재하고 있지만, 이러한 영적인 교류가 늘 발생되지는 않으며, 가끔은 이러한 관계들이 오히려 영적인 교류가 형성되는 것을 방해하기도 한다. 왜냐하면 영적인 교류는 갈망이나 행운이 두 개인 사이를 묶어 줄 보다 강하거나 덜 강한 혹은 보다 행복하거나 덜 행복한 이 관계들 안에 거주하고 있는 것은 아니기 때문이다. 이러한 영적인 교류는 오직 하나의 현존이 이들에게 제공되는 곳에서[123], 이들이 서로를 발견하기 위해 자제하는 곳에서 그리고 복합적인 중재에 의해 서로에게 스며들고자 하는 그곳에서만 시작될 뿐이다.

두 존재는 오직 동일한 영적인 장소에서만 서로 일치할 수 있으며, 다른 하나의 정신을 발견한다는 것은 동일한 빛 안에서 우리의 시선을 만나는 다른 한 시선을 발견한다는 것이다. 따라서 사람들은 자신에게서 어떠한 물질로도 식별할 수 없을 만큼 매우 순수한 교류를 가지는 경우가 있을 수 있으며, 이 경우 이성적 반성을 통해 이를 발견하자마자 소통은 어느 정도 덜 완전하게 변하는 것이다.

123　역주) '현존이 주어지는 곳'이란 어떤 의미에서 '절대적인 진실'이 나타나는 곳이라고 말할 수 있다. 즉, 남김없이 모든 것을 솔직하게 나타내 보인다는 것이라기보다는, 무엇을 제시하든지 일체의 위선이나 거짓이 없이 절대적으로 참되게 제시되는 것을 말한다고 할 수 있다. 키르케고르는 이러한 절대적인 진실이 나타나게 되는 곳은 '신 앞에서 선 단독자'에게서 가능하다고 보았다. 이처럼 현존의 나타남이란 사실 일상적인 인간관계에서는 거의 불가능하며, '신의 현존'을 가정하지 않고서는 불가능하다고 할 수 있다. 라벨은 위에서 '영적인 교류'란 우리의 의지를 초월하는 것이라고 말하고 있는데, 그렇기 때문에 '영적인 벗'을 가진다는 것은 인간적인 의지만으로는 불가능하다. 두 존재가 영적으로 벗이 된다는 것은 두 존재가 동일한 하나의 현존(신의 현존) 앞에 혹은 안에 거주할 때인데, 이러한 벗을 가진다는 것은 신의 은총이나 섭리를 가정하지 않고서는 불가능하다는 것이 일반적으로 신비가나 영성가들이 말하고 있는 진실이다. 왜냐하면 세상의 그 어떤 가치들도 두 존재를 영원히 맺어 주는 것은 없다는 사실은 경험적으로 쉽게 확인할 수 있는 일이기 때문이다.

제10장

영혼의 고요

1. 영혼의 평화

내적인 고요는 항상 고독과 정신의 자유와 함께한다. 이 내적인 고요는 자신의 업무는 잊어버린 채, 동료들의 업무 수행을 방해하면서 그들의 일을 잠식하는 파괴적인 열정을 제거한다. 내가 타인과 비교하기 시작하자마자, 그리고 나의 일을 잊어버리고 그의 일을 부러워하거나 혹은 그의 자리에 나를 대체하고자 하거나 그를 이기고자 하는 순간에 이 내적인 고요는 사라지고 만다.

자신들의 영혼이 큰소리를 내지 않아도 세상이 잘 굴러갈 것이라고 생각하는 사람들에게 이기주의라고 질책할 필요가 전혀 없다. 왜냐하면 만일 우리의 영혼이 마지막까지 자신에게 있어서 주인이 되고 자기-자신에게 열정적이라면, 우리의 육체가 소멸해 가고 땅과 하늘이 소멸해 가도 이는 그리 중요한 일이 아니기 때문이다. 육체와 땅과 하늘의 가장 아름다운 선물들이 주어진다고 해도, 만일 영혼이 이에 합당하게 수용하지 못한다면, 이 선물들은 영혼을 타락하게 하고 스스로를 배신하도록 강요하면서 영혼에게 가장 최악의 위험이 될 것이다.

모든 불평과 폭력을 피하는 데서 이루어지는 영혼의 평화가 있는데, 이는 능동적인 평화로, 이를 통해서 우리에게 보내지는 시련을 견디어 내고, 이 시련을 우리의 운명의 이부처럼 사랑하기를 배우게 되는 것이다. 이 평화는 결코 내적인 관성의 효과가 아니며, 우리가 받아들이는 것으로 만족하는 선물조차도 아니다. 이 평화는 외적인 사건들에 의해서 결코 영향을 받지 않고 시간을 초월하여 비상하며, 냉철한 섬세함으로 감동하게 하며, 모든 동요를 빛으로, 모든 기다림을 행동으로 그리고 모든 감정을 사랑으로 변환시키는 매우 순수한 영적인 행위를 통해서 실현되어야 한다.

이 영혼의 평화는 마치 우리의 시선 앞을 지나가는 파리가 우리의 시선을 떼어 놓지 못하게 하는 것처럼 우리를 끊임없이 공격하는 모든 간청을 잠재운다. 따라서 쓸모없는 모든 관심을 제거시켜야만 하는데, 이는 삶의 심각성을 회피하기 위해서가 아니라, 오히려 나타나도록 하기 위해서이다. 왜냐하면 우리의 모든 개별적인 관심은 우리를 분산시키기 때문이다. 이는 말하자면 우리의 주의를 끌 만한 가치가 있는 것은 오직 하나뿐이며, 이는 바로 모든 순간에 사건들의 요청에 응답한다는 것이다.

가장 위대하고 가장 강한 사람들은 자신들이 하는 일에 전념하고 있지만, 다른 사람들은 항상 어떤 염려를 지니고 있다. 명령을 내리는 지도자는 세상 모든 사람이 그들의 생산품을 사용하지만 그 누구도 그들의 직업은 바라지 않는 비천한 일꾼보다도 더 많은 염려를 가져서는 안 된다. 나라가 침입을 당하고, 군대가 흩어지고, 문명과 세상의 운명이 그의 손에 달려 있는 한 지도자가 "나는 전념해야 할 일이 있다. 하지만 나는 전혀 염려를 가지고 있지 않다."라고 말했을 때, 이 지도자의 말에 사람들은 결코 충분히 감탄하지는 못할 것이다.[124]

사람들은 영혼의 평화가 마침내 일종의 졸음과 유사하게 되어 버릴까 두려워한다. 그런데 사실상 사유와 사랑은 마치 육체처럼 졸고 있을 수가 있다. 나아가 이러한 졸음이 가끔은 모호하고 섬세한 행동을 동반하기도 한다. 마치 육체의 졸음처럼, 이러한 사유와 사랑의 졸음이 질서를 가져올 수 있고, 삶의 모든 능력을 회복하고 다시 생기를 부여할 수도 있다. 하지만 진정한 내적인 평화는 그가 할 수 있는 모든 행위를 수행할 수 있도록 하며, 그에게 최상의 민첩성을 부여하는 정신의 완벽한 자유 안에 거주한다. 이러한 자유는 마음의 순수성에 의해 그리고 자기-사랑을 교정하는 것을 통해 모든 염려를

---

124 역주) 여기서 저자는 마치 플라톤처럼 육체적인 정감들을 안내하는 지도자인 영혼을 모든 것을 명령하는 국가의 수장처럼 비유하고 있다. 영혼의 가져야 할 고유한 덕목이 '평정'이듯이 국가의 수장이 가져야 할 고유한 덕목도 '평정'이라고 하는 것이다.

제거함으로써만 가능한 것이다.

악으로 기우는 경향성이 전혀 없는 사람은 어디에도 없다. 하지만 우리는 이러한 사실에 대해서 동요할 필요가 전혀 없다. 왜냐하면 이는 우리의 본성의 한 조건이지만, 이와 동시에 우리에게는 이를 인정하고, 이를 지배할 수 있는 선한 의지도 있다는 것을 알게 되기 때문이다. 가끔은 선한 의지가 악의 경향성에 의해 지배를 당하더라도, 선의지는 결코 악에 결탁하지는 않는 것이다.[125)]

2. 서두르는 지점

정감과 열정의 분리할 수 없는 모든 내적 동요가 최상의 균형에서 해결될 완벽한 지점이 있다. 여기서는 감수성의 가장 극단적인 교차들이 소멸되는 대신 통일되며, 지성과 사랑이라는 하나이며 동일한 행위를 의미하는 일치되고 평온한 소유 안에서 합쳐지게 된다.

내적인 고요는 힘과 행복의 비밀이다. 느림 없이는 고귀함은 어디에도 없으며, 고요함 없이는 어디에도 완성이 없다. 이러한 것은 효과적이기 위해서 몸짓이나 별다른 노력 없이 오직 자신의 현존만으로 실행되는 능력의 표징인데, 이러한 몸짓과 노력은 자신의 본질을 변질시키고, 자신-자신에 대한 순수하고 고요한 소유를 떠나도록 강요할 것이다. 비록 물질이 자신에게 복종하지만 이 현존은 물질의 세계로 하강하지 않는다. 이 현존은 모든 목적은 마치 자신의 외부에 존재하고 자신을 지배하고자 위협하기라도 하는 것처럼 어떠한 목적도 제시하지 않는다.

바쁘게 되어서는 안 되며, 어떠한 서두름도 나타내 보여서는 안 된다. 이러한 것들은 그들의 얼굴에 항상 탐욕스러움의 추함을 드러내고, 그들 자신에게 속하는 것은 아무것도 없음을 고백하며, 조급하게 스스로를 떠나고, 제시

---

125 역주) 저자 라벨은 '악에 대한 경향성'에 관한 이러한 생각을 통해서 영혼의 평화는 전적으로 우리의 선한 의지를 통해서 가능하다고 말하는 것 같다. 그리고 선한 의지가 결코 악에 결탁하지 않는다는 것은 이 선한 의지가 스콜라 철학자들이 말하는 '양심(synderesi)의 능력'을 의미하기 때문인 것 같다. 토마스 아퀴나스에 의하면 양심은 생득적인 것으로, 비록 매우 빈약해지고 오류에 빠질 수도 있지만 결코 '선을 향한 경향성'이라는 본성은 상실되지 않는 것이다.

간에 도달하지 못할까 두려워하는 시간의 노예들이나 그렇게 하는 짓이다. 하지만 이러한 서두름이 그들에게 무슨 도움이 될 것인가? 그들이 달려가고 있는 모든 개별적인 목적은 그들이 손안에 쥐고 있는 어떤 대상들과 같은 것이며, 이러한 대상들이 그들에게 어떠한 이익을 가져다줄 것인지는 의심스러운 것이다. 왜냐하면 이러한 개별적인 목적들은 동일한 총체 안에 포함되어 있는 것이며, 이 총체의 현존(la présence du Tout)은 이미 자신들에게 주어져 있기 때문이다.[126]

이 모든 서두름이 무엇에 소용되는 것인가? 우리는 항상 도착하게 될 것이다. 아니 우리는 이미 도착하였다. 우리가 가지고 있지는 않은 것을 기다리는 것보다는 이미 우리가 소유한 것을 향유하는 것이 보다 어려운 것이다. 이미 가진 것을 향유할 수 없다면, 우리가 기다리는 것을 우리가 획득하였을 때 우리는 이를 향유할 수가 없을 것이다. 왜냐하면 모든 목적이라는 것은 분명히 아직은 도달하지 않은 것이기 때문에, 사람들은 이를 무한히 다시 탄생하는 미래에 다시 던지고 있는 것이다. 따라서 우리는 끊임없이 추구하고 결코 도달할 수 없을 것이라는 이러한 목적에 대한 이념을 부숴 버리는 것을 배워야 한다. 이러한 이념은 우리로 하여금 삶을 기다리도록 강요하며, 우리가 살아가는 것을 방해하는 것이다.[127]

삶의 극단적인 날카로움은 항상 현재 안에서 실재의 표면을 찢어 버린다. 따라서 그 자체, 하나의 다른 현재인 미래를 생각할 필요는 없다. 불행한 존재란 항상 과거를 향해 혹은 미래를 향해 곁눈질하는 사람이며, 행복한 사람이란 전혀 현재로부터 탈출구를 찾지 않고, 현재에 스며들고 현재를 소유하고자 하는 사람이다. 거의 항상 우리는 미래가 우리에게 행복을 가져다주기를 바라며, 그런 다음 새로운 현재 안에서 향유하기만을 바란다. 하지만 문제에 대한 사고의 전환을 이루어야 할 곳은 바로 이곳이다. 왜냐하면 결코 우리

126　역주) 여기서 라벨이 말하는 '총체의 현존'이란 '신의 현존'이라고 보아야 할 것이다. 이 경우 "세상의 일들에 걱정하지 마십시오. 하느님만으로 충분하기 때문입니다."라고 제자들에게 충고한 '아빌라의 데레사'의 정신과 동일한 것이라고 할 수 있을 것이다.

127　역주) 우리는 여기서 '천국으로 가는 길, 그것이 곧 천국'이라는 '실재론적 영성'에 대한 라벨의 사유를 읽을 수 있다.

가 우리 자신에게 줄 수 없는 행복한 미래가 튀어나오는 곳은 바로 우리가 지니고 있는 현재 그 자체에서이며, 이 미래의 행복은 우리의 시선을 다른 곳으로 돌리지 않고 이 현재에 고정시키는 그 방법 자체에서 발생하기 때문이다.

3. 우리의 필요에 비례하는 근원들

인생을 예술적으로 산다는 것은 우리에게 섬광처럼 나타나는 모든 좋은 기질을 시들거나 낭비하지 않게 하고, 이들을 붙잡고 이들을 실행시키며, 이들을 열매 맺게 하는 것을 말한다. 인생에 있어서 본질적인 죄는 의심의 여지 없이 태만의 죄이다.

만일 우리가 원하기만 한다면 매 순간 우리가 실행하여야 할 최상의 행동을 식별하기 위한 충분한 빛을 가질 수가 있을 것이다. 우리가 보다 잘 훈육되기 위해서 기다린다는 것은 우리 자신을 피해 가는 것이다. 우리에게 제시된 규칙이 보편적인 규칙에 적합한지를 알기 위해서 모든 경우에 적용할 수 있는 하나의 보편적인 규칙을 추구한다는 것은 마치 기꺼이 우리 자신을 스스로 눈멀게 하는 것과 같은 것이다. 나아가 우리는 우리의 행위가 유발하는 최후의 결과들을 알기를 원하지만, 이러한 결과들은 우리에게 달린 것이 아니다. 싹을 틔우고 있는 씨앗은 열매가 잘 익을 것인지를 알지 못한다.

우리가 살아가야 할 이 땅 위에서 우리가 가지는 명확성은 우리의 필요에 잘 비례하고 있다.[128] 우리가 행해야 할 모든 것은 이 지상에서 그리고 영원성 안에서 필연적인 결과들을 가지게 될 것이며, 우리는 이 결과들에 대해서 예측할 수도 없고, 두려워할 필요도 없다. 엄밀히 말해서 이러한 결과들은 더 이상 우리와 상관없는 것들이다. 왜냐하면 이러한 결과들은 우리의 의지의 결과가 아니라, 세계의 질서의 결과이기 때문이다. 그리고 우리를 무한히 넘어서는 이 세계 안에서, 우리를 통해 시작되는 모든 것이 우리 자신과 무관하

---

128 역주) 다시 말해서 우리가 진정 필요한 것이 무엇인지를 인식하는 만큼 무엇을 해야 할 것인지가 분명하게 된다는 뜻이다.

게 완성될 것이라는 것을 믿어야만 한다.[129]

오직 징후(préjugé)[130]로부터 형성된 삶의 분위기가 있지만, 그럼에도 우리가 숨 쉬는 곳은 바로 이러한 분위기 안에서이다. 우리가 획득할 수 있는 모든 균형과 우리가 산출할 수 있는 모든 효력성은 바로 이러한 삶의 분위기에 달려 있다. 의심의 여지 없이 이러한 징후들을 찬사하기 위해서 용기를 가져야 한다. 이 징후를 받아들이는 사람들은 그 의미를 바꾸지만, '편견'이라는 이름을 부여한 사람은 이를 제거하고자 하였을 뿐이다. 그런데 징후들로부터 자유롭게 된다는 것은, 라므네(Lamennais)[131]가 이미 말한 바 있듯이, 질서로부터 자유롭게 되는 것이며 또한 행복으로부터 희망으로부터 덕으로부터 그리고 영원성으로부터 해방되고자 하는 것이다. 말할 것도 없이 징후들을 받아들이고 이를 보다 심화시키는 것보다는 이를 던져 버리는 것은 보다 쉬운 일이다.

4. 우리에게 달려 있는 것과 우리에게 달려 있지 않은 것

스토아 철학자들은 행복이란 우리에게 달려 있는 것과 우리에게 달려 있지 않은 것을 정확하게 구분하는 것에서 주어진다고 생각하였다. 물론 이 구분은 존중할 만한 것이어야 한다. 우리에게 달려 있는 것은 이성으로 해결하고

---

129 역주) 이러한 사유는 가브리엘 마르셀이 말하는 '역사 속의 초역사적인 법칙'을 인정하게 된다면 충분히 수긍할 만한 것이다. 한 사람이 행한 작은 일이 역사 전체를 이끌고 가는 '초-역사적인 원리', 즉 '섭리'에 의해서 모든 것이 조화롭게 서로 협력하여 전체적인 섭리의 역사를 완성해 간다는 것이다.

130 역주) 여기서 '징후'라고 번역한 'préjugé'는 '예측', '예단', '편견', '징후' 등의 의미를 가진 용어이다. 저자 라벨이 여기서 정확히 어떠한 의미로 이 용어를 사용하고 있는지는 불분명하나, 문맥상 그리고 아래에서 '라므네'의 말을 언급하는 점을 감안하면 '징후'라고 표현하는 것이 정확한 것이라 보인다. 즉, 여기서 저자가 말하고자 하는 것은 '시대의 징표'를 읽고 이를 중심으로 삶의 방향을 모색하는 것이 중요하다고 보는 것이다.

131 역주) 라므네(Félicité Robert de Lamennais, 1782~1854)는 프랑스의 가톨릭 사제로서 넓은 의미의 가톨릭 사회주의자에 속한다. 주로 민중의 정의, 자유와 평등에 관련된 휴머니스트이지만, 노동자의 정치적인 권리에 대해 주장하면서 정계에 입문하기도 하였다. 1830년에 《미래》지를 창간하여 정교 분리, 보통 선거 실시, 신앙과 교육의 자유 그리고 출판과 결사의 자유 등을 주장하였으며, 1848년에는 입헌의회, 입법의회에 의원으로 선출되기도 하였으나, 1851년 이후 나폴레옹의 쿠데타로 인해 정계에서 은퇴하였다.

우리에게 달려 있지 않은 것에 대해서는 근심을 하지 않는 것, 이것이 최상의 지혜였고, 이들은 우리의 의지가 이 지혜에 항상 밀착해 있어야 한다고 생각하였다.

하지만 이러한 겸손함의 외관 뒤에는 많은 경멸과 교만이 도사리고 있다. 우선 경멸은 우리에게 달려 있지 않은 사물(사건)들에 대한 경멸이다. 왜냐하면 이러한 사물(사건)들을 기반으로 하여 우리의 삶이 형성되어 있고 우리의 삶에 이 사물(사건)들이 섞여 있으며, 우리는 이러한 결코 이러한 사물(사건)들에 무관심한 채 살아갈 수가 없기 때문이다. 나아가 우리의 행위는 이러한 사물(사건)들에게 결코 간접적으로나마 깊이 영향력을 미치지는 못한다. 수많은 자기 포기가 우리의 능력에 대한 복수처럼 보이고, 싸움에 대한 두려움을 회피하기 위해서 미리 항복해 버리는 실패처럼 보인다. 하지만 모든 것이 연결되어 있는 하나의 세상 안에서 누가 감히 우리의 능력의 한계들을 미리 규정할 수 있으며, 어느 날 우리의 직업이라고 불릴 수 있는 사명을 앞당겨 규정할 수 있을 것인가?

그런데 강제할 수 없는 순수한 동의가 산출되는 곳에서는 자유가 줄어들겠지만, 최소한의 것이 예외적으로 우리에게 달려 있다는 생각에는 또한 많은 교만이 도사리고 있다. 우리가 지니고 있는 근원들, 우리의 성공적인 여정, 고유한 우리 자신의 것에 대한 자각 등을 지지하고 있는 은총은 우리의 의지의 한계들을 비교할 수 없을 만큼 초월하고 있다. 가장 많은 능력과 행복을 가지고 있는 사람은 무엇이 자신으로부터 온 것인지, 무엇이 세상이 그에게 가져다준 것인지를 구분할 수 없을 만큼 세상의 질서와 매우 일치하고 있는 사람이다.

우리에게 달려 있는 것과 우리에게 달려 있지 않은 것에 대한 구분은 세상과 우리 사이에 너무나 깊은 하나의 단절을 형성한다. 어떤 의미에서 우리에게 달려 있지 않은 것은 아무것도 없으며, 우리는 총체적인 창조의 협조자들이다. 이와 동시에 오직 우리 자신에게만 달려 있는 것은 하나도 없으며, 손가락 하나를 들어 올리는 것도 우리에게 주어진 선물이며, 우리는 다만 여기에 응답할 뿐인 것이다.

그런데 우리가 충만할 때는 우리가 우리의 자유를 가장 잘 느끼는 때가 아니다. 충만함은 가난과 포기 안에서 주어진다. 이것이 바로 스토아 철학자들이 말하고자 한 그것이다. 삶의 기쁨이 우리에게 거절되었을 때, 여전히 삶 안에서 신뢰를 가지는 것 외에 우리가 응답할 수 있는 것이 무엇이 있겠는가?

5. 일상의 덕

복음서가 사용하고 있는 '이웃'이라는 말에는 많은 힘이 있다. 이 말은 우리로 하여금 이웃을 사랑하도록 명령하고 우리의 모든 의무를 이 사랑에 한계 지우도록 한다. 니체는 인간에게 있어서 사회를 선호하는 사람도 이웃과는 멀리 떨어져 있기를 좋아한다고 불평하고 있다. 이와 동일한 의미에서 우리는 모든 덕은 사적인 인간의 덕이며, 공적인 사람의 덕이란 것도 여전히 오직 사적인 사람으로서만 행동하는 것이라고 말할 수 있다.

실제적인 삶이란 가장 내밀한 방식으로 우리에게 연결되어 있는 매우 소수의 사람한테서만 보이는 겸손하고 평범한 삶이며, 이 삶이 드러나기를 원하고 보다 큰 무대 위에서 불타기를 바라는 사람한테서는 즉시 방향을 바꿔 버린다. 이 실제적인 삶은 무한한 정감과 생각과 행동으로 이루어지며, 매 순간 우리를 둘러싸고 있는 사물들이나 사람들과의 실제적인 소통을 제공한다. [이 삶이 방향을 바꾸게 되면] 아주 작은 궤도를 넘어, 우리의 모든 영혼의 움직임은 우리를 벗어나고, 친밀감은 줄어들고, 영혼의 움직임이 만들어 내는 효과는 더 이상 우리에게 달려 있지 않게 된다.

우리의 하루를 가득 채우고 있으며, 아무런 흔적도 남기지 않고, 어떠한 반향도 발견할 수 없는 일상적 삶의 모든 사소한 일, 우리의 모든 존재가 그 안에 속박되어 있으며 아주 짧은 기간에 일어났다가 사라지는 이 모든 사소한 사건을 경멸해서는 안 된다. 왜냐하면 우리가 생동감 있고, 충만한 의미를 부여할 수 있고, 우리가 매 순간 절대(l'absolu)와의 접촉을 획득할 수 있는 곳은 의심의 여지 없이 바로 이러한 사소한 것들 안에서이기 때문이다. 만일 각자가 이러한 사소한 것들에 자신의 시선을 데려갈 줄 알고, 그들에게 깊은 관심을 기울일 줄을 알게 된다면, 그것을 통해서 세상의 얼굴을 변화시키고자 우리가 추구하는 위대한 기획들은 더 이상 필요하지 않을 것이며, 세상의 얼굴은 우리가 원하지 않아도 변화하게 될 것이다.

6. 논쟁들을 피하기

자기 자신이나 다른 사람들과 항상 논쟁 중에 있는 사람들의 참을 수 없는 태도를 피해야 한다. 우리는 자주 우리의 마음을 빼앗는 상대방과의 싸움에서 이기려고 애쓰고 있지만 사실 그 결말은 우리에게 전혀 중요하지 않은 경우가 많다. 이런 때에 우리에게 중요한 것은 싸움에서 이기는 것이지, 이성적이 되는 것이 아니다. 따라서 승리해 봐야 얻는 것보다 잃는 것이 더 많은 모든 일에 대해서 삼갈 줄 아는 것을 배워야 한다. 상대방의 패배가 진실에 대한 패배라고 한다면, 이는 또한 우리 자신의 패배이기도 하다. 마찬가지로 지성적인 논쟁들은 다른 모든 논쟁보다 더 두려운 것이다. 왜냐하면 여기서 정신의 역할은 상대방을 복종시키는 것인데, 이는 우리에게 고유한 자기-사랑을 부추기는 것이기 때문이다. 모든 다툼은 내적인 빛을 모호하게 한다. 현자는 오직 이 내면의 빛만을 통찰하는데, 그것은 그가 언제나 다만 영혼의 위대한 평등을 간직하고 있기 때문이다. 그리고 만일 그가 오류를 범했다면 그는 승리하는 것보다 양보하는 것에서 더 큰 기쁨을 느끼게 된다. 왜냐하면 그가 승리하였을 때 그는 그가 소유한 것을 지키겠지만, 양보할 때는 이것을 더욱 풍요롭게 하기 때문이다.

다른 사람들과 우리의 관계에서 결국에는 한 사람이 얻고 다른 한 사람이 상실하게 되는 소송의 형식으로는 결코 가지지 말아야 한다. 두 사람에게 있어서 한 사람이 다른 한 사람에게 이기고 다른 한 사람이 패하는 그러한 두 전사 같은 방식으로는 결코 두 사람이 하나가 될 수 없으며, 다만 두 사람 모두에게 공통되는 선을 추구하면서 한 사람이 획득한 것이 상대방에게도 도움이 되는 그러한 의미에서 서로 중재자가 되는 방식으로만 하나가 될 수가 있다. 우리는 여러 사람이 마치 개인들의 다양성을 통하여 그리고 여러 세대의 연결을 통하여 실현되는 한 사람과 같다고 자주 말하곤 한다. 이들은 매 순간 혹은 차례대로 마치 우리의 다양한 영적인 상태처럼 연결되어 있다. 우리의 영적인 상태들처럼 이들은 우위를 점하기 위해서 다투지만, 우위를 점하는 것이 항상 최상의 것은 아니다. 그런데 우리가 가지는 우리 자신과의 관계들 안에서와 마찬가지로 우리가 가지는 다른 사람들과의 관계 안에서 중요한 것은 의식의 모든 능력을 집중하는 것이며, 서로 화해하고 서로를 지지하도록 하고 서로 협력하도록 하는 것이다.

7. 타인들에 대한 온유함

온유함은 자기-자신에 대한 사랑이 유발한 모든 고통에 대한 약이다. 그런데 우리 자신을 파괴하면서만 이러한 고통을 파괴할 수 있는 일종의 무관심이 있다. 자기 자신을 위해 온유하게 되는 것이 가장 쉬운 일은 아니다. 많은 이는 다른 사람을 향해서가 아니라 자기 자신을 향해서 거의 지속적으로 참을성 없고 탐욕스러운 상태에 있다. 다른 사람들이 이들 앞에 나타날 때에는 여기서 오직 소음만을 수용할 뿐이다.

온유함은 겸손함과 불가분하다. 자기 자신으로 가득 차 있는 사람은 최소한의 손실에도 매우 민감하다. 그는 항상 그 자신에 대해서 화가 나 있으며, 사람들이 자신에 대해서 몰지각하다고 불평한다. 하지만 이와 반대로 자신은 아무것도 내세울 것이 없다고 생각하고 결코 아무것도 요구하지 않는 사람은 타인에게서 항상 기쁨을 취할 수 있는 선만을 보며, 동정하고 도움을 주고 싶은 마음을 가지게 하는 연약함을 보는 사람이다.

온유함에 기초하지 않은 사람들 사이에서는 결코 심오한 관계가 있을 수 없다. 이외의 모든 것은 하나의 외관에 지나지 않는다. 이러한 외관들은 일치하기보다는 분열시키는 적개심과 경멸을 허술하게 숨기고 있다. 서로 분열되어 있는 존재들로 하여금 그들의 분열을 인정할 수 있게 하는 것은 오직 온유함뿐이다. 하지만 이러한 수긍은 그들의 복합적인 나약함에 대한 감정 안에서 서로 간의 복합적인 지지와 소통을 통해서 가능하다. 온유함은 우리로 하여금 우리의 모든 상처에 신중하게 하는 자연적이며 동시에 매우 지혜로운 배려를 베풀도록 의무 지운다. 온유함은 이 상처들을 보다 민감하게 드러나도록 하는데, 이는 다만 이 상처들을 감싸고 치유하기 위해서이다.

온유함이란 결코 타인의 결함들을 외면하는 관대함의 행위가 아니다. 온유함은 우리가 타인의 실존 자체에 부여하는 혹은 세상 안에서의 그의 현존에 부여하는 하나의 증언이다. 이 증언은 타인의 실존이 우리를 화나게 하는 것을 멈추게 하고, 서로 다투거나 싸움을 통하여 서로 파멸하는 것을 전혀 추구하지 않게 한다. 오히려 우리를 기쁘게 하는 타인의 실존을 받아들이고, 그와 함께 향유하며, 우리로 하여금 영적인 동거에 초대한다. 이러한 영적인 동거에 비하면 육체적인 동거는 단지 하나의 그림자에 지나지 않는다. 온유함은 타인들에 대한 일종의 자비의 행위인데, 오직 타인들 자신이 그것만을 바라보는 시선을 가지고 있지만, 그러나 그들이 될 수 있는 존재를 알아차리는 시선을 가지고 있다. 온유함은 이들에게서 하나의 보다 투박한 손이 물러나게 하고, 시들어 버릴 수 있는 수많은 가능성을 식별한다. 하지만 온유함이 그들에게 주는 관심과 신뢰가 없다면 이러한 가능성은 결코 통찰될 수도 없으며, 열매를 맺을 수도 없을 것이다.

온유함은 우리로 하여금 인간 조건의 모든 법칙에 순종하게 하면서, 이미 우리를 이 인간 조건의 법칙들 위로 들어 올린다. 이러한 법칙들에 반하여 봉기하는 사람은 어떤 관점에 스스로 자신의 노예가 되고 있는지를 잘 보여 준다. 하지만 온유함으로 이러한 조건들을 받아들이는 사람은 이러한 조건들 안으로 스며들고 이러한 조건들을 빛나게 한다. 우리는 이러한 인간의 조건들에 대해서도 이들의 멍에는 온유하며 그 짐은 가볍다고 말해야만 할 것이다.

8. 온유함과 단호함

영혼의 모든 덕 중에서, 특히 오늘날에는, 온유함(douceur)은 가장 섬세하고 가장 귀한 것이다. 그리고 모든 시대에 있어서 온유함은 가장 보존하기 어렵고 실천하기 어려운 것이다. 가끔 사람들은 온유함을 손쉬움이나 나약함 혹은 무미건조함과 혼동하기도 한다. 최소한의 의지가 이 온유함에 섞이면, 이 온유함은 거짓이 되고 우리로 하여금 두렵게 한다. 진정한 온유함이란 우리가 이를 대면할 때마다 항상 놀랄 만큼 매우 주의 깊고, 매우 섬세하며, 매우 능동적인 것이다. 이 온유함은 전혀 우리에게 아무것도 주는 것이 없는 것 같으면서도, 매우 유용한 그러한 행위이다.

사람들이 가끔 그렇게 생각하듯이, 온유함은 단호함(fermeté)과 반대되는 것이 아니다. 단호함에서 온유한 것은 정중함이다. 단호함은 우리의 손을 내치는 것이 아니라, 지지해 주어야 한다. 가장 부드러운 윤곽이 자주 우리의 의지를 완화시켜 주는 명료함을 가지고 있으며, 올바른 길로 인도하는 데 도움을 준다. 온유함과 단호함의 일치는 가끔 더 이상 이 둘을 분별할 수 없을 만큼 완벽하다. 온유함과 단호함을 소유한 사람은 스스로 이를 의식하지 못하며, 이러한 자는 행동하면서 필연성에 양보하는 사람이며, 자연적인 은총에 양보하는 사람이다. 나아가 온유함과 단호함에서 하나의 부름과 지지를 발견하는 사람도 이를 의식하지 못하게 한다.[132]

온유함은 나약함과는 매우 거리가 먼 것이다. 나약함과 반대로 온유함은 하나의 진정한 힘을 소유하고 있다. 온유함은 자신에게 반대하는 모든 저항을 해결한다. 가장 강한 사람은 자신의 것이건 타인의 것이건 폭력적인 힘을 통해 정념에 저항하는 사람이 아니다. 모든 의지는 사람들이 이를 정복하고 부수고자 할 때 저항하지만, 온유함은 이 의지를 설득한다. 싸우지 않고 승리하며, 적을 벗으로 변모시키는 것은 온유함밖에 없다. 즉시 폭력의 맛을 보여 주는 거짓 온유함이 있을 수 있으며, 이 폭력을 무용하게 하고 없애 버리는 폭력보다 더 강한 진정한 온유함이 있다. 왜냐하면 온유함은 사람들이 그렇게 믿고 있듯이 추진력의 부족이 아니라, 내재되고 완화된 추진력이기 때문이다. 온유함은 쇠퇴한 의지가 아니라 더 이상 긴장할 필요가 없는 초월된 의지이다. 온유함은 본성을 모방하지만, 본성을 변모시킨다. 왜냐하면 본성은 온유함을 알지 못하며, 단지 나태함과 분노만을 알 뿐이기 때문이다.

9. 온유함과 빛

만일 온유함이 그에게 낯설다면, 그는 결코 영적인 삶을 알지 못할 것이다.

---

132 역주) 이는 '완전히 자유로운 사람이 자신이 자유롭다는 것을 의식하지 못하며, 참으로 선한 사람이 자신이 선한지조차 알지 못하는 상태'와 동일한 원리라고 해야 할 것이다.

어떤 사람한테서 발견하게 되는 증오, 쓰라림, 신랄함은 고유한 자기-사랑의 흔적들이다. 이러한 것들은 육체의 맛을 지니고 있으면서 그들의 모든 사유에 섞여 있고, 어떤 이들에게는 힘과 위대함이 되기도 하는 것이다.

우리는 가끔 마치 정복을 하듯이 진리에 대한 탐구에 매진하는 학자들을 볼 수 있다. 이들은 엄격한 논증이나 도구들을 통한 고문을 통해서 강요할 수 있는 사람에게만 진리가 그 비밀들을 보여 준다고 생각한다. 하지만 이러한 종류의 폭력 안에서 진리는 갑작스럽게 나타날 수도 있지만, 결코 우리 자신과 친화되지는 않는다. 진리가 정신의 보상이 되기 위해서는 정신이 제 사물에 대해서 정확한 유순함을 보여 주어야 하며, 열정적으로 그들의 가장 유연한 곡선을 뒤따를 줄을 알아야 한다. 진리는 항상 정신이 실재와 함께 일종의 경쟁을 획득하고 일치하도록 요청하며, 이러한 일치의 완전한 정도가 곧 정신의 온유함 자체를 측도하는 것이다. 일종의 부동의 상태와 내적인 침묵 안에서 진리가 우리에게 응답하는 것을 들어야 한다. 진리는 하나의 주의집중에 동참하는 것을 기다리며, 여기서 이미 승인과 존중과 사랑을 발견하여야 한다. 사람들이 이를 강요하자마자, 진리는 반발하면서, 자신을 숨기고 만다.

제 사물이 우리에게 자신들의 명료한 얼굴을 보여 주고, 우리에게 우정을 보여 주기 위해서는 육체의 동요와 본능의 눈먼 반작용을 가라앉히고, 완벽한 내적인 온유함에 도달하여야 한다. 우리가 온유함이나 폭력을 통해서 맞이할 수 없는 사건이나 상황은 어디에도 없으며, 온유함이나 폭력을 통해서 우리의 길에 진입할 수 없는 경우도 없다. 그리고 많은 사람이 폭력을 추구하며 이를 즐기고 있는데, 폭력이 이들에게 보다 많은 내적 요동을 가져오기 때문이다. 특정한 일부만이 본성을 통하여 혹은 계획에 의하여 자신의 내면으로 스며들고 폭력에는 관심을 두지 않는데, 이를 지혜라고 부른다. 단지 몇몇 사람만이 빛으로부터 우리가 살고 있는 환경에 스며들며, 자신이 마주하는 모든 것을 영적으로 변모시키는 이러한 신성한 온유함을 알고 있을 뿐이다.

온유함은 빛의 딸이다. 충격을 주는 것은 항상 본성이며, 빛이 이를 진정시키는 것에 성공하였을 때 본성은 온유함을 숨 쉬게 한다. 그런데 온유함은 무관심에 대립하고 있다. 왜냐하면 이 빛은 나타나자마자 사랑을 방산하기 때문이다. 따라서 온유함은 열정과 반대되는 것이 아니다. 온유함은 가장 완전하고 가장 정화된 열정의 형식이다. 사람들이 그렇게 말하듯이, 만일 회의론자의 황제인 필론(Pyrrhon)이 무관심이 아닌 온유함을 실천하였다면 아마도 그의 사상에는 사유의 모든 의심의 이면에 존재와 삶에 침투하는 감미로움이 있었을 것이며, 이러한 문제에 고민하였던 보다 많은 사람이 보다 큰 열정으로 그를 부러워하였을 것이다.

10. 인내와 온유함

인내는 [어떤 사건에] 뒤따르는 것이며 기다리는 것이며, 이는 행동하고 해결하는 것 보다 더 어려운 것이다. 인내는 시간의 덕이다. 시간 안에서 살기 위해서는 인내가 필요하다. 시간이 공허하다고 생각될 때는 우선 이를 채워야 한다. 그런데 우리에게 있어서 이러한 시간의 채움에서 인내보다도 더 좋은 방법은 없으며, 인내는 시간에 대해서 온유함이다. 인내는 시간에 폭력적이지 않고 시간을 철폐하지도 않는다.

그런데 흔히 사람들이 그렇게 생각하고 있듯이 인내는 다만 기다리는 것에 있지 않다. 인내는 참아 내면서 동시에 신음하는 고통받음에 있다. 인내는 시간과 고통의 덕이기 때문에 사람들은 감내할 수밖에 없으며, 따라서 인내는 창조하는 것을 불가능하게 하며, 인내에는 항상 기쁨이 부재(不在)하는 것이라고 말할 수 있을까? 물론 오직 삶의 시련들만 가져오며, 삶 그 자체가 시련인 부정적인 인내가 있다. 하지만 고통 그 자체가 자발적으로 수용되고 원하여진 긍정적인 인내 역시 있다. 인내는 이러한 고통을 비난하지 않고 받아들이며, 신음하지 않고 수용한다. 인내는 이러한 고통에서 마치 예외적인 운명처럼 혹은 선택의 징표처럼 허황한 것을 추구하지는 않는다. 인내는 이러한 고통에서 모든 인색한 사람에 대항하여 복수를 하고자 하지 않는다. 인내는 이러한 고통에서 마치 자신의 인격과 삶의 한 요소처럼 사랑해야만 하고 자신의 것으로 만들어야만 할 하나의 선물을 인정하고 있다.

이러한 긍정적인 인내는 영혼 안에 자신의 행위성을 지니고 있으며, 시련 안에서조차 희열을 가지게 하는 것이다. 인내는 고유한 자기-사랑이나 분노의 움직임에 양보하지 않고 모순되는 모든 것을 견디어 낸다. 인내는 모든 우리의 망설임을 온유함으로 변모시킨다. 자신의 본질의 가장 심오한 곳에서 인내는 자신이 보지 못하는 하나의 작품을 추구할 줄을 알고 있는데, 어쩌면 그 열매는 결코 볼 수 없을 것이다. 따라서 인내는 단지 '참을성'이란 이름만을 가지고 있다. 인내는 행운에 취하거나 불행에 취하면서 눈멀게 되는 것을 허락하지 않는다.

인내는 무관심도 포기도 모른다. 인내는 많은 힘과 신뢰를 가정한다. 그런데 행동하지 못하게 나를 붙잡아 두는 인내도 있다. 인내는 시간을 앞지르지 않는다. 비록 시간이 영원성의 약속들을 지키지 않더라도 인내는 [행동하기 위해] 용기를 가지지 않는다. 왜냐하면 인내는 이러한 영원성을 기다리지 않기 때문이다. 인내는 이미 영원성을 살고 있다. 자신 앞에 모든 것을 인수하는 시간을 가진다는 것, 이는 시간 안에서 완성되고 있는 것은 하나도 없다는 것을 말하는 것이며, 다시 말해서 이는 이미 모든 시간의 저편에 있다는 것이다.

인내는 어쩌면 의지의 가장 높은 덕일 것이다. 필론은 "인내하지 않는 것은 그가 가지고 있지 않은 것을 원하는 것이거나 혹은 그가 가진 것을 원치 않는 것이다."라고 말하였다. 사람들이 악을 원하는 한, 사람들은 고통받을 것이나, 이는 악이 아니다. 왜 이 악을 원하는 것을 멈추면서 진짜 악을 행하려고 할 것인가?[133]

11. 항상 우리를 넘어서는 현존

습관은 세상을 가득 채우고 있는 놀라운 것들에 대해서, 빛에 대해서 나의 고유한 실존의 움직임에 대해서 그리고 갑자기 내 앞에 나타나 말을 건네는

---

[133] 역주) 우리는 여기서 "철학적으로 말해 죄란 아무것도 하지 않는 것이다."라는 모리스 네동셀의 말을 듣고 있는 것 같다. "악을 원하는 한 고통받겠지만, 그러나 이는 악이 아니다."라는 것은 이 악을 원하는 것이 일종의 인간 본성의 자연적인 행위이기 때문이다. 악을 원하면서 고통받고 고통당하면서 악이 나쁜 것이라는 것을 알게 되는 이러한 것이 인간적인 삶이다. 진짜 악은 악을 행할까 두려워 '아무것도 원치 않는 것'에 있다. 왜냐하면 인간은 결코 천사처럼 그렇게 살도록 창조되지 않았기 때문이다. 인간에게 있어서 악을 행할 수 있는 가능성은 또한 이를 통해서 인간이 자신 이상이 될 수 있는 가능성이기도 하다. '원죄'의 긍정적인 의미가 이러한 것이다. 그래서 아우구스티누스도 원죄에 대해 "복된 죄여!"라고 한 것이다.

당신에 대해서 나의 눈을 멀게 하고 무관심하게 한다. 하지만 습관이 없다면, 나는 도처에서 공포를 야기하는 대상이나 혹은 기적 같은 현존들을 발견하게 될 것이다. 우리가 사물들의 사용처를 잊어버린 채 한순간 이들에게 시선을 고정하게 되면, 가장 친숙한 대상들이 큰 놀라움을 가져오는 것이라는 사실을 알 수 있는데, 어린이들은 이를 잘 알고 있다. 가장 완벽한 예술품은 우리가 이들을 바라볼 때 일종의 상승 안에서 마치 우리가 이들을 처음으로 보는 것처럼 나타나는 것이다. 이처럼 습관적인 것이 없다면 실재는 우리에게 매우 직접적이고 생동감 있는 방식으로 우리의 시선이 감당할 수 없는 것을 제공할 것이다. 우리는 습관적으로 일종의 안전함을 요청하고 있다.

그런데 정신의 모든 기획은 사람들이 그렇게 말하고 있듯이 이 습관적인 것들을 수용하는 것이 아니라, 이를 부수고자 하는 것에 있다. 그 이유는 이 습관이 항상 뒤덮고 있고 감추고 있는 엄청난 광경을 발견하기 위해서이다. 이처럼 사람들이 자신들의 시선 아래 가지고 있는 보잘것없는 대상들을 경멸하는 것은 잘못된 것이다. 사람들은 이 보잘것없는 대상으로부터 미래의 건조한 꿈들을 가지며, 자신들이 기다리는 것을 채워 줄 하나의 세상이 이들의 죽음 너머에 있다고 상상하면서 오류를 범하고 있다. 모든 실재는 그들에게 주어져 있지만 이 실재에 대한 순수한 이미지를 획득한다는 것은 매우 어렵다. 흔히 사람들이 그렇게 생각하듯이 진리를 통찰하게 된다는 것은 이들의 외관을 넘어서면서가 아니다. 왜냐하면 우리는 항상 [현재에] 나타나고 있는 진리를 필요로 하며, 가장 위대한 정신들은 지금까지 우리를 피해 갔고 습관이 매몰시켰던 그것을 우리에게 볼 수 있게 해 주기 때문이다. 이 세상의 이면에도 죽음의 저편에도 오늘 우리가 명상하는 실재 외에 다른 실재가 있는 것이 아님에도 어떤 사람들은 환상들을 좇기 위해서 이 실재를 밀어제친다. 하지만 어떤 사람들은 그들의 사랑의 능력을 통해서 이 실재에서 지상의 모든 기쁨과 낙원의 기쁨을 발견하는 것이다.

제11장

지혜와 정념

1. 이중적인 본성

 나무가 보다 멀리 땅의 어둠 속에 뿌리를 내릴수록 그 가지는 보다 높이 올라가며, 섬세하게 빛의 정점에서 요동친다. 그의 부동의 위엄은 균형 잡힌 움직임에 지나지 않는다. 여기서 모든 자연의 힘이 작용하고 서로 대립하고 있지만, 또한 여기서 포기한 모든 것보다 더 아름다운 내적인 확실성으로 스스로 응답하고 스스로 소유하고 있다.

 우리 중 각자는 나무와 유사하다. 사람들은 가장 모호한 감정들, 자주 가장 이기적이고 낮은 감정들만 또한 가장 영양이 되는 감정들을 자신의 영혼의 비밀 안에 숨긴다. 하지만 가장 순수한 사랑이 기적적으로 항상 이러한 감정들과 연결되어 있다. 만일 이 사랑이 없다면 이 감정들은 인간적인 감정이 되기를 멈춰 버릴 것이며, 눈에 보이지 않는 가장 열정적이고 가장 부서지기 쉬운 쪽빛 가지들 안에까지 솟아오르지 못하고, 조금씩 흩어져 버리고 상실해 가는 것을 보게 될 것이다.

 본성과 신화는 우리에게 도처에서 동일한 이미지들을 산출하게 한다. 나비는 날개를 가지고 있는 애벌레이다. 하지만 정신의 삶 안에서 가장 높이 솟아오른 사람은 그의 고유한 애벌레를 하늘 안에까지 솟아오르게 한다. 마찬가지로 켄타우로스, 스핑크스, 인어들은 인간이 발굽을 가지고, 발톱을 가지고, 비늘을 가지고 있기만 하다면 어떻게 짐승이 될 수 있는지를 잘 표현해 주고 있다. 왜냐하면 인간이란 일종의 혼합된 종이기 때문이다. 바로 여기에 그의 고유한 독창성이 있고, 그의 사명과 운명의 원리가 있다. 인간으로 하여금 작은 신이 되도록 한다거나 동물로 환원하고자 하는 것은 하나의 광기이다. 사람은 우선적으로 두 본성에 참여하고 있는 사티로스[134]와 유사한데, 그의 가장 열정적인 갈망이 인간 안에 있는 동물로 하여금 신성한 빛을 명상하기까지 들어 올리려는 것인지 혹은 '작은 신(神)'을 동물의 육체 안으로 내려가게 하여 자신의 모든 전율을 느끼려고 하는 것인지 알 수가 없다.

인간의 이성이란 자신의 한계들 안에 자신을 감금하고 있는 동물적인 본능과 이러한 한계들을 잊어버리게 하는 하나의 영적인(정신적인) 본능 사이에 존재하는 일종의 비율이다. 이성은 정신과 육체의 접합이며, 이 둘의 균형을 유지하고 있다. 이성은 자신의 도약을 형성해 내는 정신에 육체를 이어 주고, 자신의 추락을 산출하는 육체로 하여금 정신에 들러붙지 못하게 한다. 하지만 만일 우리에게 이러한 이중의 본성이 없었더라면 우리가 원하는 것을 선택하는 것이 우리에게 어떻게 가능했을 것인가? 우리의 자유는 바로 이 모호함 속에 살고 있다. 만일 이 자유가 우리 자신으로 하여금 우리 자신에게 있는 천사에게도 그리고 짐승에게도 동일화시킬 수가 없다고 한다면, 그럼에도 어떤 때는 천사에게 그리고 어떤 때는 짐승에게 승리를 안겨 주는 것이 바로 이 자유이다. 우리 각자 안에는 우리 존재 자체의 내면에서 상승과 하강을 교차적으로 산출하는 일종의 수직적인 요동침이 있다. 이러한 교차적인 요동이 그의 의식의 삶 자체를 형성하고 있으며, 동일한 근원들로부터 어떤 이들은 땅 위로 높이 솟아오르며 또 어떤 이들은 어둠 속으로 깊이 추락하는 것이다.

2. 극단들을 일치시키기

신중하다는 것은 나약하거나 힘이 부족하기 때문이 아니다. 신중함[135]은

---

134 역주) 사티로스(Satyre)는 켄타우로스와 마찬가지로 그리스 신화에 나오는 반인반수(半人半獸)의 자연의 정령이다.

135 역주) 여기서 '신중함'이라고 번역한 불어 용어는 'la mesure'이다. 이 용어는 '측정', '계량', '치수', '맞춤', '절도 있음', '신중함' 등의 의미를 가지고 있는데, 이 책에서는 인간의 능력들과 행위들에 대한 것이므로 '신중함', '측정' 등으로 번역하였다. 라벨이 사용하고 있는 이 용어의 의미는 아리스토텔레스가 '덕'들 중에서 가장 최고로 꼽고 있는 '사려 깊음' 혹은 '중용'을 의미하는 '프루덴시아(prudentia)'에 해당한다고 볼 수 있다.

일종의 내적인 충만함이며, 극단들을 피하거나 외면하지 않고 자신의 손안에 유지하면서 각자에게 자신이 되도록 허락하는 세계와의 조화이다. 왜냐하면 신중하기 위해서는 극단들이 필요하며, 이들을 밀어 내거나 철폐하지 않으면서 이들을 자신에게 지니고 있는 것이 필요하기 때문이다. 이 극단들 사이에서 신중함을 유지한다는 것은 단지 한 중간에 위치하거나, 하나를 다른 하나에 대해서 동등한 간격을 유지하게 하는 것이 아니라, 일치의 방식으로 이들을 분리시키는 간격을 메우는 것이다. 신중함은 이 극단들을 완화시키는데, 극단이 자신에게 주는 것을 이완시키면서가 아니라, 반대되는 것도 감싸 안을 수 있는 자신의 능력을 통해서이다. 신중함은 충분히 넓은 시선과 충분히 깊은 감정으로 대립하는 것들을 유사하게 하고 화해하게 하며, 이들이 서로 분열되지 않게 하기 위해서 그 어떤 것에도 동요하지 않는다. 신중함을 유지하는 사람은 구토를 체험하는 것 없이도 존재의 모든 어둠을 측정하는 사람이다.

신중함은 각자를 자신의 자리에 두며, 각각의 능력이 가장 올바르고 가장 효과적으로 실행되도록 하는 긴장이면서 동시에 이해이다. 이러한 신중함으로부터 그 효력을 취하면서 자신들의 용도를 가지게 되는 다른 모든 능력은 또한 이러한 신중함을 지지하고 있다. 이는 바로 우주의 모든 능력과 협력하면서 여기서 한계와 지지를 동시에 발견하는 존재의 모든 능력의 통일체이다. 우리의 무한한 갈망 안에는 우리로 하여금 아무것에도 도달하지 못하게 하고 아무것도 소유하지 못하게 하는 일종의 지속적인 과도함이 있다. 그리고 지혜란 흔히 사람들이 그렇게 믿고 있듯이 절대(absolu)에 대한 포기가 아니라, 이와 반대로 모든 것에 그들의 신중함을 부여하는 절대와의 만남이다.

수학에서 모든 문제는 측정과 한계에 대한 문제인데, 우리의 삶 안에서도 이와 다른 것이 아니다. 우리의 각각의 행위는 우리와 우주 사이의 관계를 표현하고 있는데, 우리가 측정해야 하는 것은 바로 이것이다. 그리고 이 모든 행위는 그 자체 하나의 한계를 지향하는데, 이 한계가 바로 우리의 본질이다. 따라서 우리는 이 본질이 이 행위들을 초월하면서 동시에 이 한계들을 기초 지운다고 말할 수 있다.

3. 균형 맞추기

우리 중 각자는 복합적인 존재이며, 본질은 항상 두 개의 극단 사이에서 유지되는 균형을 통해서 실현되기 때문에 우리에게 있는 가장 아름다운 것도, 가장 추악한 것도 완전히 우리의 것으로 나타나지는 않는다. 우리에게는 사람들이 '의식'이라고 부르는 것이 있는데, 이는 동시에 시선이며, 명령이며 그리고 서원(誓願)[136]이다. 우리 자신에게 있는 신성한 부분이 바로 이것이다. 그런데 우리에게는 또한 이 시선에 덧붙어 있는 것이 있는데, 그것은 명령에 반대하고 서원에 불성실한 것이다. 이는 우리의 본성에 속하는 우리 존재의 일부이다. '나(Moi)'는 신성(divinité)과 동물성(animalité)의 연합의 흔적이며[137], 여기에서 정신은 육화되고 육체는 정신화된다.

신중함은 [남을] 정복하고자 하지만 저항하고, 자신을 제공하고자 하는 데 보다 힘을 쓸수록 더욱 완전한 하나의 행위가 된다. 가장 탁월한 예술은 가장 저항적인 질료를 수용하는 것인데, 가장 격렬한 영감으로 의기양양하게 이 질료를 포획하면서 수용하는 것이다. 가장 숭고한 행위 안에 그리고 가장 순수한 사랑 안에도 항상 제압된 분노는 존재하기 마련이다.[138]

모든 과도함은 힘의 징표가 아니라 나약함의 징표이다. 모든 과도함은 결

---

136 역주) '서원(voeu)'이란 '종교인들' 특히 가톨릭의 수도자들이 '보다 선하고 훌륭하게 살겠다고 하느님에게 약속하는 행위'를 말한다. 정식으로 수도 생활을 하기 이전에 모든 신참 수도자는 이러한 '서원'을 발함으로써 진정한 수도자가 된다. 불교에서도 '스스로 원(願)을 세우고, 그것을 이루고자 맹세하는 일'을 서원이라고 한다.

137 역주) 여기서 '신성과 동물성의 연합의 흔적'이란 곧 '본성'을 말한다. 이러한 본성이 주어진 어떠한 특성이나 고정된 어떤 원리가 아니라, 신성과 동물성 사이에서 오락가락하는 것이며 '역동적인 것'으로 나타나는 것이라고 보는 이러한 라벨의 사유는 '변치 않는 실체란 없으며, 오직 변화가 있을 뿐'이라는 베르그송의 사유와 유사하다.

138 역주) '숭고한 사랑의 행위'를 탁월한 예술가의 '예술 행위'에 비유하는 라벨의 유비는 절묘하다. 미켈란젤로는 모든 예술 중에서 가장 탁월한 것, 가장 섬세하고 주의집중을 요하는 예술을 '조각'이라고 보았다. 그 이유는 조각가는 대리석이라는 가장 거친 재료를 가지고 실수를 용납하지 않는 일회적이고 총체적인 작업을 요구하는 것이기 때문이다. 이는 유화나 여타의 예술 작업과는 근본적으로 다른 것이다. 숭고한 사랑의 경우도 이와 유사하다. 가장 숭고한 것은 자기희생을 전제하는 것이며 이러한 사랑은 본질적으로 세상의 비-정의로운 사태, 폭력적인 악의 행위에 맞서 이를 극복하며 오히려 이러한 악의 현존을 극복하는 과정에서 보다 큰 선을 산출하는 행위일 수밖에 없다. 여기에서 '제압된 분노'는 바로 조각가에게 있어서 '단단한 대리석'과 같은 것이다.

국 고통스럽게 끝나 버린다. 앎에 있어서도 일종의 과도함이 있을 수 있는데, 이는 이 앎이 탐욕과 지적 유희로 나아가는 순수한 사유의 야망이 되면서, 행동을 지지하고 빛을 비추는 대신에 행동을 경멸하고 행동하고자 하는 용기를 상실하게 할 때 발생하는 것이다. 그리고 덕의 과도함이 있을 수 있는데, 여기서 사람들은 [이 덕을 통해서] 본성을 원하는 것인지 혹은 신(神)을 원하는 것인지 알 수가 없게 되고, 겸손함의 결핍과 자신에 대한 그리고 그의 고유한 근원들에 대한 신뢰의 결핍을 나타내게 된다.[139] 이러한 결핍은 자신이 무엇인가 할 수 있다는 것에 대한 감정을 제거하고 그의 본성과 그의 의지 사이의 관계를 측정하는 것을 방해하고, 어느 날엔가 이 관계를 부정하고 압도해 버리게 한다.

하지만 어딘가에서 균형이 산출되는 일종의 보상 없이도 이러한 것들을 측정하는 것에는 결코 실패하지 않는다. 본능은 신중하지 못하고, 분명하게 인지하고자 하는 힘을 거부당하게 되는 다른 한 관점을 발견하게 된다. 그리고 본능이 억제되자마자 본능은 무기력함으로 인해서 본능을 제압한 의지를 마비시키고 만다. 하지만 이와 반대로 행동하기 위해서 사유를 희생하고자 한 사람은 이 사유가 꿈의 형식 아래서 혹은 사유가 제거하고자 한 이 행위 자체 안에 공상적인 탑을 도입하면서 다시 탄생하고 신음하고 있는 것을 보게 될 것이다.[140]

---

139 역주) 이 문장은 매우 추상적이고 함축적이다. 여기서 '덕의 과도함'이란 가령 '과잉 친절'과 같은 것으로, 이 경우 자신에 대한 지나친 신뢰로 인하여 겸손함이 부족하게 되고, 모든 것을 스스로 해결하고자 하면서 근원(신성한 힘)에 대한 신뢰의 부족을 가져온다고 보고 있는 것이다. 그리고 뒤이어 이러한 덕의 과도함이 언젠가 의지와 본성의 관계를 측정하지 못하게 하고, 이 관계를 압도해 버린다고 진술하고 있는데, 이는 구체적으로 무엇을 말하는 것인지 불분명하다. 아마도 우리는 여기서 '의지'란 우리가 '원하는 것'을 의미하고 '본성'이란 '우리의 한계'를 말한다고 할 수 있다. 우리가 원하는 것과 우리가 가진 한계가 무엇인지를 정확히 분별할 수 없을 때, 우리는 신에게 도움을 요청하는 일을 할 수가 없고, 결국 모든 것을 자신의 힘으로 해결하고자 하면서 '절망'에 빠지고 마는 것이다.

140 역주) 이 마지막 문장에서 저자가 말하고자 하는 것은 사유하기 위해서 의지가 본능을 제압하게 되면 결국 의지도 힘을 잃게 되고, 반면 행동하기 위해서 사유를 제거하게 되면 행동을 제압하고자 했던 사유가 다시 신음하면서 탄생하게 될 것이라는 것이다. 결국 진정한 행위 혹은 행동은 본능과 의지와 사유가 조화를 이루는 것에서 성립한다고 말하는 것이다.

4. 의식의 변두리에서

우리의 가장 가까이에 그리고 우리 자신에게 존재하며, 우리 자신의 모습이지만 우리가 그 현존을 의식하지도 못하는 소름 끼치고 놀라운 세계가 의식의 변두리에 존재한다는 것이 사실인가? 그런데 우리가 이것에 대해 무지하고 이것에 대해서 어떠한 의식도 가지지 못한다면 어떻게 이러한 세계가 [우리 자신의 세계라는 것이] 가능한 것인가? 사람들은 이러한 세계는 항상 우리를 놀라게 하는 사건들을 통해서 갑자기 우리의 의식에서 폭발할 것이며, 우리가 이 세계의 존재를 부정할 수 없으리만치 충분하게 우리를 뒤흔들 것이라고 말할 수 있는가? 그렇다면 나 자신한테서 발전하고 있지만, 나 스스로 인지하기에는 무능한 그러한 능력은 무엇인가? 나는 이 모호한 충격들을 분명히 하고 나의 의지가 이러한 힘을 받아들이거나 혹은 이를 거부한다는 한에서만, [이러한 세계를] '나 자신'이라고 말할 수 있을 것이다. 이러한 폭력적이고 암울한 세계는 어쩌면 내가 원하는 만큼 나 자신에게 매우 가까이 있겠지만, 그러나 이 세계는 내가 아니다.[141]

어떤 때는 실존을 지배하거나 진정시키기 위해서, 또 어떤 때는 자신의 열정들에 만족하고 이를 배가시키기 위해서 의식이 자신을 삶으로 인도하기 이전에 자신에게는 오직 하나의 실존만이 존재하였는가? 우리에게는 고유하게 '무의식'이라는 이름을 가질 만한 것이 하나도 없으며, 다만 항상 탄생하고 있는 의식이 있을 뿐이다. 이 탄생하고 있는 의식은 외부의 모든 요청, 육체와 감각들의 모든 요구, 그리고 견해와 정염의 모든 목소리에 대해서 민감하며, 이러한 외부적인 요청들에 대해서 자신이 동의하는 그것에 따라서 확장되고 풍요롭게 되고 순화되며, 혹은 부패하기를 멈추지 않는다.

의식이 없이는 나는 아무것도 아닐 것이며, 하나의 사물조차도 아닐 것이다. 나에게서 '나의 존재'인 것을 발견하면서 나에게 '존재'를 부여하는 것은

141　역주) '내가 인지하지 못하지만 나 자신에게 있는 소름 끼치는 세계'란 키르케고르에 의하면 '항상 죄의 가능성을 가진 나의 어두운 실존'일 것이며, 프로이트 같은 심리학자에게는 '무의식의 어두운 세계'일 것이다. 하지만 라벨은 비록 이러한 것이 나에게 존재하고 있다고 해도, 이는 '나 자신' 혹은 '진정한 나의 세계'는 아니라고 보고 있다.

의식이다. 그런데 의식은 그 자체 나 자신을 보다 아래로 추락하는 본능과 나 자신을 보다 상위로 초월하는 이성 사이의 중개자이다. 즉, 의식은 나 자신을 이 둘 사이에서 적절하게 위치시키며, 바로 이 때문에 의식은 모든 것 중에서 가장 최고의 것이거나 가장 최악의 것이라고 말할 수 있는 것이다. 때로 의식은 본능의 하녀가 되어 본성을 타락시키거나 품위를 떨어뜨리기 위해서 이성의 교묘한 술책을 사용하기도 하며, 때로는 본능을 이성에 복종시키면서 이 본능을 정신화시키고 변모시키기도 하는 것이다.[142]

5. 영혼의 도취

영혼은 우리에게 맡겨진 일종의 불이며, 이 불은 우리의 양손에 맡겨져 있다. 이 영혼의 불꽃에 가장 순수한 요소만을 제공하는 것은 우리의 의무이다. 영혼이 마치 불처럼 자신이 건드리는 모든 것을 정화한다고 말하는 것은 제대로 말한 것이 아니다. 왜냐하면 불꽃의 성질은 항상 이 불꽃에 제공되는 요소들에 달려 있기 때문이다. 이 영혼의 불꽃은 자신에게서 빛과 온기를 빨아들이는 모호한 연기를 산출할 수가 있다. 이 연기는 불꽃을 소멸시킬 수 있으

---

142 역주) 라벨에게 있어서 고유하게 말해 '나 자신'이라고 할 수 있는 것은 '나의 의식'이다. 그리고 본능은 이러한 나의 의식보다 하위적인 것이며, 이성은 이러한 의식보다 상위적인 것이라고 볼 수 있다. 어떤 의미에서 나의 의식이란 이러한 본능과 이성을 동시에 느끼면서 이 둘 사이의 영향을 받아 끊임없이 흔들리고 왔다 갔다 하는 '긴장' 혹은 '혼란'이라고 해야 할 것이다. 만일 인간의 본성이라는 말이 의미가 있으려면 그것은 이러한 '본능과 이성' 사이에서 그 어느 것으로 나아갈 수 있는 '가능성' 그 자체를 말하는 것이어야 할 것이다. 여기서 우리는 라벨의 '실존주의'의 면모를 볼 수가 있으며, 그럼에도 인간의 본성의 운명이란 보다 정신적으로 상승하고 명상을 통해서 이러한 정신적인 존재를 완성해 가야 하는 것으로 이해하고 있다는 차원에서 그의 사상을 '정신의 철학' 혹은 '명상의 철학'이라고 부를 수도 있을 것이다.

며, 눈을 따갑게 하는 재와 타 버린 숯만을 남길 수 있다.[143]

가장 저급한 것들에 있어서와 마찬가지로 영혼의 가장 고상한 능력에서 기인된 환희에서 발생하는 영혼의 다른 도취(ivresse)들이 있다. 이성의 고유한 역할은 이 차이를 없애는 것에 있는 것이 아니라 이 차이를 식별하는 것에 있다. 가장 단순하고 가장 강한 사람들은 결코 도취되지 않고 영적인 삶의 모든 접촉을 수용하는 사람이라고 말할 수 있을까? 아니면 이들은 다만 '순수한 물에 대한 취기'[144]인 단 하나의 취기만을 알 뿐이라고 말할 것인가? 매 사건 앞에서 하나의 새로운 영감을 수용하는 것은 '되찾은 무죄함에 대한 도취'[145]를 통해서인데, 이들이 무죄한 만큼 모든 내적인 분열과 고유한 자기-사랑에 대한 뒷맛 그리고 모든 이미지로부터의 열광과 사악함이나 자기만족의 어둠들을 철폐하면서, 이러한 새로운 영감을 수용하는 것이다.

6. 측정하는 능력인 이성

이성을 우리가 이를 통해 추론하는 어떤 능력으로 고려하지 않고, 측정하

---

143 역주) 전통적으로 플로티누스나 신비가들은 영혼의 불꽃을 인간이 가진 가장 고상한 것이고 신성한 것으로 고려하였다. 인간의 모든 죄악을 정화하는 것이 영혼의 불꽃이라고 보았기 때문이다. 그렇기 때문에 이들에게서 문제가 되는 것은 내면적인 삶을 통해 자신의 존재의 가장 깊은 곳으로 내려가는 것만이 문제가 되었다. 그렇게 된다면 인간은 자신의 모든 죄악을 정화하고, 신성한 신의 현존을 맞이할 것이라고 생각한 것이다. 하지만 라벨은 영혼의 불꽃에도 두 종류가 있다고 생각하고 있다. 오히려 빛과 온기를 빨아들이고 매캐한 연기만을 산출하는 영혼의 불꽃이 있을 수 있다고 보는 것이다. 이러한 부정적인 성격의 영혼의 불꽃이 구체적으로 무엇을 말하는 것인지는 밝히고 있지 않지만, 우리는 자기-사랑(이기주의)으로 인해 파생된 사악함이라고 쉽게 추정해 볼 수 있다. 즉, 가장 탁월한 영성가라고 할지라도 '자기-사랑'을 극복하지 못할 때는 오히려 가장 큰 어둠을 산출하는 사람이 될 수 있다는 것을 말하고 있는 것이다. 전통적인 신비주의가 오직 수직적인 상승만을 문제 삼고 있다면, 라벨은 수직적인 상승과 동시에 수평적인 질적 차이(선과 악, 사랑과 이기심)를 동시에 문제 삼고 있는 것이다.

144 역주) 여기서 '순수한 물'은 '무죄함'에 대한 은유이다.

145 역주) 여기서 '되찾은 무죄함'이 의미하는 것이 '원죄로 인한 죄성(罪性, 혹은 죄의 가능성)'으로부터 벗어난 사태를 의미하는지, 혹은 과거에 지은 죄에 대한 용서를 의미하는 것인지는 불분명하다. 다만 저자는 영적인 삶에 있어서 다른 모든 영감(신의 음성을 듣는 것)의 기초가 되는 것이 이러한 '무죄함'에 대한 '취기(환희)'이며, 이러한 무죄함에 대한 의식만이 모든 악의 가능성(이기주의, 분열이나 폭력성, 사악함 등)을 넘어서 영감을 얻을 수 있는 지반이라고 보고 있다. 즉, '죄의 상태'란 곧 '신의 현존과 단절된 상태'를 의미하고, 이는 곧 '존재의 선함'을 '일체의 은총의 조건'처럼 고려하는 현대 토미즘의 '실재론적인 영성'과 동일한 관점이라고 할 수 있다.

는 능력으로 고려하기만 한다면, 우리의 능력 중 가장 아름다운 능력이 될 것이다. 이성은 우리의 체험이 전혀 확인하지 못한 것임에도, 몇몇 섬세한 귀결을 통해 교묘한 기교로 가정된 진리를 획득하고자 하지 않고, 판단하는 능력으로 남아 있어야만 한다. 다시 말해 각각의 사물에 총체 안에서의 그들의 위치와 그들의 가치를 부여하지만, 자신은 결코 [전체적인] 관점을 취하지 말아야 한다.[146]

사람들이 자주 그렇게 믿고 있듯이 이성의 역할은 정념을 무화시키는 것이 아니라, 그들에게 부여된 것을 훈육하고, 그들을 승인하며 그들에게 빛과 효력을 부여하는 데 있다. 우선 이성에게 도움을 청한다는 것, 이는 삶이 그 첫발을 내딛기 이전에 삶에게 도움을 청하지는 않는다는 것을 말한다. 본성의 사태나 혹은 행위의 사태를 통해서 무기력하고 무감각한 인간은 이성적인 사람은 아니다. 하지만 이들은 가장 강한 삶과 가장 열정적인 정념들을 가지면서 자신을 들어 올리는 도약과 자신을 질서 지우는 요소들과 나아가 자신을 드러내고 표현하는 확장의 능력을 이 삶과 정념들에서 추구하게 된다.

이성 안에는 일종의 시(詩)와 추상적인 도취가 있다. 바로 이 때문에 만일 오직 영감만을 추구하는 사람이라면 이성이 나약함의 흔적으로 보일 것이겠지만[147], 오직 보고 만지는 것에만 몰입하는 사람들에게 있어서는 이성이 열광의 흔적처럼 보이는 것이다.[148]

식어 버린 화산의 분화구가 순수한 물로 채워지듯이, 가장 강렬한 정념들이 그 정념이 식은 뒤에는 영혼 안에 일종의 깊이를 형성하고, 이 깊이가 조금씩 투명하게 되고, 하늘 전체가 여기에 반사되는 것이다.

---

146 역주) 만일 누군가 라벨에게 "인간의 이성은 '세계관'이란 것을 가지지 말아야 하는가?"라고 묻는다면, 라벨은 세계관을 형성하는 것은 이성이 아니라, 지성(정신)이라고 말할 것이며, 그것도 어디까지나 '자기 세계'로서의 세계관이라고 말할 것이다.

147 역주) 이러한 사람의 예를 우리는 니체에게서 볼 수 있다. 니체는 의지를 상징하는 디오니소스는 삶을 풍요롭게 하지만, 이성을 상징하는 아폴론은 삶을 메마르게 하고 경직시킨다고 비판하고 있다.

148 역주) 이러한 사람의 예로는 '실증주의자'인 콩트를 들 수 있다. 콩트는 오직 감각적인 경험에 포착되거나 실제로 검증 가능한 것만을 사실 혹은 진리로 간주하였던 철학자로 실증주의의 선구자가 된 사람이다.

7. 정열과 절대

우리는 삶에 있어서 정열(la passion)을 경멸해서는 안 된다. 왜냐하면 정열은 우리의 목적지의 의미를 밝혀 주고 우리의 존재의 모든 능력을 자극시키고, 상승시키며, 이들을 하나로 연결하면서, 삶의 각각의 사건 안에서 절대와 무한의 현존을 삽입해 주고 있기 때문이다. 정열을 경멸하는 사람 중에서 많은 사람은 이 정열을 체험할 줄 모르는 사람이다. 정열은 신중한 사람들을 두렵게 하고 우유부단한 사람들을 당혹하게 한다. 거의 항상 정열은 지지되기보다는 담론의 대상이 된다. 항상 바라보기만 하고, 항상 보류하기만 하고 결코 일을 행하지는 않는 정신들이 있다. 이들에게 정열은 결코 나타나지 않는다. 이들은 어느 정도의 질투를 가지고 다른 사람들한테서 비난할 것만을 찾아낸다. 이들은 자신들의 폭력성과 편파성에 대해서 불평하지만 자신들에게 정열을 부여할 만큼의 힘과 열의를 가지고 있지는 않다. 정열이 나타나고 도약들이 산출될 때, 정열이 우리에게 잠기고 우리를 정복한 것 같은 때에 혹은 하나의 장애물이 이 정열을 위태롭게 할 때, 다시 말해서 우리가 아직은 이 정열 자체를 쟁취하지는 못했을 때, 이들은 오직 정열의 가장 외적인 사태들만을 관찰한다. 정열은 사건에 구속되어 있고 우리를 우리 자신에게 구속하고 있는 감정(émotion)에 반대되는 것이다. 이러한 감정과 달리 정열은 그 근원을 우리 자신에게서 취하고 있으며, 사건을 변모시킨다. 감정은 하나의 기다림이다. 감정은 시간으로부터 양식을 취하는 반면 정열은 일종의 현존이다. 정열은 영원성으로부터 양식을 취하며, 시간에 포획된 것이 아니라, 시간을 포획한다. 감정의 시간은 [사건이] 스스로 해결되는 하나의 종국을 기다리지만, 정열은 결코 종국을 바라지 않으며, 자립하기 위해서 무한을 필요로 한다.[149] 정열은 시간에 대해서 오직 자신을 드러내는 기회들만을 요청할 뿐이다. 정열은 자신에게 생동감을 주는 내적인 충격을 완벽하게 수용하며, 자신들의 계획에 따라 정열을 피해 가는 모든 외적인 요청에 대해서는 완벽하게

---

[149] 역주) 그것이 무엇이든 감정이란, 가령 고통이나 환희의 감정 등은 무한히 지속될 수가 없다. 감정은 언젠가 끝을 맞이하고 평화와 휴식을 주어야 한다. 하지만 정열은 가령 예술이나 문학에 대한 정열 등은 죽음을 맞이할 때까지 지속될 수가 있다.

불가침의 것이다.

만일 정열의 대상이 일종의 무한한 가치를 가지고 있다면, 철학자들이 말하고 있듯이 이 대상은 '그 자체에 목적'을 가지고 있어야 한다. 그렇기 때문에 정열의 대상은 인색함이나 혹은 야망에 있어서처럼 '사물'이어서는 안 되며, 사랑에 있어서처럼 한 개인이 되어서도 안 되며, 영웅주의에 있어서처럼 '이상적인 것'이어서도 안 된다. 정열의 대상은 생동하는 절대자여야 하며, 이 절대자가 곧 자신의 종국들로 환원되어야 하며, 이러한 종국들이 우리에게 일종의 이미지를 제공하는 것이다. 하지만 우리는 이러한 정열의 종국들이 오직 이미지들에 지나지 않는지를 여전히 질문해 보아야 한다.

물론 정열은 자유와 이성의 시험을 거쳐야 한다. 하지만 이는 정열이 이들과 연합하기 위한 것이지, 이들의 노예가 되기 위해서가 아니다. 동물은 어떤 정열도 가지고 있지 않다.

8. 좋은 정열과 나쁜 정열

정열이 어떤 때는 좋으며, 어떤 때는 나쁜 것이라는 사실은 쉽게 인정할 수 있다. 그런데 이러한 정열의 가치에 대해서 우리는 충분히 좋은 기준을 가지고 있다. 가끔 정열은 자신의 모든 움직임을 자신에게서 산출하고 가끔은 그 자신의 바깥에서 산출하며, 가끔 '자아(le moi)'는 스스로 성장하기 위해서 실제로 유한하지만 무한한 것같이 보이는 외부의 대상으로 향하고, 가끔 '자아'는 오직 자신의 유한한 본질의 깊은 곳에서 무한한 목적을 발견하기 위해서 깊어지는 것만을 추구한다. 그 결과 전자는 휴식할 수 있는 것을 발견하지 못한다. 왜냐하면 전자는 무한한 운동을 가지고 유한한 대상을 향하기 때문에, 자아가 대상에 도달하자마자 실망하기 때문이다. 반면 후자는 어떠한 유한한 대상도 이 무한한 운동을 제한할 수 없고 이 운동을 중지시킬 수가 없기 때문에, 이 동일한 무한한 운동 안에서 휴식을 발견한다. 그 자신 스스로에 있어서 휴식을 하게 되는 정열은 우리의 삶이 그 자체에서 그의 진정한 목적을 발견하였음을 충분히 증명해 주고 있는데, 이 진정한 목적이란 자아를 밝혀 주고 지지하며 양육하는 우리의 삶에 현존하는 절대자(l'absolu)이다. 왜냐하면 우리의 무한한 열정을 설명해 줄 수 있는 것은 오직 절대와의 만남뿐이기 때문이다. 이 만남은 우리의 행위성이 무한을 향해 있으며, 무한으로부터 소유되어 있으며, 실행되면서 동시에 [무한을] 뒤따른다는 이 사실을 설명하기에 충분하다. 이는 모든 진정한 정열의 고유한 특성이다.

정열이 육체와 영혼의 무질서를 산출할 때, 이는 나쁜 정열이며, 이를 체험하기 위해서 첨가되는 반성은 스스로 성장하기를 멈추지 않는다. 정열이 육체와 영혼의 무력함을 치유하고, 이들에게 보다 많은 운동과 이들 사이의 일치를 실현할 때, 이 정열은 좋은 것이다.

나쁜 정열은 우리를 어둠과 고뇌 속에 잠기게 하고, 좋은 정열은 우리로 하여금 만족하게 하고 우리에게 빛을 가져다준다. 나쁜 정열은 그의 대상의 가치를 질문함과 동시에 우리와 이 대상과의 관계에 대해서 질문하지만, 좋은 정열은 이 후자만을 질문할 뿐이다.

나쁜 정열은 추론을 통해서 항상 자신을 정당화하는 것을 추구하지만, 그 스스로를 설득하지도 못하면서 오직 궤변을 통해서 살아간다. 반면 좋은 정열은 궤변을 필요로 하지 않으며, 이러한 궤변을 밀어 내면서, 안정을 발견하기 위하여 자신의 대상을 명상한다. 나쁜 정열은 우리로 하여금 우리 자신의 노예, 즉 육체의 노예가 되게 하지만, 좋은 정열은 우리에게서 우리 자신을, 즉 우리의 영혼을 자유롭게 한다. 나쁜 정열은 우리의 실존에서 의미를 상실하지만 좋은 정열은 의미를 제공한다. 나쁜 정열은 우리 자신과 세계를 파괴하는 것이나, 좋은 정열은 우리 자신과 세계를 창조한다.

9. 정열의 덕

사람들은 정열은 일종의 격분이며, 우리를 점령하고 우리의 삶을 혼란시키고, 우리의 자유를 앗아 가는 것이라 말하곤 한다. 하지만 각자는 본능의 움직임과 의지의 움직임 사이의 대립을 극복하고 자신의 의식에서 완전한 일치를 가져다줄 다른 종류의 정열을 추구하고 있다. 이러한 정열은 그의 모든 힘을 하나의 동일한 지점에 모으면서, 그의 독창성을 구속하지 않고 해방한다. 열정이라는 말 자체가 감탄할 만한 것이다. 왜냐하면 이 말은 우리가 실행할 수 있는 가장 밀도 있는 행위를 지칭하기 때문이며, 비록 전체적으로 수용된 것이기는 하지만 노력이 필요 없을 만큼 충만한 행위이며, 오직 행위를 지지하기 위해서만 사용되는 것이기 때문이다. 이러한 정열에서 사람들은 운동의 완전함과 휴식의 완전함을 발견한다. 왜냐하면 이 정열은 우리가 결코 완전히 소모할 수 없는 무한한 대상을 향해 나아가기에 완전한 운동이며, 이 정열에 생기를 부여하는 운동 그 자체 안에서 스스로를 발견하고 동시에 스스로 완수되는 것이기에 완전한 휴식인 것이다.

각자는 자신의 영혼의 모든 능력을 채워 줄 정열을 자신에게서 자극할 수 있는 대상을 추구하고 있다. 그가 이러한 대상을 만나지 못한 이상 그의 실존은 그 이름에 어울리는 도약도, 기쁨도, 빛도, 목표도 알지 못하게 된다. 이 경우 그에게 있어서 삶이란 아직 그 실마리를 발견하지 못한 풀어야 할 문제에 지나지 않는다. 그는 그것을 위해 자신이 헌신할 수 있는, 즉 자신을 희생할 수 있는 최상의 가치를 전혀 발견하지 못한 채 세상 안에서 길을 잃은 것처럼 느끼게 된다. 진정한 열정은 무욕(無慾)과 자비로움으로 형성되어 있으며, 결코 무엇을 획득하고자 하는 것이 아니라, [더 나은 삶을 위해] 세상을 변화시키고자 할 뿐이다.

따라서 우리의 영혼을 찢고 비참과 무능함을 동반하는 모든 결함에 영혼을 내어 주는 대신에, 정열은 우리에게 내적인 확실성과 균형, 그리고 고요함과 마음의 진정을 가져온다. 정열은 모든 내적인 동요를 없애 버리고, 이러한 동요가 발생할 여유를 없애 버린다. 정열은 의심과 주저함과 무료함을 제거한다. 정열은 길과 구원을 발견한 자기 자신에 대해서는 결코 불안함을 체험하지 않지만, 그의 대상에 대해서는 항상 충분히 노력하지 못한 것을 염려하고 있다. 오직 정열만이 스스로를 실현하고 자신의 운명과 사명에 대한 자신의 동일성(정체성)을 실현할 수 있는 힘을 의식할 수 있도록 허락한다.

어떠한 사람도 이미 형성된 정열을 가지고 태어나지는 않는다. 정열은 오랜 기다림 이후에 우리의 삶이 그의 고유한 절정을 발견할 때 솟아오른다. 이러한 절정이 다가오는 것을 우리가 느끼기 시작하자마자, 우리는 전율을 체험하게 된다. 정열은 더듬거리고 다양한 시도를 해 보는 시기를 벗어나, 우리의 실존이 전체적으로 몰입되어 있고, 더 이상 나누어지고 다시 모으고 할 필요가 없는 시기를 맞이하고 있다는 것의 한 징표이다. 어쩌면 사람들은 우리에게는 책임성이 있고, 이 책임성을 육화(肉化)한다는 순수한 이념에 대한 정열만이 있을 뿐이라고 말할 수 있을 것이다.

10. 자기 자신에 대한 소유인 지혜

지혜(la sagesse)는 나누어질 수 없는 지성의 덕이며 동시에 의지의 덕이다. 왜냐하면 우리는 이 지혜를 우리의 갈망과 우리의 정열에 적절한 것이라고 말하면서 마치 의지의 덕처럼 규정하기 때문이다. 그런데 이러한 덕은 우선적으로 어디에 적절함이 있는지를 이해하는 데서 주어지기에 지성의 덕이다. 지혜는 우리가 범하는 다음과 같은 이중의 오류를 치유한다. 즉, 우리는 존재 자체인 총체와 동일하게 되기 위해서 우리의 존재를 무한히 성장시키면서 그리고 우리가 소유하지 않은 것을 탐하기 위해서 항상 우리 자신을 떠나면서 행복을 발견할 수 있다고 생각하는 오류를 범한다. 하지만 이러한 생각은 우리가 이를 획득하거나 혹은 획득하지 못하거나 항상 우리로 하여금 불만족하게 한다.

지혜는 우리의 고유한 본질과 우리에게 주어진 존재 그리고 우리의 눈 아래 주어진 세계와 우리가 처해 있는 상황, 나아가 우리가 지니고 있는 의무들에 대한 발견이며 사랑이다. 지혜는 부러워하는 마음을 없애 주는 세계의 무한성에 대한 참여의 감정이다. 이 세계의 무한성에서 '나'라고 말하는 순간, 각자의 존재는 이보다 우선적인 가치가 없을 만큼, 이보다 더 갈망할 만한 대상을 가질 수 없을 만큼 매우 소중한 것이 된다. 여기서 중요한 것은 오직 그가 무엇을 위해 존재하는가 하는 것이며, 이는 오직 그 자신에게 달린 것이다.

우리는 지혜를 마치 항상 어느 정도의 범용과 무감각으로서 위대한 것들에 대해 거리를 두고, 삶을 제한하는 것처럼 고려하는 생각이 얼마나 잘못된 것인지 알 수 있다. 이와 반대로 지혜는 가장 보잘것없는 것들이 우리에게 주어지자마자, 마치 이들이 우리의 운명의 도구인 양 비교할 수 없는 하나의 가치를 부여하도록 의무 지우는 용기이다.

지혜는 우리 자신을 지배하는 태도가 결코 아니며, 오히려 우리 자신을 소유하는 태도이다. 지혜는 우리에게 주어진 존재를 항상 현존하는 하나의 선으로 전환하며, 무한히 성장하는 존재로 변환시킨다. 지혜는 우리로 하여금 무한한 것을 위해서 유한한 것을 떠나게 하는 것이 아니라, 유한한 것 속에서 무한한 것을 발견하도록 하는 섬세하고 강력한 예술이다. 지혜는 나로 하여금 세상으로부터 분리되지 않게 하고, 세상 안에서 항상 나 자신과 세상과의 어떤 새로운 관계를 발견하게 하고, 나 자신에게 있는 하나의 응답을 혹은 나 스스로 응답하도록 의무 지우는 일종의 소명을 발견하게 한다.

지혜의 고유함 그것은 항상 무한히 섬세한 이 감각성을 동반하게 하는 것인데, 이 감각성을 통하여 세상 안에서 나에게 어떤 내적인 반향을 유발하지 않는 것이 하나도 없으며, 나에게 어떤 가르침과 어떤 요청을 유발하지 않는 것이 전혀 없음을 알게 된다. 지혜와 반대로 무지함은 항상 세상과 단절된 채 거주하며, 광기는 항상 시간에 대립하여서 행동하는 것이다.

11. 지혜, 영웅주의, 성성(聖性)

지혜는 일종의 어려운 능력이며, 자발적이고 올바른 행위로의 복귀이다. 지혜는 자신을 비추는 빛 그 자체 안에서 살아간다. 지혜는 기쁨에 둘러싸여 있지만, 이 기쁨으로부터 자기만족을 취하지 않는다. 지혜는 자비로움으로부터 빛을 방산한다.

사람들은 이 지혜를 균형 잡힌 본성이며 동시에 이상화된(idéalisée) 본성이라고 말할 수 있다. 지혜는 운동의 모습보다는 휴식의 모습을 더 가지고 있다. 왜냐하면 지혜는 개별적인 정열들과 순간적인 충동들에 양보하기보다는 이들을 제압하고 있기 때문이다. 우리는 모든 것을 다스리는 이 절제 없이, 그리고 체험을 통해 절제를 아는 것 없이는 지혜를 통찰할 수가 없다. 너무나 순종적인 어린이들 혹은 삶이 소멸해 가는 늙은이들에게서 볼 수 있듯이 열정이 제거된 것에 불과한 일종의 거짓 지혜가 있다. 진정한 지혜란 항상 열정을 내포하고 있다. 사람들이 늘 그렇게 믿고 있듯이 지혜는 자신이 가진 것에 대해서 만족하고 자신의 갈망을 약화시키는 것에 있는 것이 아니다. 오히려 지혜가 무한한 갈망에 적용되는 것은 그에게 부족한 것 때문이 아니라, 그가 지니고 있는 것 때문이다. 왜냐하면 지혜는 오직 모든 것을 수용할 것을 요청하기 때문이다. 지혜가 가장 순수한 정신적인(영적인) 작품을 실현하는 것은 최소한의 요소를 통해서이다.

마치 지혜처럼 우리의 삶의 모든 기간 동안 지속될 수 있는 영웅주의를 본다는 것은 매우 드물다. 영웅주의가 지속적으로 나타나는 때는 이 영웅주의가 매 순간 다시 탄생한다는 것을 의미한다. 영웅주의는 결코 지혜처럼 본성과 정신의 일치나 시간적인 것과 영원성의 일치가 될 수가 없다. 영웅주의는 반항하는 본성에 대한 정신의 승리이며, 시간 안에서의 영원성의 폭력적인 분출이다. 영웅주의가 우리에게 주는 만족은 기쁨과는 반대되는 것으로 영웅주의는 항상 기쁨에 저항한다. 영웅주의는 육체에 부가된 고통에 대한 이념과 희생과 죽음에 대한 이념을 야기하기를 결코 멈추지 않는다.

성성(la sainteté)은 본성의 세계에 대해 보다 상위적이며, 본성의 세계를 비춰 주는 세계 안에서 우리를 형성해 주는 고요한 확실성이며 완화된 열정이다. 사람들은 자주 성성을 획득하는 것은 본성을 거슬러 획득한다고 생각하고 있다. 하지만 이는 사실이 아니다. 여기서 본성은 전혀 영웅주의처럼 모욕당하거나 파괴되지 않으며, 지혜에 있어서처럼 질서 지워지고 복종된 것도 아니다. 성성에서 본성은 변모되었고, 본성은 성성에 양보하고 성성에 협조한다. 본성은 그의 고유한 요청들을 잊어버리면서 그의 능력을 무한히 배가시킨다. 말하자면 본성은 그 자신의 위로 솟아오른다. 본성은 무화(無化)된 것 같지만, 그러나 무화된 것이 아니라 성성의 살아 있는 몸체가 된 것이다. 성성은 하나의 새로운 본성과 유사하다. 성성은 포기된 본성이면서 동시에 완성된 본성이다.

제12장

영적인 공간

1. 앎의 덕

안다는 것은 인간에게 고유한 것이다. 앎(connaissance)은 인간을 신성화한다.[150] 앎은 인간으로 하여금 자신을 넘어서는 것과의 관계 속으로 들어가게 한다. 자신에게서 이 관계를 캐내면서 이를 풍요롭게 하기를 멈추지 않는다. 앎은 인간으로 하여금 자신의 육체적이고 순간적인 실존을 초월하게 하여 이념들의 실존인 영원한 실존으로 들어 올린다.

하지만 자기-사랑에 대한 열정이 이 앎에 부여하는 것은 빛이라기보다는 차라리 탐욕에 가까운 너무나 생생한 섬광이다. 그런데 우리로 하여금 총체적 존재에 현존하게 하는 앎은 고유한 자기-사랑에 봉사하는 앎이 아니라, 자기-사랑을 철폐시키는 것이다. 이러한 앎은 본질적으로 [자기-사랑에 대한] 일종의 무관심을 지니고 있다.[151] 그럼에도 이러한 앎은 자기 자신에서 멀어지기는 하지만, 그 자신의 척도에 있어서 '자아(le moi)'를 성장하게 한다. 앎의 주체인 정신과 수용된 앎 사이에는 항상 일종의 비례 관계가 있다. 그런데 만일 우리가 정신이 가치 있는 만큼 그가 제공하는 앎도 가치 있는 것이라고 한다면, 그 반대도 성립한다고 말해야 한다.

---

150 역주) 물론 여기서 모든 '앎'이 다 인간을 신성하게 하는 것은 아닐 것이다. 뒤이어 저자는 정신과 앎 사이에 비례 관계가 있다고 말하면서 정신이 가치 있다면 그만큼 앎도 가치가 있겠지만, 그 반대도 가능하다고 진술하고 있다. 즉, 정신이 가치가 없다면 이러한 정신이 지니고 있는 앎도 가치가 없다는 것이다. 따라서 인간을 신성하게 하는 앎이란 '총체적 현존' 혹은 '신적 현존'과 관련된 앎이라고 볼 수 있다.

151 역주) 오직 진리에만 관심이 있는 사람은 '자신에게 이득이 되는 것'에는 무관심하다는 의미이다.

우리가 진정으로 소유할 수 있는 것은 앎이 우리에게 가져오는 것 외에 다른 것은 없다. 정신이 우리에게 가져오는 것은 완전히 내적이고 개별적으로 소유하는 것이다. 이는 나의 저편에 있는 그 무엇에 대한 것이지만, 그럼에도 나는 이를 포괄하고 내포하는 것에 이른다. 앎 안에서 정신은 자기 자신한테서 세계 자체를 현존하게 하며[152], 자기 자신으로 들어가면서 세계를 자신에게 진입시킨다는 것도 역시 사실이다. 앎은 자아와 세계 사이에 있는 일종의 경계선이지만, 이 둘 사이의 모든 소통과 교류를 허락하는 매개체이다. 앎은 우선적으로 우리가 우리 자신에게 제시하는 하나의 광경이지만 이 광경 안에서 의지와 갈망의 모든 길이 교차하게 된다. 앎은 모든 행위의 종국이며, 나아가 앎이 마치 행위에 봉사하는 것처럼 보일 때조차도 이 행위는 앎에 도달하기를 추구하고 있다. 인간은 의지의 연쇄를 야기하는 [내면의] 명령에 대립하여 반대하기를 멈추지 않는다. 인간은 이 명령의 가치를 의심하고 여기에 숨겨져 있을 이익에 관해서 헤아린다. 인간은 무엇을 분명히 안 뒤에만 행위하며, 충분히 안 뒤에만 실행에 옮긴다.

그런데 무엇에 관한 앎이 있는가? 자신에 대한 앎을 가질 수 있다는 것, 즉 아직 존재하지 않는 자신에 대한 앎을 통해서만 실현되는 자신에 대해 알 수 있다는 것은 모순된 것이 아닌가? 따라서 모든 앎은 구체적인 대상에 대한 앎이며, 우리 자신을 만족하게 할 수 없는 것이다. 앎이란 우리의 호기심을 자극하는 시시한 하나의 이미지에 불과하다. 하지만 만일 앎의 대상이 나와 당신 사이를 매개하는 하나의 도구가 된다면 앎의 대상은 하나의 의미를 가지게 된다. 그리고 만일 이러한 매개 덕분에 우리가 더 이상 혼자이지 않은 세계, '나 자신의 것이 아닌 나 자신(un moi qui n'est pas le mien)'을 만나게 되는 세계 안으로 나아갈 수 있다면, [앎은] 갑자기 정신적인(영적인) 세계, 우리를 초월하면서 동시에 우리에게 공통된다고 말할 수 있는 세계 안에서 고유한 나의 자아를 비추게 될 것이다. 이렇게 하여 오직 상대적일 뿐인 앎은 일종의

152 역주) 이러한 관점은 '버클리'식의 관념론과 유사하다. 버클리는 "내 영혼이 존재하는 곳은 세계, 내가 아니다. 오히려 세계가 내 영혼 안에 존재한다."라고 하였는데, 이는 말하자면 우리를 둘러싸고 있는 세계란 정신이 질서를 부여하고 통일화시키지 않는다면 '혼돈'이라고 할 수 있기 때문이다. 즉, 세계를 섬묘한 질서를 가진 유기체적 통일체처럼 고찰하는 것은 인간 정신의 세계에 대한 이해를 통해서 가능한 것이다.

절대적인 계시(la révélation absolue)로 향하는 길이 된다.[153]

2. 외부에서 내부로

그인 모든 것(어떤 것의 총체적인 국면)을 정당하게 포괄하는 것은 앎밖에 없다. 즉, 자신이 비추는 모든 것에 대해서 공정한 빛처럼 모든 것을 공정하게 포괄하는 것은 앎밖에 없다고 말할 수 있다. 따라서 앎은 그 목적을 통해서 보편적이며, 인간에게 스스로에 대해서 아는 것을 배우라고 요청할 수가 없고[154] 다만 세계를 아는 것에 대해서 배우라고 말할 수는 있다. 이 세계 그 자체는 다른 모든 대상 사이의 하나의 대상과는 거리가 멀고, [앎의 행위를 고려하지 않는다면] 세계는 아무것도 아니다. 즉, 그 대상으로서 세계를 가지고 있는 앎의 이 행위가 문제인 것이지, 세계 그 자체가 문제인 것은 아니다.

그런데 비록 대부분의 사람에게 있어서 앎은 대상에서 멈추지만, 즉 외부에서 멈추지만, 모든 앎은 외부에서 내부로 나아가야 한다. 이처럼 학자에게 있어서 내부란 없다. 즉, 실재란 [학자에게 있어서는] [내면이] 나타나고 있는 외관으로 환원된다. 학자는 제 사물에 대해서 그들의 드러난 형식만을 알 뿐이다. 학자는 앎의 대상들에 대해서 오직 사물들이 서로서로 영향을 주고받는 그 질서를 계산하고, 자신으로 하여금 이 사물들을 포착하도록 하며, 이들을 사용하도록 허락하는 사물들의 이 내밀한 자발성을 획득하고자 생각할 뿐이다. 항상 다르게 나타나는 사건들 사이에서 항상 동일하게 나타나는 이 모든 관계의 너머에 이 거물의 섬세한 조직망에 포착되지 않는 것이 있다. 즉, 현재 안에서 그의 고유한 특성과 함께 다시 되풀이될 수 없는 유일한 형

---

153 역주) 이러한 사유는 전형적인 플라톤적인 사유이다. 플라톤의 '상기설'은 인간의 영혼이 탄생 이전에 이미 모든 진리를 알고 있다는 것을 전제로 하고 다만 이를 망각하였다고 가정한다. 그리고 진리를 안다는 것 혹은 깨닫는다는 것은 잊어버린 것을 다시 '상기'한다는 것을 의미한다. 그렇기 때문에 '상기의 순간'은 어떤 의미에서 '계시', 즉 '절대적인 진리'가 영혼에게 나타나는 순간이 되는 것이다. 이러한 방식으로 플라톤은 인간의 영혼이란 원초적으로 저편 세계 혹은 이데아의 세계와 형제 관계에 있다고 논하고 있다. 다만 라벨은 진리의 근원이 되는 세계를 저편 세계나 이데아의 세계로 묘사하지 않고, '나 자신의 것이 아닌 나 자신, (즉 미래에 실현될 나)'이라고 묘사하고 있을 뿐이다.

154 역주) 왜냐하면 세계를 보는 눈이 눈 자신을 볼 수는 없으므로….

식 아래서 나에게 주어지는 '실재 자체(la réalité elle-même)가 있다. 이 실재는 있는 그대로의 자신이 파악되지 않으면서 모든 관점에서 자신을 둘러싸고 있는 학문(과학)을 항상 넘어선다.[155]

사물들에 대한 앎이 아닌, 존재들에 대한 앎은 항상 이와는 [학문과는] 다른 방식으로 나아간다. 외부란 나에게 있어서는 하나의 징표에 지나지 않는다. 몸짓이나 생김새는 증거들에 지나지 않는다. 그런데 내가 관심을 가지고 있는 것은 오직 그들의 의미이다. 학문의 법칙은 나 자신 앞에 있는 한 개인, 내가 관심을 가지고 있는 유일한 대상에 대해서는 나를 무력하게 한다. 물론 나는 이 개인이 학문들의 법칙에 지배를 받고 있다는 것을 알고 있다. 하지만 동일하게 학문의 법칙에 지배를 받고 있는 다른 개인들과 내 앞에 있는 이 개별자가 어떻게 서로 달라지는지 알지는 못하고 있다. 그런데 내가 그를 바라보면서 찾고 있는 것은 그가 지배하지 못하면서 뒤따르고 있는 영향들 그리고 그들 자신인 것보다는 그들이 아닌 것을 표현하고 있는 영향들[156]이 아니다. 내가 찾고 있는 것은 그가 실행하고 있는 '자유로운 능력(libre pouvoir)'이다. 가끔은, 이를 의심하지는 않지만, 이것을 고려하지 않으면서 나는 그를 사물들 가운데 처박아 두고 마는 것이다. 나는 개별자를 고려함에 있어서 이를 [자유로운 능력을] 의심하거나 외면하지 않고, '자유로운 능력'이라는 이 용어를 부여하는 것이다.

이러한 원칙들을 타인들에 대한 앎에 적용하면서, 말에서도 행위에서도 결코 멈추어서는 안 되며, 항상 의미와 의도들에까지 나아가야만 한다. 그렇게 된다면 이 원칙은 우리에게 어디서 참된 실재를 찾아야 하는지를 잘 알려 줄 것이다. 여기서와 마찬가지로 모든 것에 있어서 참된 실재는 내밀성 안에 거주하며, 우리가 오직 외면만 볼 때 거의 매번 우리에게 숨겨져 있는 이 영성(la spiritualité)은 [이를 통찰하기만 한다면] 항상 우리에게 충분한 것이다.

---

155 역주) 이는 "물자체(Ding an Sich)는 알 수 없다."라고 하는 칸트의 관점과 일치한다. 하지만 라벨은 뒤이어 존재에 대한 앎은 이러한 학문의 앎과는 다르다고 논하고 있다.

156 역주) 이러한 영향들이란 '생물학적 존재로서의 생물학석인 조건늘', '사회적 존재로서의 사회 환경의 영향들' 등이 될 것이다.

3. 영적인 공간

사람들은 자신들의 주변에 창조할 수 있는 '영적인 공간(l'espace spirituel)'[157]의 넓이와 순수성을 통하여 서로서로 구분된다. 우리 중 각자는 우리로 하여금 노예가 되게 하고 고독하게 하는 하나의 물질적인 벽에 포위되어 있다. 하지만 의지는 이를 밀어 내고자 하는 노력을 멈추지 않고 지성은 이를 넘어서고자 노력하고 있다. 이렇게 조금씩 우리의 주위에 서로를 볼 수 있는 빛의 대기를 팽창시키는 것이다. 이 빛은 이 움직임들을 해방하고 우리에게 우리와 유사한 다른 존재들을 발견하고 다른 이들과 마찬가지로 우리를 둘러싸고 있는 이 동일한 밝은 지평과 공간을 발견할 수 있게 하는 여유로움과 자유를 동시에 허락하는 것이다. 이 지평과 공간에서는 우선적으로 함께 거주하여야 하며, 그런 다음 각자가 지닌 사고의 열정과 자신에 대한 사랑으로부터 무관심하게 될 수 있어야 하는 것이다.

육체들의 세계는 모든 이에게 공통되며, 정신의 세계는 각자에게 비밀스러운 것이라고 생각하는 것은 하나의 심각한 오류이다. 왜냐하면 우선 육체적인 세계란 우리의 사유가 이를 포괄할 수 있다는 한에서 하나의 광경이 되고 일종의 공적인 세계가 된다. 반면 육체적인 우리의 존재는 다른 모든 육체적인 존재와 환원 불가능하게 분리되어 있으며, 오직 그 자신에게만 속하는 몇몇 흔들림으로 항상 망설이는 존재이다. 그리고 이러한 흔들림에 대해서 우리는 결코 이를 지배하거나, 계시하거나, 침묵하게 하거나 혹은 이를 완전히 이해하거나 이에 대해 무지할 수가 없다. 반면 눈에 보이지 않는 사유는 항상 육체적인 한계를 넘어서고 있다. 사유는 결코 육체적인 한계 안에 구속되어 있도록 허락하지 않는다. 그리고 모든 개별적인 존재가 소통이 가능하게

---

157 역주) '영적인 공간'으로 번역한 이 용어는 보다 문학적으로 '영적인 분위기'라고 의역할 수 있을 것이다. 이 '영적인 분위기(ambience spirituelle)'라는 용어는 칸딘스키가 추상화를 설명하면서 사용하는 용어인데, 그에 따르면 그림이 보다 추상적이 된다는 것은, 외관보다는 내면을 혹은 질료적인 것보다는 정신적인 것을 드러내고자 하는 것이며, 추상화가 외관을 파괴하는 유일한 목적이 바로 이 대상들이 지니고 있는 '내면(intériorité)' 혹은 정신적인 것(le spirituel)'을 드러내기 위한 것이라고 한다. 그는 이러한 '내면 혹은 정신적인 것'을 통칭하여 '영적인 분위기'라고 말하고 있다. 라벨은 보다 학문적인 의미를 살리기 위해서 '분위기'보다는 '공간'이라는 용어를 사용하고 있는 것 같다.

되고, 이 육체들 자체로부터 모든 이에게 참된 하나의 앎을 획득할 수 있다는 사실이 사유의 내밀성 안에서 이루어진다는 것은 감탄할 만한 것이다.

그들의 육체와 혼자 있는 존재들 외에 다른 고독은 없다. 이러한 고독은 각자가 자신의 고유한 육체와의 대화이며, 이 대화는 아무런 동반자도 없는 자기 자신에 대한 사랑으로 채워진 고독을 산출한다. 하지만 정신은 결코 혼자가 아니다. 정신이란 자신에게서 우주를 수용할 수 있는 완벽한 내적인 비움이다. 정신이란 장애물이 무너진 상태이며, 근심이 해소된 상태이다. 정신은 우리 앞에 열려 있고 우리의 발걸음을 독촉하는 무한한 길들이며, 우리를 둘러싸는 무한한 요청들이며, 이미 우리에게 있어서는 하나의 응답인 것이다.

모든 존재는 모순과 고통을 유발하며, 전쟁을 낳는 물질적인 공간을 떠나도록 부름을 받았으며, 정도의 차이를 가지고 자유와 평화와 사랑이 지배하는 영적인 공간 안에 거주하고 여기서 살아가는 것을 배워야만 한다. 여기서는 모든 것이 여유가 있으며, 유동적이고 투명하다. 시선은 [자신을 가로막는] 대상에 휘어 잡히지 않고 이들을 치워 버리고, 호흡의 숨은 고요와 함께 존재의 가장 먼 깊이에까지 침잠한다. 어떠한 대상도 자신을 파악하고자 찾고 있는 손을 거부하지 않는다. 이 대상은 분명하고 부드러운 하나의 접촉 안에서 이 손에 자신을 내어 주는데, 여기서 모든 저항은 사라져 버린다. 우리의 행위는 [자신을 구속하는] 사슬들을 끊어 버렸고, 무한한 들판이 이 손 앞에 펼쳐지며 그의 거주처가 된다. 이후 우리가 뒤따르는 것과 우리가 행위하는 것 사이에 그리고 우리에게 제공된 실재와 의지의 창조 사이에 그리고 우리의 영혼의 상태들과 사물들의 변형 사이에 존재하는 모든 구별이 소멸되는 것이다.[158]

운동이 우리의 육체에게 모든 물질적인 공간의 장소를 점유하고 다른 육체들의 장소에 두는 것을 허락하듯이 교감(la sympathie)은 우리의 영혼에게 모든 영적인 공간을 점유하고 다른 영혼들의 장소에 두는 것을 허락한다.

하나의 넓은 정신은 자신 앞에서 주의와 욕망을 붙잡고 있는 모든 장애물을 치워 버린다. 그는 한계가 없는 하나의 지평을 포괄하고 있으며, 그가 나

---

158 역주) 아마도 이러한 상태는 '자아와 세계'가 완전히 하나를 이루게 되는 피히테의 '동일성의 철학'에서 말하고 있는 이상적인 상태와 같은 것이라고 말할 수 있을 것이다.

아가는 모든 길 안에서 오직 안정되고 빛나는 대상들만을 만나게 되며, 던져 버려야 할 그 어떤 불안이나 되찾게 될 그 어떤 허망함을 체험하지도 않는다.

4. 두 개의 빛

사람들은 빛의 세계에서는 아름다운 것과 고귀한 것과 순수한 것은 아무것도 없다고 말할 수 있을 것이다.[159] [하지만] 빛이 감싸고 있는 모든 것과 빛이 건드리는 모든 것은 즉시 더욱 아름다워지고, 더 기품 있게 되며, 더 순수하게 된다. 빛은 자연을 가득 채우고 있는 모든 공포스러운 것을 빛나게 하지만, 여기서 자신은 더럽혀지지 않는다.

우리는 오직 빛에 동반되는 그림자들을 통하여서만 빛에 집중할 수 있으며, 우리가 빛의 효력성을 찾는 것은 자주 이 그림자 안에서이다. 왜냐하면 빛은 우리에게 자신의 번득임을 보존하며 동시에 우리에게서 [자신과의] 근접성을 밝혀 주고, 나아가 빛은 자신에게서 확산된 현존을 지니고 있기 때문이다. 밤의 아름다움을 형성하는 것은 낮의 빛이다. 밤은 자신에게서 모든 자연의 신비를 간직하고 있으며, 낮은 이 신비를 우리에게 계시해 줄 것이다. 하지만 밤에는 낮의 추억과 약속 그리고 새벽의 여명과 만나는 희미한 빛이 있다. 밤은 우리에게 항상 하나의 비교할 수 없는 감정을 제공하며, 밤에는 낮이 되어서야 구체적이고 분명한 형상들과 윤곽들 안에서 조금씩 피어나는 심오하고 비밀스러운 삶이 있다. 감각성은 마치 한낮의 사유가 끊임없이 깨어나는 밤과 같다. 그렇다고 한다면 누가 이 둘을 분리할 수가 있겠는가?[160]

그런데 [만일 우리가 이렇게 말할 수 있다면] 비록 자주 우리가 이 빛에 만

---

159 역주) 이러한 역자의 진술은 "도(道)를 무엇이라고 말하게 되면 이미 도가 아니다."라는 도가들의 사유와 같은 맥락에서 이해할 수 있을 것이다.

160 역주) 라벨의 사유는 매우 독창적이고 섬세하다고 할 수 있다. 전체적으로 플라톤적인 사유가 강하지만 그럼에도 정신과 감각 혹은 영혼과 육체의 관계에 대한 그의 관점은 완전히 플라톤적인 이원론을 극복하고 있다. 정신을 낮에 비유하고 감각을 밤에 비유하면서 정신을 마치 밤에서 낮이 밝아오는 것으로 비유하면서 근본적으로 이 둘 사이의 경계선을 구분한다는 것이 불가능한 것으로, 즉 정신과 감각을 아날로그식으로 일체가 된 것처럼 보는 방식은 참으로 독창적이고 현대적 감각을 가진 사유라고 할 수 있다.

족하기는 하지만 하나가 다른 하나의 그림자에 불과한 두 종류의 빛이 있다.[161] 왜냐하면 우리가 우리의 내면에서 [우리가 보고 있는 대상들을] 비추는 빛을 의식하지 않기 위해서는 태양 빛에 감싸인 대상들이 우리의 시선에 나타나는 것만으로 충분하며, 반면 이 내면의 빛을 통찰하기 위해서는 우리가 눈을 감고 이를 주시하는 것으로 충분하다. 그리고 이 내면의 빛이 항상 우리에게 육체의 뒷면에 있는 영혼을 계시하기 위해서는 다른 것 [외부의 대상들]을 통해서 이 [내면의 빛]을 발견하여야 한다.

그리고 만일 외부의 빛이 우리에게 제 대상과 우리의 육체와의 관계를 계시해 준다면, 내면의 빛은 제 대상과 우리의 영혼과의 관계, 즉 그들의 영혼 자체, 더 이상 그들이 나타나는 모습이 아닌 '그들인 것(그들의 본질)'을 계시해 준다. 이는 곧 사랑의 빛이다. 이 사랑의 빛에서 우리의 삶의 의미가 밝혀지며, 이 사랑의 빛에서 우리에게 부여된 의무들은 우리를 구속하기를 멈추고, 문제들이 발생하기 이전에 해결책이 우리에게 주어지는 것이다. 이 사랑의 빛이 우리를 비추자마자, 우리는 사랑의 빛이 우리에게 보여 주는 대상들보다, 이 빛 자체가 우리에게 제공하는 기쁨에 더욱 민감하게 되는 것이다.[162]

5. 영적 시선의 단순성

"만일 당신의 시선이 단순하다면, 모든 당신의 육체가 빛날 것이다." 다른 한 사람과의 모든 실제적인 소통은 이미 단순성(la simplicité)의 한 효과이다. 단순성만이 탐욕으로부터 눈먼 시선을 해방하면서 지성과 감각성에 그의 명민함을 보장하는 완벽한 섬세함을 제공할 수 있다.

진리는 오직 스스로 이를 수용할 자격이 있는 의식에게만 스며들 수가 있다. 이는 이미 질료적인 것에 대한 앎에서부터 사실이다. 그런데 이러한 질료

---

161 역주) 이 두 종류의 빛이란 사물을 비추는 태양 빛(외면의 빛)과 사물의 본질을 비추는 내면의 빛을 말한다. 라벨은 본질 혹은 참된 존재라는 차원에서 외면의 빛이 오히려 내면의 빛의 그림자에 불과하다고 보고 있는 것이다.

162 역주) 예를 들어, 누명을 쓰고 범죄자라고 오해를 받는 어떤 사람에게 사랑의 빛을 통해 그의 진실을 밝혀 주는 판사가 있다면, 당사자는 자신이 범죄자가 아니라는 사실이 밝혀지는 사태 자체보다도, 자신을 사랑의 눈으로 바라본 판사의 '의도'나 '의로움'에서 더 큰 기쁨을 발견하게 되는 것이다.

적인 앎에 있어서는 어떤 특정한 주의집중만으로 충분하지만, 정신적인 것(영적인 것)이 문제가 될 때는 여기에 어떤 특정한 '의지의 순수성(pureté du vouloir)'이 동반되어야 한다. 마찬가지로 [영적인 세계는] 장님들이 가장 많은 영역이다. 그리고 우리는 가장 높이 솟아오른 사람이란 가장 분명하게 그리고 가장 아름답게 빛을 알게 되는 사람이며, 이와 동시에 그의 영혼에서 고유한 자기-사랑의 수치심을 가장 많이 비워 낸 사람은 이 빛을 수용할 수 있는 장소를 가장 많이 가진 사람이라고 할 수 있다.

사람들이 가장 위대한 철학자들이라고 생각하는 철학자들은 탁월한 연결을 통해 매우 분명한 개념들을 잘 배치하고 있는 솜씨 좋은 기술자에 비교된다. 그런데 이러한 곳에는 하나의 유혹이 도사리고 있는데[163], 아리스토텔레스도, 스피노자도 헤겔도 이를 피해 가지는 못하였다. 하지만 가장 단순한 정신 안에서는 일종의 자연적이고 올바른 [정신 혹은 자아의] 성장을 발견하는데, 이러한 성장은 이러한 솜씨 좋은 위대함의 외관들 위로 정신을 들어 올리는 데 충분하다.

그리고 모든 섬세함, 모든 이성의 논리적인 난점을 흩어 버리고 이를 초월하는 하나의 영적인 시선의 단순함이 있다. 자신에 대해 스스로 무지한 그토록 많은 대호(sape, 對壕)[164]가 스스로 다양하게 되고, 모든 이를 동일한 고향(foyer)으로 안내하는 빛의 길이 된다.[165]

---

163 역주) 이러한 유혹은 '실재 혹은 존재'를 '사유 혹은 체계'로 환원해 버리고자 하는 유혹을 말한다.

164 역주) 불어 용어 'sape'는 '의복이나 의류' 혹은 '적의 진지에 접근하기 위한 대호' 혹은 '갱도'를 의미한다. 섬세한 철학적 용어나 체계를 초월하여 빛으로 안내하는 '영적인 단순성'을 'sape'로 표현한 것은 매우 詩적인 표현이며, 양의성을 함의한 용어이다. 만일 '의복'으로 표현한다면 이는 '영성의 길을 가고 있는 관상 수도자들의 수도복'을 상징하는 것이 될 것이며, '대호(對壕)'로 표현한다면 사변적인 철학을 넘어서서 영성을 추구하는 일군의 '정신의 철학자들'의 정신을 상징하는 용어가 될 것이다.

165 역주) 여기서 우리는 신플라톤적인 사유를 강하게 견지하고 있는 라벨의 정신을 발견할 수 있다. 플라톤은 그의 《국가론》에서 존재의 등급과 앎의 등급을 대비시켜서, 보다 지성적일수록 보다 참된 존재가 되는 것으로 설명하고 있다. 아무리 섬세하고 체계적인 이해라고 해도, 이것이 논리적이고 사변적인 차원에 있다면 여전히 사물의 본질을 직관하는 지성의 능력보다 하위의 존재 지평에 있는 것이며, 보다 본질적이고 '참된 것'에 접근할수록 보다 상위의 존재 지평에 있는 것이다. 신플라톤주의자인 플로티노스에게 있어서는 보다 참된 존재(일자)를 향해 솟아오를수록 보다 영적으로 되고 보다 신성하게 되며, 또한 보다 단순하게 되는 것이다. 사람들은 이러한 신플라톤주의의 사상을 '상승의 형이상학'이라고 부르고 있다.

6. 순수성

존재의 통일성을 파괴하고, 존재의 영원한 본질을 한순간의 자신의 상태나 자신의 의지로 환원해 버릴 어떠한 운동이나 어떠한 몸짓 혹은 어떠한 징표나 어떠한 말의 도움도 없는 그리고 어떠한 이미지나 어떤 속셈도 없는 시선의 순수성(la pureté du regard)은 우리로 하여금 모든 존재를 감지할 수 있도록 한다. 그리고 시선의 순수성은 하나의 동일한 삶과 동일한 우주를 정관하는 서로 다른 존재들 사이에서 '대상(objet)'을 구성하지 않는 이러한 상호적인 소통을 부여한다.[166]

미소의 순수성은 어떤 특정한 감정이나 개별적인 정념들의 모든 흔적을 완화하면서, 이를 표현하는 것을 멈추는 것만이 아니라, 이들을 없애 버린 사태를 증언해 주고 있다. 이후 우리에게는 삶에 임하게 하는 수용 그 자체, 육체와 정신이 하나만을 이루는 부동의 한 운동만이 남아 있을 뿐이다. 개별자는 용해되고, 통찰되기를 멈추면서 우리에게 하나의 영적인 질서를 계시한다. 이 질서에서 개별자는 도구임과 동시에 수레이다.

순수성은 실재 안에 뿌리내린 한 존재의 자연적인 분출을 확인하며, 인위적인 것과 배타적인 것을 동시에 제거하는 고요한 여유와 함께 그 자신에게 획득된 기능으로 가득 채운다. 순수성은 자발성(la spontanéité)과 성찰(la réflexion)의 대립을 극복한다. 왜냐하면 순수성은 성찰을 필요로 하지 않기 때문이며, 그 결과 순수함에는 오직 자발적으로 행해지는 것만 나타나게 된다. 그럼에도 순수성은 본능적인 움직임과는 유사하지 않으며, 오직 자기 자신에게 지속적으로 현존하는 부동의 행위(l'acte immobile)에 있어서만 멈춤 없이 다시 태어난다. 바로 이러한 새로운 탄생의 행위를 통해서 우리의 본질 자체가 실

---

166 역주) 여기서 '대상을 구성하지 않는 상호적 소통'이란 베르그송식의 '직관'을 의미한다고 볼 수 있다. '대상(objet)'이란 감각의 대상이거나 혹은 정신의 대상이다. 감각의 대상이란 외적인 형상 혹은 모양을 의미하며, 정신의 대상은 '개념 혹은 관념'을 의미한다. 그런데 베르그송은 인간의 정신이 '실재 자체 혹은 존재 자체'를 파악하기 위해서는 기존에 형성된 감각이나 정신의 대상을 통한 일체의 매개를 벗어나 직관하는 것에서 가능하다고 보고 있다. 베르그송은 이러한 직관을 실재 자체 혹은 존재 자체를 파악하는 인간의 형이상학적인 노력이라고 보았고, 예술가와 신비가들의 영혼이 바로 이러한 직관으로 세계를 통찰하는 영혼이라고 보았다. 아마도 라벨은 이러한 직관을 통한 일종의 '교감'을 '대상을 구성하지 않는 상호적 소통'이라고 지칭하는 것 같다.

현되는 것이다.

순수성은 모든 질료적인 것에 영적인 얼굴을 제공한다. 순수성은 계산과 노력과 장점에는 무지하다. 순수성은 필연성과 자유, 은총과 본성 사이에 일종의 일치(coïncidence)를 실현한다. 순수성은 평안과 만족으로부터 산출된 고요한 기쁨을 동반하는데, 여기서 실존의 모든 깊이가 우선적으로 측정되며, 우리에게 주어질 모든 고통이 미리 받아들여지게 되는 것이다.

7. 정화(Purification)

순수성은 자기 자신과 세계에 현존하는 일종의 행위이다. 행위를 완수하는 데 있어서 이보다 더 어려운 행위는 없다. 우리의 존재의 통일성을 파괴하는 모든 기분 전환은 순수하지 않은(impur) 것이다. 이는 영혼이 자기 자신에게 낯설며 멸하고 말 것으로 기우는 것이며, 이미 일종의 무(無)를 향한 도피이다.[167] 이러한 도피는 결코 우리로 하여금 진정한 동의를 얻게 하지 못한다. 어떠한 사람도 완전한 자유와 절대적인 진실함으로 이러한 '기분 전환'에 자신을 내어 주지는 않는다. 이러한 기분 전환으로 우리를 데려가는 것은 결코 사랑이 아니며, 오히려 사랑이 부족하기 때문이다.

우리의 의식 안에 창조된 순수성은 능동적인 비움(un vide actif)이다. 이 창조된 순수성은 기다림이면서 동시에 주의집중이며, 신뢰이면서 동시에 부름이다. 이 순수성은 우리로 하여금 항상 [우리의 본질로 되돌아갈 수 있는 혹은 신의 의지를 따를 수 있는] 자유로운 손을 허락한다.

순수하지 않음은 우리의 의지와 우리의 순수한 본질 사이의 분명한 관계를 혼란하게 한다. 불순함은 우리에게 있거나 우리보다 하위에 있는 외적인 대상들을 통해서 우리를 유혹하는데, 이는 우리의 영적인 행위를 파괴하고 모

---

167 역주) '무(無)를 향한 도피(une fuite vers le néant)'란 존재에 '자아를 없앤다'는 의미가 아니라 '존재론적으로 존재를 상실한다'는 의미를 가지고 있다. 중세의 신비가들은 '무에 대한 추구'를 최상의 목표로 삼았는데 이는 세상과 자기 자신에 대한 애착과 집착을 없애고 신의 현존과 일치하기 위한 것이었다. 반면 라벨이 '무를 향한 도피'라고 할 때는 존재의 성실성을 견디는 것이 힘들어 존재를 없애고자 하는 것 혹은 보다 문학적으로 말해 삶을 성실하게 사는 것이 힘들어서 삶으로부터 도피하는, 혹은 자기 십자가를 없애고자 하는 것이라고 할 수가 있을 것이다.

호하게 한다. 순수성을 지킨다는 것, 이는 삼가는 것이며, 우리 자신의 순수한 본질, 즉 신이 우리의 본질에 대해서 지니고 있는 그 의지를 보존한다는 것이며, 이 본질이 변질되는 것을 막는다는 것이다. 본질이 변질된다는 이 말은 모든 부패를 지칭하기에 충분한 매우 단순하고 가식 없는 아름다운 말이다. 사람들은 순수한 자연에 대해서 그리고 순수한 정신에 대해서 말한다. 하지만 이들과 결합하는 의지는 항상 이 둘을 불순하게 할 위험을 내포하고 있다.

순수함은 무죄함의 덕이지만 우리는 이를 되찾기 위해서 이를 상실하기를 멈추지 않는다. 그리고 바로 이 때문에 우리의 영성적인 삶은 항상 일종의 정화(淨化)의 작품으로 환원되는 것이다. 우리는 이 정화를 하나의 형식으로 수렴 가능한 두 가지의 다른 형식 아래서 통찰할 수 있다. 한 가지의 형식은 우리의 시선을 우리에게 있는 것이나 우리의 바깥에 있는 모든 저급한 것으로부터 돌리게 하는 것으로, 이로써 긍정적인 형식을 산출하기에 충분한 일종의 '소극적인 형식(forme négative)'이다. 다른 하나의 형식은 이러한 모든 그림자가 숨기고 있는 우리에게 있는 최고의 것, 영적인 도약, 최초의 무죄함을 회복하고자 하는 것이다. 이렇게 정화는 우리로 하여금 우리에게 있는 악과 투쟁하도록 요구하지 않으면서 이 악을 선으로 변모시키는 것이다. 이러한 정화의 행위는 나쁜 생각들을 사냥하지 않는다. 다만 이러한 생각들이 한낮에 나타나는 것을 막을 뿐이다. 즉, 이러한 생각들이 그들의 모습을 전혀 내비치지 못하게 하는 것이 아니라, 최상의 생각이 즉시 이들의 길을 가로막을 뿐이다.

성 프란치스코 드 살(saint François de Sales)은 "자연은 포도송이와 동시에 포도 가지와 잎도 산출하지만, 끊임없이 잎을 따고 순을 잘라 주어야 한다."라고 말하였다. 정화의 두 가지 도구가 있다. 하나는 우리로 하여금 제 사물에 대한 집착을 버리게 하는 고통이며, 다른 하나는 [사건이나 사람이 혹은 현재가] 일단 한번 우리를 떠나면 이를 영성화(spiritualiser)하도록 우리에게 요구하

는 기억(la mémoire)이다.[168]

8. 삶의 맑은 근원(la source claire de la vie)

피정(retraite)의 과정에서 우리의 순수성은 가장 아득한 곳까지 스며든다. 순수성은 선입견들이 우리에게 형성한, 정확히 말해 우리에게 혼합되어 있는 이기주의의 찌꺼기, 거짓 관심의 퇴적물, 혼합된 두려움, 의심과 천박함을 용해시켜 버린다. 순수성은 이러한 혼합을 넘어서고 저편으로 나아간다. 이러한 순수성에 대해서 세계는 더 이상 암울한 지반을 가지지 못한다. 순수성은 삶의 맑은 근원에까지 내려간다. 우리는 어떤 것을 보여 주어서는 안 되는 것인지를 의심하지도 않은 채 숨기는 것에 습관이 되어 있지만, 순수성은 우리로 하여금 얼굴을 붉히지 않고서도 이러한 우리 자신의 모습을 볼 수 있도록 허락한다. 하지만 순수성은 항상 본성 그 자체에 일종의 빛남을 제공한다. 우리는 이를 수치심의 부재(absence)이자 동시에 수치심의 정점(sommet)이라고 규정할 수 있다.

대다수의 사람이 다음과 같은 사실을, 즉 순수성이 한 사람으로 하여금 자신의 고유한 비밀이라고 생각하는 그것만을 보도록 허락한다는 사실을 찬미할 때, 순수한 사람은 이와는 다를 수 있다는 것, 즉 어떤 사람 안에서도 비밀이라는 이름을 가질 만한 것이 없다는 사실을 찬미할 것이다. 순수한 사람들이란 비록 존재의 지반을 볼 수 있는 유일한 사람들이지만, 이들은 결코 스스로 자신을 내보이려 애쓰지 않는다. 왜냐하면 이들에게는 스스로 내어 보이는 것과 존재하는 것 사이에 아무런 차이가 없기 때문이다. 이들이 우리에게

---

168 역주) 이 마지막 문장은 매우 함축적이며 심오하지만 그 의미는 분명하게 드러나지 않고 있다. 우리를 떠난 사물이나 사람 혹은 사건들을 영성화한다는 것은 무엇을 의미하고, 이들을 영성화하도록 요구하는 '기억'은 또 어떤 기억인가? 어떤 것을 영성화한다는 것은 이 어떤 것이 지닌 영적인 의미를 산출한다는 것이다. 즉, 하찮은 사물이라고 하더라도 그것이 나의 영혼의 양식이 되는 것 혹은 나의 영혼의 도약을 야기하는 계기가 되는 것으로 이해하는 것이다. 이를 한 개인의 인생이라는 차원에 적용하면 한 사람의 인생에서 발생한 모든 의미 있는 사건은 그것이 무엇이든 '신의 섭리'라는 차원에서 바라보는 것이라고 할 수 있다. 즉, 나의 인생을 전체적으로 신의 섭리의 결과로 보고 이 인생 안에서 발생한 모든 의미 있는 것을 섭리에 의해 계획된 것이거나 혹은 신의 섭리의 도구로 사용된 것으로 바라보는 것이다. 그리고 이러한 영성화하기를 요구하는 기억이란 이미 과거에 이러한 행위를 감행했던 그 기억이라고 할 수 있다.

밝혀 보이는 것은 그들의 본성의 완전함인데, 그 균형은 마치 신(神), 물, 빛 그리고 덕이 그러한 것처럼 이 본성을 투명하게 할 만큼 정확하다. 이 본성의 완전함은 어떠한 사유도, 어떠한 행동도 어떠한 개별적인 감정도 나타나도록 하지 않는다. 하지만 이러한 개별적인 감정을 나타낼 때가 있는데 이는 오직 타인들에게 반대할 때에, 우리의 한계나 부족함에 대해서 염려를 야기하고자 할 때 그리고 다른 방식으로 이해될 수 있는 미래나 과거에 대한 생각을 말하고자 할 때뿐이다. 혹은 사람들이 오직 본질을 통찰하고자 하면서 이 본질을 증언하는 것들을 잊어버렸을 때, 그리고 본질을 통찰하는 것과 본질을 증언하는 것을 더 이상 구분할 수 없을 때, 이를 [개별적인 사유나 행동이나 감정을] 나타내 보인다.

순수함의 반대는 항상 '의식을 분열시키는 근심'[169]이다. 하지만 순수성은 자기 자신과의 모든 갈등을 철폐시킨다. 순수한 한 사람은 항상 '그인 모든 것(tout ce qu'il est)'으로 존재한다. 순수성은 자신들이 변질되거나 억압되기 이전에 자신들의 모든 능력을 우리에게 제공하는 어린아이의 특성이다. 대다수의 사람은 그들의 마음속에서 자신들이 주의를 기울이는 것을, 즉 가장 순수한 운동들을 쉽게 발견한다. 하지만 이들은 이를 인정하는 것에도, 이를 고백하는 것에도, 이를 뒤따르는 것에도 동의하지 않는다. 왜냐하면 이들은 본성적으로 오해를 받거나 경멸을 당하게 될 것을 두려워하기 때문이다.

순수성은 어떠한 공격에도 휘어 잡히지 않을 만큼 매우 완전하며 매우 통일되어 있다. 순수성은 스스로를 알기 위해서 분열되지 않는다.

순수성은 가장 공통적인 사건들, 가장 단순한 말들, 가장 자연스러운 사유들 안에서만 나타난다. 순수성은 다가오는 모든 것을 매우 분명하고 손쉬운

---

169 역주) '의식을 분열시키는 근심'이라는 용어는 매우 적절한 용어인 것 같다. 인간의 의식은 근본적으로 '자아의식'을 말한다. 도덕적으로 중립적인 것 같은 하나의 자연현상이나 사회현상도 '나는 누구인가?'라는 나의 의식에 따라서 서로 다르게 의식될 수 있다. 즉, 모든 의식하는 행위는 '나에 대한 의식'이라는 '자아의식'에 기초하여 의식되는 것이다. 그런데 의식이 분열된다는 것은 기초적인 의식인 '자아의식'이 나누어짐을 의미한다. 가령 기독교 신자이면서 생물 교사인 사람은 진화 현상을 신의 창조 행위의 한 과정으로 이해할 수 있을 것이다. 하지만 만일 의식이 분열하게 되면 어떤 때에는 창조설을 어떤 때에는 진화론을 진리로 지지하게 될 것이다. 이렇게 의식이 분열하게 되는 이유는 대게 근심 때문이다. 창조설을 지지하게 되면 교사라는 직업을 상실할 수도 있다는 근심은 그로 하여금 최소한 학교에서 만큼은 철저하게 과학자라는 의식을 고수할 것이기 때문이다. 이는 가족들이 위기에 빠지면 쉽게 자기 정체성을 포기하는 가장들에게서 볼 수 있는 일들이다.

공리들(명제들)로 환원하는데, 마치 이 세상에서 장애물이나, 돌출부가 되는 모든 것을 치워 버리는 것 같다. 순수성은 이 모든 것을 투명한 거울로 변모시키는데, 여기서 모든 정신의 맹세들이 몸을 취하고 실현된다.[170]

　순수성은 고독 안에서 유지하기가 더욱 쉽다. 모든 접촉은 이 순수성을 훼손할 위험이 있다. 하지만 순수성의 완성은 세상과 분리된 채 자신을 보존하고자 추구하는 것에 있는 것이 아니라, 오히려 자신의 고유한 빛남이 퇴색되도록 방치하지 않으면서, 세상의 모든 수치심을 통과하면서 자신의 힘과 효력성을 증언하는 데에 있다. 적대감 자체가 마치 끊임없이 순수성이 뒤따라야만 하는 하나의 시련처럼 이 순수성을 지지하여야 한다.[171]

9. 사물들이 탄생하는 것을 보기

　순수성은 하나의 생동하는 투명성이다. 이는 근원들의 덕이다. 충분히 맑은 날 우리가 실재를 볼 때, 우리는 이 실재가 탄생하는 것을 보게 된다.

　순수성은 보이지 않는 것이다. 마음의 순수성을 손상시키는 모든 것은 또한 사유의 순수성과 의지의 순수성도 손상시킨다. 순수성은 [개별적인] 고유한 의미를 무화(無化)시키는데, 우리로 하여금 모든 개별적인 집착에서 해방시키기 때문이다. 순수성은 사물들의 실존들 자체를 벌거벗게 하고 우리로

170　역주) 저자의 언어들이 매우 시적인 용어들이어서 그 의미가 선뜻 와닿지 않는다. 여기서 "모든 장애물이나 돌출부를 투명한 거울로 변모시킨다."라는 표현과 "이 거울 안에서 정신의 맹세들이 몸을 취한다."라는 표현은 너무 은유적인 표현이어서 구체적인 의미를 이해하기가 쉽지 않다. 아마도 우리는 투명한 거울을 '깨끗한 수면'으로 비유하면 보다 이해하기 쉬울 것이다. 깨끗한 수면일수록 그 수면 위에 떠 있는 어떤 찌꺼기들을 보다 잘 볼 수 있게 한다. 즉, 순수성은 세상의 모든 부정적인 요소를 잘 보여주고 반사해 주는 거울의 역할을 한다. 그리고 정신의 맹세라는 것은 가령 "진리만을 추구하겠다." "세상을 밝히는 의로운 자가 되겠다."라는 등의 매우 추상적인 다짐일 수 있다. 하지만 이러한 추상적인 다짐을 구체적으로 어떻게 실현할 것인가 하는 것, 즉 구체적인 몸을 취하는 것은 거울 속에 비친 세상의 부정적인 요소들을 인식하면서 가능한 것이다.

171　역주) 순수한 이가 적대감을 드러내는 순간은 일종의 '고뇌'이자 '고통'이다. 그래서 일종의 '시련'이라고 할 수가 있다. 하지만 순수한 이가 드러내는 적대감이란, 세상의 불순함에 대한 것뿐이다. 그렇기 때문에 순수한 이가 적대감을 드러내는 것은 오직 세상의 순수성을 회복하기 위한 목적뿐이다. 그렇기 때문에 적대감에 뒤따르는 결과는 곧 순수성의 회복이며, 따라서 적대감이 순수성을 지지하는 것이라고 할 수 있는 것이다.

하여금 이 사물들이 실현되는 심오한 행위에 참여하도록 허락한다.[172]

순수성은 오직 제 사물이 그들 자신이기만을 바랄 뿐이다. 반면 불순함은 사물들이 자기 자신과 다르기만을 바란다. 그 결과 불순함은 사물들을 우리 자신의 입장에서 생각하게 하고, 이 사물들에 거짓말의 애벌레 혹은 탐욕의 애벌레를 삽입하게 한다.[173]

순수성은 자신 앞에 존재하는 것에 대해서 아무것도 거부하지 않는다. 순수성은 이 존재를 변모시키거나 여기에 무엇을 첨가하는 것은 꿈꾸지 않는다. 순수성은 이 세상 안에서 자신을 놀라게 하고 자신의 성찰을 예고하는 다양성만을 통찰하는 것이 아니라, 자신의 의지가 개입하기 이전에 일치되었다고 느끼게 하는 하나의 위계(hiérarchie)를 통찰한다.

순수성 그 자체는 우리에게 아무것도 가져다주지 않는다. 하지만 순수성은 모든 것이 우리에게 도달하는 것을 허락한다. 순수성은 실재를 주름지게 할 최소한의 입김도 실재 안에 도입되는 것을 두려워한다. 순수성은 말이 없으며, 질문하는 듯하다.

영혼은 아무것도 소유하고 있지 않지만, 모든 것을 수용할 수 있다. 모든 것은 영혼에게 있어서 봉헌물이고 선물이다. 순수한 마음을 가진 사람은 행복하다. 왜냐하면 그들은 하느님을 뵐 것이기 때문이다. 하지만 나르시스는 선물로서 오직 자기-자신만을 수용하기를 원하였다.

불순함은 모든 이를 위해서 제공된 선들을 오지 자신을 위해서 간직하고자 원하는 것이다. 이를 위해 불순한 사람은 이 선들을 붙잡고자 하고, 이 선들

---

172 역주) "사물들이 실현된다."라는 표현은 시적인 표현이라기보다는 '스콜라 철학적 표현'이다. 토마스 아퀴나스는 세계가 존재하고 있다는 사태는 '세계의 본성 혹은 본질'로부터 발생하는 것이 아니라, 세계의 존재를 지속적으로 지지하는 '존재 행위 혹은 존재 현실력(esse)'에 의한 것이라고 보았다. 즉, 토끼가 존재하고 있는 사태는 그 동물이 토끼의 본성이나 본질을 가지고 있다는 사실로부터 주어지는 것이 아닌 것이다. 그렇지 않다면 토끼는 토끼로 있는 한 소멸될 수가 없을 것이기 때문이다. 따라서 세계나 토끼를 지속적으로 존재하게 하는 존재하는 힘의 근원은 '존재 자체(Ipsum Esse)'인 신이다. 즉, 존재하고 있다는 것은 지속적으로 존재 자체에 참여하거나 혹은 존재 자체로부터 존재하는 힘을 부여받고 있다는 것을 의미한다. 그래서 사물들일지라도 끊임없이 존재에 참여하는 것이며, 이를 저자는 '실재가 탄생하는 것' 혹은 '사물들이 실현되는 것'으로 표현하는 것이다. 따라서 여기서 '심오한 행위'란 곧 존재 자체에 참여하는 '존재 행위'라고 할 수 있다.

173 역주) 이렇게 사물을 왜곡하는 이성을 사상가들은 '도구적 이성'이라고 부르고 있다.

이 자신을 벗어나지 못하도록 애쓰고 있지만, 사실상 이 선들을 자신에게서 달아나게 하는 것이다.

10. 순수한 현존의 아름다움

순수성은 우리한테서 정념들을 침묵하게 하고 우리의 불안한 입김이 혼란스럽게 한 세계의 투명성을 갑자기 제시해 주는 단순하고 숭고한 하나의 덕이다. 순수성은 자연적인 것으로부터의 기적이다.

순수성은 외관을 마치 하나의 쓸모없는 베일처럼 벗겨 버린다. 순수성은 마치 가장 열정적인 앎이 여전히 불순한 것처럼 실재와 앎 사이의 모든 차이를 철폐해 버린다. 순수성은 우리에게 더 이상 앎이 필요 없는 것 같은, 그리고 우리에게 실재 자체가 현존하는 것 같은 이상야릇한 인상을 준다.

순수성은 빛과 구별되지 않는다. 어떠한 대상도 오직 자신을 빛나게 하는 빛을 통해서만 순수하다. 순수성 안에서 우리는 모든 것을 볼 수 있지만, 순수성 그 자체는 볼 수가 없는 것 같다. 그 이유는 순수성이란 '그것인 모든 것'의 진리 외에 더 이상 아무것도 아니기 때문이다. 그리하여 순수성은 [삶의] 분위기에 그토록 많은 투명성을 제공하고, 우리의 시선이 멈추는 제 대상은 이 투명성과 분리되는 것이 아니라, 바로 이 투명성으로부터 나타나는 것 같이 보이게 되는 것이다.

순수성의 지평에서 제 사물과 그들의 의미는 오직 하나를 이룬다. 순수성은 이들에게 친숙한 얼굴을 제공하지만, 그럼에도 우리에게는 마치 처음으로 발견하는 것 같고 이 순수성 앞에서 모든 다른 놀람의 동기가 사라져 버리는 것 같은 놀람을 체험하게 된다. 순수성은 제 사물의 첫 번째 무죄함을 숨김없이 다시 발견하는데, 이는 마치 신이 자신의 고유한 얼굴을 보여 주지는 않지만, 사물들로부터 우리에게 제공한 선물 안에서 [자신의 얼굴을] 보이도록 하는 것과 같은 것이다.

실재(le réel)는 항상 순수하다. 이 실재의 자연적인 목적을 변질시키고 가장 아름다운 것들을 불순하게 하는 것은 오직 '고유한 자기-사랑', 즉 우리가 제 사물에게 가하는 남용뿐이다. 순수성은 각각의 사물을 그의 유일한 본질에 환원시킨다. 순수성은 '사물들을 존재하게 하는 그것'[174]을 밝혀 주고, 신의 의지에 자신이 적합하다는 동의를 나타내 보인다. 이렇게 순수성은 우리가 감히 그 실존을 의심하기 어려운 매우 비밀스럽고 매우 아름다운 하나의 세계를 우리에게 밝혀 주는 것이다.[175] 이러한 세계를 창조하는 데는 순수성만으로 충분한 것 같고, 이 순수성은 지금까지 우리가 마치 모호하고 지속적이지 않은 하나의 꿈처럼 살아왔다고 생각했던 혼란스러운 세계를 없애 버리는 것 같다.

가장 아름다운 예술은 또한 가장 순수하다. 이러한 예술은 모든 명성을 초월하고 제거시켜 버리는 예술이다. 이러한 예술은 보이지 않는 진리를 볼 수 있게 한다. 이러한 예술은 가장 미소한 사물들에 비교 불가능한 영적인 깊이를 부여하며, 가장 심오한 것들에는 단순성과 자연스러움을 부여한다.

순수하지 않지만 아름다운 것이란 존재하지 않는다. 순수성은 모든 것을 더욱 아름답게 한다. 순수성은 그 자체, 자신의 가치의 척도이다. 순수성은 순수한 이해력, 순수한 의지, 순수한 사랑과 같은 표현에서 잘 드러나고 있듯이, 자신을 뒤덮고 있고 자신을 은폐하고 있는 모든 이상한 요소를 제거하면서 자신의 충만함을 우리에게 보여 준다. 순수한 영혼은 자신에게 빛과 사랑의 아름다움을 수용할 수 있는 유일한 영혼이다.

순수성은 모든 혼합을 제거시키는데, 이는 실재로부터 물러난다는 것이 아니라, 정반대로 순수성이 스스로 자신의 통일성 안에서 이 실재를 파악한다는 것이다. 그리고 이 실재를 변질시키거나 부패시키는 행위를 잊어버리지 않기 위해서, 이 실재에 우리 자신한테서 야기된 것을 전혀 추가하지 않는다는 것을 말한다. 순수성이란 추상하지 않고, 항상 선택이나 자아 방어를 부추기는 것을 멀리하며, 모든 분석에 저항하는 현존하는 무한성(infinité présente)을 의미하며, 완벽한 통일성을 가지고 있는 것이다.

---

174 역주) 이는 물론 앞서 말한 바 있는 '존재 자체(Ipsum Esse)' 혹은 신의 현존이다.

175 역주) 이 문장은 마치 《신곡》에서 단테가 신을 만나고 신의 현존 안에서 세상을 보았을 때, 자신이 그토록 경멸하였던 세상이 무수한 가치로 가득 찬 너무나 아름다운 세계로 보인 그 장면을 연상케 하고 있다. 우리는 이러한 라벨의 사유에서 '현실 속의 또 다른 현실'을 추구하였던 초-현실주의 이념과 유사한 것을 발견할 수 있다.

11. 영혼의 최정상(sommet)

만일 한 번이라도 상승된 의식의 정상을 발견하지 못하였다면, 삶에 의미를 부여한다는 것은 불가능하며, 산다는 것을 받아들이는 것조차 어려울 것이다. 이 의식의 정상에서 사유와 의지는 스스로를 형성하고자 하는데, 사람들은 결코 이를 추락하도록 내버려 두지 말아야 할 것이다. 우리가 이 영혼의 정상을 오를 만한 힘을 상실하게 될 때 추억은 우리의 정신으로 하여금 후회와 동시에 희망을 가지게 하고, 여전히 우리를 지지하기를 멈추지 않을 것이다. 보잘것없는 요청들, 쓸모없는 한가한 교제들, 우리를 짓누르는 어떤 근심들과 우리를 분산시키는 어떤 관심들에 연결된 '고유한 자기-사랑'에 관한 생각들을 던져 버리는 것을 마치 단호한 규칙처럼 받아들이지 못하는 사람은 누구도 이 영혼의 정상에서 자신의 거처를 마련하지 못할 것이다. 그런데 이러한 규칙만으로는 여전히 충분하지 않으며, 우리가 이 규칙을 열정적으로 따르고 있다 해도, 그럼에도 무관심과 메마름의 상태 안에 거주할 수 있다. 의식의 정상은 가장 순수한 우리의 행위만이 도달할 수 있는 하나의 빛나는 첨단이다. 아주 작은 먼지의 낱알도 이를 둔화시키고 손상시키기에 충분하다. 이럴 때에 우리의 영혼은 이 정상에서 어떠한 지반도 획득하지 못할 것이며, 빠르게 여기서 추락하게 될 것이다. 하지만 그럼에도 영혼이 자신에게 적절하고 가장 완전하면서 동시에 가장 불안정한 유일한 균형을 발견하는 것은 바로 여기 [추락]에서이다.

이렇게 하여 [추락하면서 동시에 영혼의 가장 적절한 균형을 발견하면서] 또한, 일종의 역설을 통하여, 우리의 의식의 능력(capacité de conscience)[176]이 정확하게 채워진 것을 발견하는 것이다. 여기에서 모든 영혼의 능력(puis-

---

176 역주) 여기서 '의식의 능력'이 구체적으로 어떠한 능력을 말하는 것인지 저자는 밝혀 주고 있지 않다. 하지만 정상에서 '추락하는 영혼이 오히려 의식의 능력을 완전하게 가질 수 있다'는 점을 감안한다면 이는 '어떤 대상을 인지하는 데 있어서 최상의 의미로 인지하는 것'을 말한다고 볼 수 있다. 예를 들어 만일 천사가 존재한다면 인간이 자연을 인식하는 것과 인간의 모습으로 추락하는 천사가 자연을 인식하는 것은 다를 것이다. 천사는 인간보다 훨씬 고차적인 지평에 존재하였기 때문에 인간보다 훨씬 많은 것을 통찰할 것이며, 자연이 가진 의미를 인간보다 훨씬 더 고차적으로 인지할 것이다. 이처럼 정상에서 추락하는 영혼을 통해서 '하강의 형이상학'이란 개념을 이해할 수 있을 것이다.

sances de l'âme)이 실행되고 동시에 일치하게 되며, 일전에는 영혼의 능력들에 장애가 되었던 것들이, 이제는 그들의 모든 움직임에 힘과 자유로움을 증가시킨다. 사물들의 현존 자체에 우리를 제공하는 최상의 '내적인 긴장(tension intérieure)'이 가장 미소한 것들에게 놀라운 두드러짐과 초자연적인 빛을 제공하는 '최상의 여유(suprême détente)'와 오직 하나를 이룰 뿐이다. 세계가 영혼에게 유순하게 되고, 영혼이 실현하는 의미를 세계가 수용하는 것처럼 보일 정도로 의도(intention)는 너무나 단순하고 너무나 올바르다. 세계의 내부 그 자체가 우리에게 투명하지만, 반면 나의 내부는 이러한 분명함과 오직 하나를 이룰 뿐이다. 따라서 영혼은 이제 더 이상 자신을 혼란스럽게 할 수 없다고 느끼는 그러한 상태들보다도 더 상승된 상태에 있는 것이다.[177)]

따라서 우리의 의식의 정상이 위치해 있는 곳은 바로 '현재 안(dans le présent)'이다. 하지만 우리는 우리 자신을 어떻게 여기에 데려가고 유지할 수 있는지를 알지 못한다. 우리는 '우리의 사유와 우리의 행동에 충분히 큰 재료를 제공하지 못할 것'이라고 말하면서 우리 스스로를 단죄한다. 바로 이 때문에 우리는 항상 이 현재를 포기하고 마는 것이다. 하지만 우리는 용기를 가지기 위해서는 큰 노력이 필요하다는 사실을 망각해 버리기를 바라고, 우리를 즐겁게 할 보다 연약하고 보다 쉽게 접근할 수 있는 대상을 우리의 굴절된 행위에 제공하면서 이러한 용기를 우회하는 것이다. 우리의 굴절된 행위는 이러한 대상을 과거나 미래, 즉 추억이나 몽상에서 추구하고 있다.[178)]

---

177 역주) '더 이상 자신을 혼란스럽게 할 수 없는 상태'란 아마도 스토아학파에서 말하는 '아파테이아', 즉 '영혼의 평정'의 상태를 암시하고 있는 것 같다. 반면 라벨이 말하는 영혼의 정상은 이러한 '평정'의 상태보다 더 상승된 것을 말한다. 이는 그리스도교의 신비가들이 말하는 '영적 상태(état d'âme)' 혹은 영혼의 신성과의 합일의 상태인 '엑스타즈'의 상태를 의미하는 것이거나 최소한 이러한 상태들이 일어날 수 있는 지평이라고 할 수 있다.

178 역주) 저자 라벨은 의식의 정상 혹은 영혼의 정상에 이르게 되는 것은 '현재에서'라고 맺고 있다. 마치 현재라는 시간을 절대적으로 살기만 한다면 이러한 상태에 도달할 것이라고 말하고 있는 것처럼 들린다. 하지만 현재를 최상으로 사는 것이 구체적으로 무엇을 말하는지 혹은 그 방법은 무엇인지에 대해서는 말해 주지 않고 있다. 다만 우리가 현재를 최상으로 살지 못하는 것은 우리의 의식이 과거(추억)나 미래(몽상)에 집착하기 때문이라고 말하고 있다. 저자가 그 구체적인 방법에 대해서 말하고 있지 않는 것은 어쩌면 의식의 정상으로 가는 방법은 '수행'이라는 방법을 통해 직접 체험해야만 하는 실천적인 것이지, 말로 표현할 수 있는 것이 아니기 때문일 것이다. 분명한 것은 우리의 의식이 무한성을 체험하면서 삶의 최고의 진리를 발견하고 살 수 있는 것은 바로 지금, 현재라는 말이며, 이러한 사유는 라벨이 한 사람의 실존주의 사상가라는 것을 대변해 주고 있다고 할 수 있을 것이다.

현재란 마치 해변이 없는 대양과 같은 세계의 무한성을 발견하는 일종의 정상이다. 여기에는 어느 날엔가 도달하여야만 할 항구도 없으며, 항상 우리를 피해 가는 아득한 신비로 향하는 길도 없다. 무한성, 이는 끝(la fin)의 부정이며, 따라서 또한 길이다. 무한성은 그 자체로 끝이며 길이다. 왜냐하면 의식은 무한으로부터 영속하는 저편 세계를 추구하는 것이 아니라, 오직 무한으로부터 그의 시선의 양식을 취할 때만 자신의 균형과 안전함을 얻을 수 있기 때문이다.

루이 라벨,
20세기의 '형이상학'을 갱신하다

1. 생애와 업적

루이라벨(Louis Lavelle, 1883~1951)은 프랑스의 생 마르텡 드 빌레알(Saint-Martin-de-Villereal)에서 1883년 7월 15일에 출생한 20세기 주요 프랑스 형이상학자이며, 그의 사상은 유신론적인 실존주의로 알려져 있다. 1947년에는 도덕·정치과학 아카데미(l'Académie des sciences morales et politiques)에 회원으로 선출되었다.

7세에 중등 교육을 위해 농장을 경영하였던 부모님을 떠나 아미엥(Amiens)에 정착하였고, 후에는 생-에티엔(Saint-Étienne)에서 수학하였다. 리옹대학에 입학한 라벨은 니체의 사상에 관심이 많았고, 자유주의자들의 시위에 참석하기도 하였다. 여기서 그는 친구였던 '장 나베르'와 함께 반-실증주의자이며 칸트주의자였던 '아르투르 하네깽(Arthur Hannequin)'의 제자로 수학하였다. 그는 레옹 브랑쉬빅(Léon Brunschvicg)과 헨리 베르그송(Henri Bergson)의 수업에도 자주 참석하게 되는데, 후일 레옹 브랑쉬빅의 사상을 비판하기도 하였다. 1909년 네프샤토(Neufchâteau)에서 26세라는 젊은 나이에 철학 교수 자격을 획득한 이후에 방돔(Vendôme)과 리모쥐(Limoges)에서 교편을 잡았으며, 1913년에 결혼한 그는 슬하에 1남 3녀를 두었다. 1914년 1차 세계대전이 발발하고 징집령이 내려지자 라벨은 전선으로 나아가게 된다. 1915년 솜(Somme)에서 복무한 뒤, 1916년에는 베르둔(Verdun)의 전장에 투입되었는데, 여기서 그는 포로로 잡혀 약 23개월 동안 구금 상태로 지낸다. 감옥 생활에서 라벨은 향후 자신의 사상을 전개할 논문을 구상하고 또한 전쟁 노트(Carnets de guerre)도 작성하게 된다. 그의 박사 학위 논문인《감각적 세계에 대한 변증법(La dialectique du monde sensible)》은 그의 옥중 생활 중에 쓰였다. 1921년 라벨은 소르본 대학에서 철학 박사 학위 논문을 발표하였는데, 그 정확한 제목은《레옹 브랑쉬빅에 따른 감각세계의 변증법과 레옹 로뱅에 따른 깊이에 대한 시각적 통찰(La Dialectique du monde sensible devant Léon Brunschvicg et La Perception visuelle de la profondeur devant Léon Robin)》이었다.

박사 학위 취득 이후 그는 스트라스부르그의 푸수텔 드 콜로뉴(Fustel-de-Coulanges) 고등학교에서 철학 교사로 지냈으며, 이때 알사스 로렌의 노조에서 중요한 역할을 담당하게 된다. 1924년부터 1930년까지 라벨은 헨리 4세 고등학교와 루이 대제 고등학교 등에서 철학을 가르쳤으며, 이후 그는 파리에서 언론인으로 활동하였다. 그의 본격적인 저술 작업은 1928년 출간한 〈영원한 현존의 변증법(La dialectique de l'éternel présent)〉이란 부제가 달린《존재에 관하여(De l'être)》를 저술하면서였다. 하지만 철학자로서 그의 명성을 얻게 된 것은 1933년《자아의식(La conscience de soi)》이 출판되면서였다. 이후 그는《총체적 현존(La Présence totale)》(Aubier, 1934),《자아와 그 운명(Le Moi et son destin)》(Aubier, 1936),《나르시스의 오류(L'Erreur de Narcisse)》(Grasset, 1939),《악과 고통(Le Mal et la souffrance)》(Plon, 1940),《시간과 영원성에 관하여(Du temps et de l'éternité)》(Aubier, 1945),《자아의 능력들(Les Puissances du moi)》(Flammarion, 1948),《인간의 영혼에 관하여(De l'âme humaine)》(Aubier, 1951),《4명의 성인들(Quatre saints)》(Albin Michel, 1951),《가치론 1권(Traité des valeurs I)》(PUF, 1951),《가치론 2권(Traité des valeurs II)》(PUF, 1955),《영적인 무한성에 관하여(De l'intimité spirituelle)》(Aubier, 1955),《도덕과 종교(Morale et religion)》(Aubier, 1960) 등 그의 주저들을 하나씩 저술하면서 명실공히 프랑스의 현대철학자의 반열에 이름을 올리게 된다. 위키피디아 백과사전에 소개된 생전이나 사후에 출간된 그의 저서는 모두 29권이다.

1934년부터는《시간(Le Temps)》誌에 칼럼을 쓰면서 흐네 르 센느(René Le Senne)와 함께 오비에(Aubier-Montaigne) 출판사의 정신의 철학(Philosophie de l'esprit) 시리즈를 기획하기 시작하였고, 이후 1942년까지 《Le Temps》 誌의 철학적 연대기를 작성하였다. 1940년 휴전 기간 동안 라벨은 보르도 (Bordeaux)로 물러나 잠시 교사로 지냈는데, 1941년에는 '공립교육의 총감(Inspecteur Général de l'Instruction Publique)'에 임명되었다. 그해 5월 25일의 콜레주 드 프랑스(Collège de France)의 집회에서 에두와르 르 로이(Édouard Le Roy)의 뒤를 이어 콜레주 드 프랑스의 철학과장에 선출되었다. 다양한 저술과 해외 학회 활동 등으로 건강이 급격히 악화된 그는 고혈압으로 시달리게 된다. 임종 6개월 전 의사가 라벨에게 죽음을 경고하였으나, 그는 동료에게 아무런 문제가 없다고 말하였다고 한다. 하지만 1951년 8월 13일 라벨은 협심증으로 사망하게 된다.

대중에게 그리 많이 알려진 철학자는 아니지만, 그럼에도 루이 라벨은 20세기의 위대한 프랑스 철학자 중 한 사람이며, 아마도 현대 사회를 살아가는 우리에게 가장 심오한 것을 말해 주고 있는 철학자 중 한 사람임이 분명하다. 그의 저작들은 20세기의 형이상학의 방대한 체계를 제시해 주고 있는데, 이 체계 안에는 '존재론', '가치론' 그리고 '윤리학'이 통합되어 있으며, 아마도 정신의 철학(la philosophie de l'esprit)은 그의 철학을 상징적으로 드러내는 용어가 될 것이다. 오늘날 라벨의 저작들은 알렉시스 클리모브(Alexis Klimov), 장 에꼴(Jean École), 장-루이스 비에이야르-바롱(Jean-Louis Vieillard-Baron), 미셸 아담(Michel Adam) 그리고 브루노 뼁샤르(Bruno Pinchard) 등의 노력 덕분에 새로운 관심을 받고 있다. 특히 미셸 아담의 철학은 라벨 철학의 정신 안에서 도덕적인 질문을 발전시켰는데, 여러 가지로 위기 상황을 맞이하고 있는 힘겨운 현대 사회에 있어서 도덕에 관해서 질문하고 있다. 이들은 모두 프랑스의 '정신의 철학'에 우선적인 관심을 가진 사람들인데, 정신의 철학을 기획한 이들은 흐네 르 센느(René Le Senne), 가브리엘 마르셀(Gabriel Marcel), 가브리엘 마디니에(Gabriel Madinier), 니꼴라스 베르디에프(Nicolas Berdiaev), 조지 귀스도르프(Georges Gusdorf), 에메 포레스트(Aimé Forest), 장 나베르(Jean Nabert), 모리스 네동셀(Maurice Nédoncelle), 장 노귀에(Jean Nogué), 장 퓌셀(Pucelle) 등이며, 여기서 루이 라벨은 그 첫머리를 차지하고 있다.

투명하고 잘 정리된 자신의 스타일을 통해 숙고된 사유를 명료하게 제시하고 있는 라벨 철학의 독특한 가치는 모든 인간의 행위가 종합적으로 해명되고 있는 그의 존재론으로부터 잘 드러나고 있다. 라벨의 존재론은 스콜라철학으로부터 주어진 '전통적인 존재론'과도 구별되며, 아리스토텔레스의 '제일 철학'이나 데카르트의 '실체 개념'과도 혼동될 수 없는 것이다. 그러기에 라벨의 사상은 서양 철학에 대해 '존재에 대한 망각'이라고 비판한 하이데거의 비판을 완전히 넘어서 있는 것이다. 라벨의 시각에 있어서 칸트의 장점은 현상의 저편에 있는 존재를 '사물'처럼 사유해서는 안 된다는 것을 증명하였다는 것이었다. 따라서 라벨에게 있어서 존재란 근본적으로 주어진 총체(우주적 총체)로 나타나는 것이지만, 이는 또한 사유하는 '주체'에 관여하는(속하는) 것이며, 인간 정신의 반성의 행위를 통해서만 의미 있는 무엇으로 주어지는 것이며, 그러기에 '실현해야 하는 무엇'으로 나타나는 것이다. 라벨의 존재론은 본질적으로 존재에 대한 정신의 참여라는 '존재론적인 역동성'으로 나타나고 있다.

라벨의 위대한 형이상학적 계획은 그의 박사 학위 논문이었던《감각적 세계에 관한 변증법》에서부터 출발하는데, 여기서 그는 존재를 향한 두 가지 길을 '감각적 체험'과 '형이상학적 체험'으로 제시하고 있다. 그러나 그의 형이상학이 본격적으로 제시되고 있는 것은 각각 〈존재에 관하여〉, 〈행위에 관하여〉, 〈시간과 영원성에 관하여〉, 〈인간의 영혼에 관하여〉라는 제목을 가지고 4부작 단행본으로 출간된《영원한 현재에 대한 변증법, *La dialectique de l'éternel présent*》에서였다. 여기서 그는 마치 범신론을 연상케 하는 '존재의 일원성'에 대해서 말하고 있는데, 이는 철학, 특히 형이상학의 대상이 우선적으로 절대, 무한, 혹은 일자나 신을 취하고 있음을 표현한 것이다. 왜냐하면 그는 개인의 의미가 진정으로 부각되는 것은 이 절대와의 관계성 속에서라고 생각하였기 때문이다.

《시간과 영원성에 관하여》는 시간의 근본적인 개념을 순간 속에 현존하는 '영원성'처럼 발전시킨 것이며,《인간의 영혼에 관하여》에서는 영혼의 개념을 개인의 사명을 통해서 실현할 수 있는 '잠재성'처럼 고려하고 있다. 라벨의 실존적인 윤리학과 철학은 다양한 단편집을 통해서 나타나고 있는데, 이러한 저작에서는 심오한 형이상학적인 주제들이 그의 섬세한 정신 심리학적인 분석을 통해서 잘 다루어지고 있다. 특히 고독과 소통이라는 현대인의 문제에 대한 놀라운 분석과 전망을 제시해 주고 있다. 라벨은 결코 자기 자신을 작품 속에 등장시키지 않으면서도 자신이 경험하고 체험한 삶의 실재를 철학적으로 보편화하고 있는데, 그중《나르시스의 오류, *L'erreur de Narcisse*》에서는 '자신에 대한 사랑'과 '고유한 자기-사랑'을 구별하면서, 에고이즘이 강한 현대인의 정신을 우회적으로 비판하고 있다. 특히 임종하던 해에 출간된《가치에 대한 논고 1권, *Traité des valeurs* I》과 4년 뒤에 출간된《가치에 대한 논고 2권》에서는 현대 철학에서 거의 자취를 감춘 '가치론'에 대해서 다루고 있다. 여기서는 인간 사유의 변증법적인 특성을 통해서 가치의 발생과 가치 있는 삶의 완성에 대해서 논하고 있다. 특히 '경험적 주체'와 '초월적 주체' 그리고 '절대적 주체' 사이의 관계를 통해서 이를 논하면서 형이상학과 도덕 철학이 일치된 아주 심오한 주제를 다루고 있다.

20세기의 철학자 중에서 누구도 루이 라벨처럼 철학의 고유한 지평에서 '영성(spiritualité)'이 무엇을 의미하는 것인지를 말해 준 철학자는 없었다. 다시 말해서 인간의 영혼을 고양시키고, 영혼의 탁월한 아름다움과 선함을 비추어 주는 이성적인 반성을 보여 준 철학자는 없었다. 따라서 라벨 철학에서 영성이라고 할 때 이는 '성인들(les saints)'이 말하는 종교적인 의미의 영성을 지칭하는 것은 아니다. 만일 '유일한 라벨의 전임자'라고 할 만한 철학자가 있다고 한다면, 아마도 그는 말브랑쉬(Malebranche, 1638~1715)일 것이다. 장 귀통(Jean Guitton)과 이태리 철학자 레오나르도 치아까(Leonardo Sciacca)는 라벨의 진정한 모습을 만나기 위해서는 그가 피정하고 있는 아비뇽 근처의 한 수도 원에 그를 보러 가야만 한다고 말한 바가 있다. 이 수도원에서 철학자는 고요와 고독 속에서 세계와 인간에 대해 반성하고 있다. 라벨의 고요한 사유는 오늘날의 우리에게 세계와 인생 그리고 특히 종교적인 인간(Homo Religiosus)의 의미에 대해서 많은 것을 말해 주고 있다.

2. 사상의 특징과 발전 단계

2-1. 변증법적 존재론

베르그송 그리고 브랑쉬빅(Brunschvicg)과 함께 라벨은 풍요롭고 창조적인 정신의 삶의 우위성을 유지하고 있다. 베르그송이나 브랑쉬빅에서 우리가 발견할 수 있는 가장 특징적인 사유는 인간의 의식(정신)은 본질적으로 통일체를 형성한다는 것이며, 삶 전체를 하나의 통일된 자아로 형성해 낸다는 것에 있다. 의식에 관한 브랑쉬빅의 사유를 요약하면 다음과 같이 될 것이다.

> 의식이란 단 한 순간에 의식 안에 존재하는 모든 사태를 통일한 것을 의미하지 않는다. 의식은 자신 안에서 발생하는 모든 일련의 사태를 통일하는 것이며, 현재 안에서의 모든 사태의 통일체이다. 그리고 의식은 필요한 모든 순간에 자신의 삶을 전체로 통일하며, 이 삶을 항상 새롭게 갱신할 수 있다.[참조: *Introduction à la vie de l'esprit*, p. 14]

라벨은 이러한 브랑쉬빅의 사유에서 출발한다고 할 수 있다. 하지만 라벨은 인간의 의식에 대한 고찰을 하기 위한 기초 작업으로 우선 인간의 의식 혹은 정신이 가진 존재와의 관계성에 집중하며, 이로써 자신의 형이상학의 기초를 마련한다. 라벨은 자신의 형이상학적인 위치를 분명히 하기 위해 우선 '근본적인 관념론자'인 아믈렝(Hamelin)의 사상을 등장시키고 이에 대해 비판하면서 자신의 사유를 전개한다. 1970년에 아믈렝은 《재현의 주요 요소에 대한 고찰》에서 자신을 마치 근본적인 관념론자처럼 소개하였다. 자신을 소개하는 아믈렝의 사유를 요약하면 다음과 같이 될 것이다.

> 사물이나 대상을 고찰할 때, 우리는 이들이 가진 관계성으로부터 출발하여야 한다. 사물들의 이 관계성은 우리의 정신이 고안해 낸 것이 아니라 그 자체 관계성의 근원으로서 존재하는 사물들이나 법칙들로부터 발생한다. 사물들이 곧 법칙들이 아니라, 사물들의 본성이 곧 법칙들의 근원으로서 여기서 법칙들이 흘러나오는 것이다.[참조: *Essai sur les éléments principaux de la représenta-*

tion, p. 18]

"사물들의 본성이 법칙들의 근인이 된다."라고 진술한다는 것은 마치 눈에 보이는 사물들의 이면에 모든 질료적인 것을 초월하는 질료적인 것의 근원인 '이데아'와 같은 본성이 존재하고 있음을 의미하는 것이다. 왜냐하면 물질적인 것은 예외 없이 어떤 법칙들을 통해 존재하며 이 법칙들에 지배받고 있는데, 이러한 법칙들 자체의 원인이 되는 것은 결코 물리적인 어떤 존재일 수가 없기 때문이다. 따라서 만일 진정한 존재 혹은 영원한 존재가 문제가 될 때, 이는 곧 모든 질료적인 것과 법칙의 근원인 '관념적인 존재'이며, 이러한 사유는 '관념론'이 될 뿐 아니라, 플라톤보다도 더 멀리 나아가는 '근본적인 관념론'이 되는 것이다. 왜냐하면 최소한 플라톤에게 있어서는 '이데아'의 존재는 인간 지성의 행위와 밀접한 관계성을 가지면서 '보다 지성적일수록 보다 참된 존재'라는 명제가 성립하지만, 아믈렝에게 있어서는 '관념적인 존재'가 인간의 정신적 작업에 우선하고 독립하는 존재이기에 '근본적인 관념론'이 되는 것이다.

하지만 라벨이 '존재'를 말할 때, '존재'는 관념적인 존재도 물질적인 존재도 아니며, 오히려 '세계의 총체' 그 자체를 지칭하고 있다. 물론 여기서 세계란 인간의 정신에 의해서 파악된 어떤 시스템적 체계를 말하는 것이 아니라, 인간의 정신에게 포착되기 이전에 존재하는 '시원적으로(primitivement) 주어진' 총체를 말한다. 라벨에게 있어서 존재란 범주들의 종합의 산물이 아니며, 지성적인 작업으로부터 산출되는 것도 아니다. 그러므로 라벨의 존재론은 관념론을 발전시키는 것이 아니라, 인간의 정신이 '존재'를 이해하기 이전의 시원적인 존재를 제시하면서 시작한다. 라벨 사상에서 존재란 '보편적인 대상(l'objet universel)[참조: De l'être, p. 39]'이다. 물론 여기서 대상이란 사물이라는 의미로 이해되는 것이 아니라, 첫 번째의 것, 일의적인 것 그리고 우주의 모든 곳에 그리고 전체에 현존하는 것이다. 이러한 존재론적인 일의성에 대한 관점은 주체(sujet)와 객체(objet)라는 고전적인 구분을 넘어서면서 "존재는 행위(현실성)이다(l'être est l'acte)."라는 긍정을 통해서 지지된다. 이러한 사유는 주체를 우주의 총체와의 관계성 속에 설립시킨다. 이 관계성에 대한 사유를 요약하면 다음과 같이 될 것이다.

존재와 행위를 동일시하게 되면, 우리 자신의 고유한 존재를 규정함에 있어서 우리 자신의 자유에 따라 자유롭게 규정하는 것이 가능하다. 즉, 마치 신의 창조 행위를 흉내 내듯이 우리가 우리 자신의 '정신적인 인격'을 창조하는 것이다. 하지만 우리 자신을 신과 연결시키기 이전에 우리는 먼저 세상과 관계성을 확보해야 한다. 순수한 행위(acte pur)는 다만 존재하는 것이기에 어떠한 선택도 지니고 있지 않다. 선택은 자신의 본성에 참여하면서 자신의 '인격'을 형성하기 위한 '동의(consentement)'를 통해서 이루어진다. 즉, 자신을 존재하도록 하고 생명력을 부여하는 '내적인 원리(영혼 혹은 의식의 원리)'에 관심을 가지는 것에서부터 모든 선택이 가능하다. 다시 말해 인간은 자아를 형성함에 있어 무엇이 될 것인가에 있어서 모든 선택이 가능하다.[참조: *De l'être*, p. 9~10]

자신을 존재하게 하는 이 내적인 원리는 곧 의식의 행위이다. 이 의식의 행위를 통해서 개별자는 그 자신에게 존재를 부여하는 것이다. 내가 나 자신을 순수한 존재와 일치되어 있고 동시에 구별되는 존재로 표현하는 것은 나의 개별적인 행위를 통해서이다. 나는 참여를 통해서 순수한 존재와 연결되는데, 이는 라벨의 변증법적 존재론(l'ontologie dialectique)의 중심 주제이다. 참여한다는 것, 이는 나의 반성적인 활동을 통해서 존재의 한 부분을 차지한다는 것이다. 이 참여의 개념은 라벨의 첫 번째 저서인 《감각세계에 대한 변증법 (*La Dialectique du monde sensible*)》에서 근원을 가지는데, 여기서 그는 소여, 힘, 연장(étendue) 등과 같은 감각적인 특질들에 대한 체계적인 연구를 제안하고 있다. 반면 그는 창조적인 활동, 즉 보다 구체적으로 정신의 분석 활동이 발생하는 것은 감각적인 세계에 대한 대면을 통해서라는 것을 보여 주고 있다. 정신의 분석 활동과 감각 세계의 관계성은 다음과 같이 요약될 수 있다.

실존(혹은 존재)은 그 자체 세계의 총체와 교감한다. 이러한 교감은 교감하는 자신과 대상들을 구별하고 매우 엄밀하게 상호 간의 한계들을 규정하면서 대상에 자신을 상실하거나, 대상을 자신에게 흡수해 버리는 우를 범하지 않고, 모든 부분에 적용될 수 있다. 사유가 통일될 수 있는 것은 분석을 통해서 '단순함'을 획득하기 때문에 가능하다. 이러한 단순한 행위는 '시원적으로 주어진(donné primitivement)' 구체적인 존재의 총체적인 국면에 적용할 수 있으며, 또한 결코 고갈되지 않는 정신적 행위의 풍요함을 말해 줄 것이다. 비로 이 정신의 행위를 통해 실존의 다양한 계층들이 고유한 형식을 가지고 나타나게 되는 것이다. 사유는 '움직이는 정체성(l'identité agissante)'을 통해서 하나의 개념을 다른 개념들과 구분하는데, 이러한 구분을 통해 기존에는 모호하던 것이 '일종의 탁월한 다양성(en quelque sorte éminemment la diversité)'으로 분명하게 구분되는 것이다.[참조: *La Dialectique du monde sensible*, p. 5~6]

참여의 행위는 나 자신을 개별적인 존재로 생각함으로써 다시 말해서 반성할 수 있는 존재로 생각함으로써, 그 결과 세계를 의미를 가진 존재로 고려하는 것이다. 가치가 우리에게 나타나는 것은, 우리가 분석한 바를 통해 세계에 대한 우리의 일상적인 체험을 안에서이다. 이처럼 라벨에게 있어서 형이상학의 출발점은 구체적인 것에서이다. 즉, 정서를 불러일으키는 실재, 존재에 대한 직관을 야기하는 '떨림', 순수한 체험 등이다. 라벨에게 있어서 이러한 것들은 절대에 대한 참여의 증거이며, 반성 행위를 통해서 항상 새롭게 되고, 동의되고, 깊이 파헤칠 수 있는 것들이다. 나의 정신이 반성 행위를 통해서 존재에 참여하고, 또한 나의 고유한 정신적인 인격(영적인 인격)을 가지게 하는 의식의 활동이 곧 '변증법'이다. 라벨에게 있어서 변증법은 단순히 사고의 방법론일 뿐만 아니라, 인간의 의식이 행위하고 존재하는 특질이라고 말해질 수 있다.

테제(정)	시원적으로 주어진 무제약적이고 비-규정적인 총체로서의 존재
안티테제(반)	정신의 분석 활동을 통한 다양성의 산출, 자아와 존재의 구별
종합(합)	존재의 현존에 대한 동의와 참여를 통한 존재와의 일치
루이 라벨의 존재론적 변증법의 구조	

라벨의 변증법은 이것이 분석적이라는 것에 있어서 헤겔의 변증법과 구별

된다. 시원적으로 주어진 존재의 총체성 안에서 실존의 모든 개별적인 형식의 다양성을 유발하는 것은 분석(analyse)이다. 총체(Le Tout)는 모든 변증법적 작용의 지반이다. 총체적인 존재로부터 세계의 '내적인 기원(genèse intérieure)'이 시작되는 것, 이것이 철학이다. 라벨은《존재에 대하여(De l'Être)》에서 형이상학이란 하나의 예외적인 체험 위에서 설립된다고 논하고 있는데, 이 체험이 곧 '존재의 현존(la présence de l'Être)'에 대한 체험이며, 바로 이러한 체험으로부터 모든 형이상학적인 작업이 시작되는 것이다. 존재의 내면성은 항상 실행 중에 있는 행위(현실성, l'acte)이며, 우리는 여기에 참여하는 것을 멈추지 않는다. 행위란 나 자신과 세계의 내적인 기원이며, 우리의 자유가 정초되는 곳은 이러한 창조적인 행위에 대한 우리의 참여를 통해서이다. 사르트르와 마찬가지로 라벨은 본질에 대한 실존의 우선성(priorité)을 주장하고 있다. "실존은 오직 본질에 대한 탐구를 위해서만 우리에게 주어진다." 어쨌든 가치는 자유에 대해서 선-존재한다. 우리의 실존과 자유로운 선택을 유효하게 하는 것은 바로 이 가치이다. 즉, 그것이 가치 있는 것이라는 전제하에 우리의 자유로운 선택이 정당성을 가지는 것이다. 라벨이 존재와 삶에 대해 선호하는 태도는 경외이다. 우리가 참여하는 존재에 대한 라벨의 메시지는 '신뢰의 낙관주의(l'optimisme de confiance)'이며, 우리 자신에 대한 메시지는 '요청의 낙관주의(l'optimisme d'exigence)'이다. 성성(sainteté)은 다른 존재들과 신에 대한 주체의 현존을 통해서만 나타날 수가 있다.

2-2. 참여 이론과 '사유의 역동주의' 그리고 실존

라벨에게 있어서 '존재의 현존'에 대한 체험으로부터 그의 철학이 시작하는 것이라면, 이러한 존재의 현존에 대한 체험은 인간 정신의 참여(participation)라는 형식으로 주어진다. 따라서 그의 사유에서 '존재로의 참여'는 '철학의 중심(le cœur de la philosophie)[De l'Acte, p. 167]'처럼 고려된다. 정신의 사유 활동이 본질적으로 존재에 대한 참여이기에, 라벨에게 있어서 사유의 활동이란 정적인 것이 아니라 매우 역동적인 것으로 나타나며, 우리는 이를 '사유의 역동주의'라고 부를 수 있다. 참여의 의미나 본질에 대해서 질문한다는 것은 이 참여가 이루어지는 방식에 대해서 탐구한다는 것을 의미한다. 라벨에 게 있어서 참여는 두 가지의 양태를 가진다. 하나는 '~에 참여하다(participer à)'는 것이며, 다른 나는 '~로부터 참여하다(participer de)'는 것이다. 전자는 어 떤 '단체나 집단에 참여한다'고 말하는 것으로 '우리 자신의 힘이나 능력을 제공한다'는 '협력'의 의미를 담고 있다. 반면 후자는 우리가 참여하는 어떤 것으로부터 '어떤 영향을 받게 된다는 것', 즉 우리가 참여하고 있는 그것으 로부터 어떤 것을 일정 부분을 수용한다는 것을 의미한다. 그런데 라벨은 '참 여'란 본질적으로 '수용'과 '협력'이라는 이 두 가지 이중적인 움직임을 통일 시키는 것이라고 생각하고 있다. 라벨은 이러한 참여에 대한 사유는 이미 파 르메니데스나 플라톤과 같은 고대 철학자들에게서 나타나고 있다고 보고 있 으며, 이들 사이에서 어떤 진화가 있었음을 통찰하고 있다. 그리고 이들이 참 여 이론을 개진하는 일반적인 이유는 '참된 존재의 세계와 외관의 세계 사이 의 절대적인 단절을 피하기 위해서[참조: *De l'Acte*, p. 168]'라는 것이다. 플 라톤에게 있어서 참여란 구체적인 한 개념의 본질에 참여한다는 것, 가령 선 을 행한다는 것은 선의 본질에 참여한다는 것이다. 선의 본질 혹은 선 그 자 체는 부동의 것이기에 우리는 이러한 참여를 부동(不動)의 참여론(un participa- tionnisme)이라고 부를 수 있다. 왜냐하면 인간에게 있어서 존재함의 고유성은 곧 실존한다는 것이며, 실존한다(exister)는 것은 법열적(extatique)이 되는 것, 지속적으로 자기 자신으로부터의 이탈하는 것을 말하기 때문이다.

라벨의 참여 이론에서 드러나는 독창적인 점은 '존재-행위(l'Être-acte)'에 관 한 특별한 이론이라고 볼 수 있는데, 이는 인간 정신의 특수성을 부각시키는 것이다. 데카르트가 그렇게 생각하였듯이, 만일 '정신적으로 존재한다는 것' 이 이미 주어진 것이 아니라 오직 사유함으로써만 주어질 수 있는 것이라면, 정신은 사유하기 이전에는 그의 존재가 없는 것과 같으며, 정신이 사유를 통 해서 자신의 존재를 가지기 위해서는 그 근원을 가정하여야 한다. 따라서 사 유를 통해서 자신의 존재를 가지게 된다는 사실은 다른 말로 사유를 통해서 '존재(총체적인 존재)'에 참여함으로써 자기 존재를 가지게 된다는 말이다. 여기 에서 '사유하는 행위'란 곧 '존재에 참여하면서 존재를 수용하게 되는' 매우 '역동적인 것(le dynamique)'으로 나타나고 있는 것이다. 바로 여기서 개별적인 인간의 존재와 무제약자인 순수한 존재 혹은 절대적인 존재와의 관계성이 성립되는 것이다. '인간의 실존은 결코 멈추지 않는 존재에 대한 체험들을 통해서 순수존재 혹은 보편존재에 대한 참여를 알 수 있고, 또 절대적인 존재(신적 존재)와 인간 자아와의 특수한 관계성이 있음을 알 수 있게 되는 것이다.[참조: De l'Acte, p. 165]' 따라서 라벨에게 있어서 '정신의 행위(l'acte)'에 대한 발견은 '존재로의 참여'에 대한 발견이다.

순수한(절대적) 존재의 고유함은 영원히 자신을 형성하는 것이다. 그리고 바로 이 행위가 세계의 통일성을 근거 지우는 것이다. 사실 이러한 라벨의 사유는 중세의 분유론(participatio)과 다르지 않다. 하지만 중세의 분유론이 일종의 형이상학적인 필연성에 의해서 가정된 것이라면, 라벨의 '참여 이론'은 인간의 정신이 사유를 통해 매 순간 실제적으로 실행하고 있는 것이라는 차원에서 보다 역동적이고 실제적인 것이다. 존재('Être)는 하나의 소여(une donnée)가 아니며, 우리는 어떠한 경우에도 우리가 여기에 참여하면서 이를 소진할 수는 없다. 존재는 변함없이 스스로 창조하는 항상 동일한 근원, 항상 새로운 근원이다. '이러한 참여는 이미 실현되어 있는 어떤 존재에 참여하는 것을 의미하지 않는다. 이 참여는 말하자면 무한하고 순수한 존재의 그 어떤 부분을 우리 자신의 것으로 취한다는 것을 의미하는 것이다.[참조: De l'Acte, p. 165]' '참여'의 의미가 가장 잘 드러나는 것은 '행위성(activité)'이라는 용어인데, 이는 '그 자신(le Soi)과 나 자신(le Moi) 사이의 관계들을 규정하는 그 규정의 행위'를 말하는 것으로 분명 역동적인 방식이다. 이러한 규정의 행위는 플라톤처럼 참여를 이데아(Idée)로 향하는 행위처럼 고려하지 않고, 항상 새롭게 되는 행위(acte)처럼 고려하고 있기에 이는 라벨의 독창적인 사유라고 할 수 있다. 그렇기 때문에 '참여의 행위'에는 '존재(être)', '실존(existence)' 그리고 '실재(réalité)'라는 용어들이 항상 동시적으로 고려되며, 이들이 일치를 이루는 행위가 된다. 이러한 행동은 나(le moi)와 전체(le Tout) 사이의 관계가 하나의 추상적인 관계가 아님을 말해 주고 있다. 나의 자아가 총체가 아니기 때문에, 즉 존재와 동일하지 않기 때문에 사유는 끊임없이 행위를 통해서 존재에 참여하며, 존재를 나누어 가지는 것이다.

인간은 비록 의식을 가지고 있지만, 유한한 존재(être finis)이다. 하지만 유한한 존재로서의 인간은 또한 전체 안에 자신이 기입되어 있으며, 의식은 이를 인지하고 있다. 그렇다면 유한(le fini)과 무한(l'infini) 사의의 관계성을 특징을 짓는 것은 무엇인가? 이를 특징을 짓는 용어가 곧 '실존'이다. 실존이란 '인간이 수행하는 행위를 무한으로부터 받아들이는 것'이다. 따라서 라벨에게 있어서 실존적인 인간이란 존재에 참여하면서 자신의 존재를 획득하는 인간이며, 그의 존재의 근원이 자신에게 있는 것이 아니라, 무한한 존재(Être infini), 혹은 총체적인 존재'에 있는 사람을 말하는 것이다. 존재(Être)가 나의 것(나의 존재)이 될 수 있다는 것, 이것이 곧 존재(Être)에 대한 체험이다. '실존하다(exister)'라는 것, 이는 '존재의 내면성(l'intériorité de l'Être)', 즉 항상 동일하고 항상 새로운 총체(la totalité)의 행위(현존)를 파악하고 이 총체적 존재와의 관계성을 가진다는 것이다. '실존'이란 정신(의식)을 타고난 존재의 고유한 국면이다. 왜냐하면 실재란 무엇이라고 규정할 수 있는 고정된 어떤 본질을 의미하는데, 인간의 의식은 끊임없이 자신을 창조하는 것으로 나타나기 때문이다. 즉, 의식을 가진 인간은 본질적으로 '실재'가 아니라 '실존'으로 나타나는 것이다. 천사들은 [이미 본질이 고정(완성)되어 있다는 차원에서] 실재한다고 해도 실존하는 존재들은 아니다, 마찬가지로 의식을 지니지 않는 존재자들, 사물들과 동물들은 '실재'이기는 하지만, 실존하지 않는다. 왜냐하면 이들은 [정신적] 존재의 조건인 참여를 감행할 수 없으며, 또한 끊임없이 자신을 창조하는 존재에 대한 참여의 국면을 가지고 있지 않기 때문이다.

2-3. 인간 의식의 특수성과 시간 개념

베르그송에 있어서와 마찬가지로 라벨에게 있어서 시간이란 그 자체로 독립하는 실체가 아니라 인간 의식의 특수성에 관련된 존재의 양태일 뿐이다. 과거란 이미 존재하지 않는 것에 대해 기억이라는 형식으로 인간의 의식 속에 잠재적으로 존재하는 것이다. 그러므로 과거란 각자가 자신의 의식 속에 있는 의미 연관의 거물 속에서 포착된 자아의 내용 이외에 아무것도 아니다. 이 의식의 내용의 주인이 곧 '자아'이기에 이를 질서 지우고 처분하는 것은 오직 자아의 자유에 달린 것이다. 따라서 과거란 자유가 실행되는 장이다. 과거는 내가 지니고 있는 하나의 세계이며, 이 세계를 질서 지우는 것은 나 자신이다. 기억은 더 이상 외부적인 충격에 영향을 받지 않고 내가 실행할 수 있는 일종의 능력(가능성, puissance)이다. 기억은 내가 나 자신한테서 총체적으로 지니고 있는 것이며, 내가 원할 때는 언제든지 불러낼 수 있는 세계이다. 기억은 시간의 끝이지만 그럼에도 내가 이 기억을 불러낼 때 시간이 나에게서 존재하도록 허락한다. 기억은 시간과 영원성이 만나는 지점이며, 여기서 시간은 소멸되지 않으면서 영원성 안에서 매듭을 풀게 된다.

비록 기억 속에 있는 과거의 사태 그 자체는 하나도 변화시킬 수는 없지만, 그럼에도 나는 과거의 내용 그 자체, 즉 기억에 대해서는 여전히 자유롭다. 왜냐하면 나는 이 과거의 내용을 변모시키고 항상 새로운 의미를 부여할 수가 있기 때문이다. 과거의 기억은 나 자신과 무관하게 독립적으로 존재하지 않으며, 나는 이 과거를 마치 '물건'처럼 그렇게 바라보지 않는다. 물론 창조적인 시선이 이 기억에 스며들지 않고 이를 조명하지 않는 한, 나는 이 기억에 대해서 무관심하게 남아 있을 수 있다. 즉, 이미 지난 일이고 더 이상의 어떠한 변화도 있을 수 없는 것처럼 그렇게 남아 있을 수가 있다. 이렇게 나는 나의 기억에 복종할 수가 있을 것이다. 하지만 이는 '진실'이라는 말로 정당화되는 일종의 우상 숭배이다. 우상 숭배란 항상 행위 중에 있으며, 물질화할 수 없고, 유한화할 수 없는 신의 존재를 동상이나 혹은 어떤 개념이나 사상의 유한한 틀과 동일시할 때 발생하는 것이다. 마찬가지로 우리가 '진실' 혹은 '진리'라는 이름으로 과거의 기억을 고정시켜 버릴 때, 마치 더 이상 변화가 불가능한 딱딱한 동상처럼 고정시켜 버리고, 더 이상 그 어떤 새로운 의미도 산출할 수가 없게 된다. 이런 때에 우리는 일종의 기억(과거)에 대한 우상 숭배를 하게 되는 것이다.

반면 정신의 변증법적인 활동은 나를 과거에 대한 노예로 만드는 대신에 나를 해방한다. 과거란 나에게 가능성(능력, puissance)으로 주어진 것의 '변모'이며, 이를 질서 지우는 것은 나이며, 이러한 실행에 있어서 방해하는 것도, 장애물도 있을 수가 없다. 왜냐하면 인간은 스스로 성숙한 존재일 수 있다면 내면적으로는 항상 자유로운 존재이기 때문이다. 과거란 '소멸된 현재'의 흔적이 아니며, 이미 사라져 버린 현재를 허망하게 혹은 질료적으로 채우고 있는 것이 결코 아니다. 오히려 과거의 의미는 질료적인 것이 소멸된 이후에만이 '정신적인' 혹은 '영적인' 존재가 시작될 수 있다는 인간 실존의 어떤 진실을 증언하고 있는 것이다. 껍질을 포기해야만 씨앗을 얻을 수 있듯이 그 모습이 아무리 화려한 것일지라도 외관을 포기할 때만 우리는 그 본질을 발견할 수가 있다. 따라서 라벨에게 있어서 소멸되는 현재란 곧 새로운 생명, 즉 정신적이고 영적인 생명을 부여하기 위한 것이다. 그렇기 때문에 정신적으로 산다는 것은 사라져 가는 현재에 전혀 집착하지 않는다는 것이며, 오히려 기억의 형식으로 지닌 과거에 새로운 생명, 내적이고, 정신적이며, 영적인 생명을 부여하기 위해서, 주어진 현재를 항상 떠나고자 준비된 삶을 말하는 것이다.

그렇기 때문에 과거를 '성취'라고 부르는 것은 정당하다. 하지만 과거를 성취라고 할 수 있는 것은 오직 이 과거를 표상하는 것, 즉 외적으로 나타남이 아니라, 존재하게 한다는, 즉 정신적이고 영적인 존재로 환원된다는 조건하에서이다. 라벨의 이러한 사유는 "나는 사유한다. 고로 나는 존재한다."라는 데카르트의 명제에 새로운 빛을 주고 있다. 어쨌든 라벨의 이러한 '변증법적 존재론'은 죽음을 생각하는 인간에게 죽음의 문제에 빛을 주는 유일한 현대 사상이라고 할 수 있다. 왜냐하면 죽음의 순간에 나의 모든 과거가 정신적으로 환원된다는 조건하에서만 우리는 존재의 절대적인 소멸로부터 자유로울 수 있기 때문이다.

사람들은 주어진 어떤 것이 더 이상 자신의 소유가 아닐 때 이를 상실하였다고 생각하고 있다. 하지만 의식의 차원에서 보자면 어떤 주어진 것이 '나의 소유'가 아닌 나의 '존재의 일부'가 되기 위해서는 '최소한의 상실'이 필요하다. 왜냐하면 사람들은 무엇을 상실한 이후에 이르러서야 그 무엇의 진정한 의미를 이해할 수 있기 때문이다. 즉, 사물을 정신화하는 인간의 의식에 있어서는 상실은 손실이 아니라 이익인 것이다. 이렇게 정신적으로 살아간다는 것은 항상 과거로부터 어떤 새로운 실재, 새로운 의미를 길어 올리는 삶이 되며, 인생이란 존재의 풍요를 향한 여정이 되는 것이다. 기억은 우리로 하여금 일종의 영원성 안에서 [왜냐하면, 기억은 시간의 흐름을 초월하고 있기에] 시간의 흐름에 참여하게 한다. 하지만 영원한 것은 어떤 개별적인 사건이나 사물이 아니라, 우리의 자유이다. 자유는 모든 것을 되어야 할 것으로 질서 지우고 되어야 할 것으로 선택하는 '존재에 대한 동의'를 의미하는 자유이다.

2-4. 자아의 창조와 자유의 의미

자아에 대한 라벨의 사유는 아우구스티누스나 아빌라의 테레사 같은 전통적인 가톨릭 사상가들의 유산을 이어받고 있다. 왜냐하면 라벨은 자신의 존재를 풍요롭게 할 근원을 발견하는 곳은 바로 자신의 내면에서라고 주장하는 내면성(內面性)의 철학자이기 때문이다. 그러나 그의 자아에 대한 사유는 전통적인 것과 동일하지 않으며, 데카르트식의 개념도 아니다. 라벨에게 있어서 의식이란 '자신이 누구인가?'에 대한 분명한 관념을 가지는 것이 아니라, 오히려 자신을 산출하는 '역동적인 의식'이다. 라벨은 《자아의식》에서 '의식을 유동하고 있는 눈에 보이지 않는 불꽃처럼 생각하고 있다. 그는 의식의 역할을 우리 자신과는 다른 곳에 있는 존재를 밝히는 것으로 생각하지 않고, 오히려 우리 자신을 밝히면서 분명하게 밝혀진 바로 이것이 곧 우리 자신이고 곧 우리의 존재라고 규정하고 있다.[참조: *La conscience de soi*, p. 1~2]' 그리고 또한 《나르시스의 오류》에서는 '의식은 우리의 존재와 이 존재를 포괄하고 있는 빛을 동시에 낳는다.'라고 생각하고 있다.[참조: *L'erreur de Narcisse*, p. 22] 이는 말하자면 의식은 단순히 정신의 눈이 아니라, 정신의 행위(acte), 즉 나(Moi)의 존재 자체라는 말이다. 즉, 우리가 존재에 참여를 시작할 때, 이때는 우리의 의식이 스스로에게 존재를 부여하는 때이다. 즉, 나(le Moi)로서의 의식의 고유함은 스스로 '존재'를 부여한다는 것이다.

어떤 관점에 있어서는 라벨은 데카르트의 사유와 일치하고 있는데, 그것은 순수한 사유의 차원에서의 실존을 주장하고 있다는 점이다. 하지만 데카르트가 사유를 '실체'로 보았다면 라벨은 사유를 '행위'로 보았다. 사유가 실체가 아니라 행위라고 말하는 것은 본질과 실존에 대한 전통적인 관계 정립에 하나의 수정을 가한다는 것을 의미한다. 사유가 행위라고 말한다는 것은 사유를 '중단 없는 실행(faire sans cesse)'이라고 규정하는 것이며, 그러기에 인간은 사유에 대한 총체성을 규정할 수가 없다. 사유는 항상 그 자체이며 동시에 항상 다른 것이며, 동일한 것이며 동시에 다른 것이다. 즉, 사유는 항상 무한한 무엇을 지향하는 것이며, 오직 '자유'라는 이름으로만 규정될 수 있다. 라벨에게 있어서 의식은 '나(le moi)'를 형성하는 유일한 것이다. 하지만 이 의식은 데카르트가 말하고 있는 '사유하는 곳에서만 존재할 수 있는 나'와는 분명 다르다. 만일 데카르트에게 있어서 사유가 실체 혹은 기체라고 한다면 의식이란 이러한 실체로부터 존재가 형성되는 행위가 될 것이다. 하지만 라벨에게는 사유와 의식은 논리적으로 구분할 수 있다고 해도 실체적으로 혹은 존재론적으로 구분할 수 있는 것이 아니며, 시간적으로 구분될 수 있는 것도 아니다.

데카르트의 *Cogito*는 외부에 사유 대상을 가정하지는 않기에 독립적인 것이다. 반면 라벨에게 있어서 사유란 항상 사유하는 대상을 가정하며, 의식이란 이 둘 사이의 관계성을 의미한다. 사유는 단김에 자신의 내면으로 향하는 것이 아니라, 욕망된 대상을 전제하고, 이 대상과의 관계성이란 대상이 나에게 '의미 있는 무엇'으로 환원되었다는 것을 말해 준다. 다시 말해서 라벨에게 있어서 사유와 의식은 동일한 것이거나 통일되어 있기 때문에 본질적으로 사유한다는 행위는 개별적인 행위이며, '나의 사유', 즉 구체적인 대상과 관련된 구체적인 의미 연관 속에서 사유하는 것을 의미하며, 그렇기 때문에 사유하는 행위 자체가 곧 '나의 정신의 내용(의식)'을 이루게 되는 것이다. 만일 나의 정신 속에 아무런 내용이 없다면, 사유하는 나의 정신과 사유하는 너의 정신을 구별해 줄 수 있는 것은 아무것도 없을 것이다. 하지만 인간의 사유는 본질적으로 나의 의식의 작용이기에 그 자체 다른 모든 사람과 구별되는 '나의 사유'가 되는 것이다. 마찬가지로 내가 사유하고 있는 한, 나의 의식은 이전의 의식과 구별되는 현재의 의식이 되는 것이며, 나의 자아는 항상 새롭게 형성되는 역동적인 것으로 나타나는 것이다. 그래서 라벨은 나의 자아란 '모든 규정된 나 자신을 거부하는 것'이라고 말하고 있다. 즉, 자아는 그 자체 '자신을 창조하는 나'인 것이다. 라벨 철학의 핵심이 바로 이렇게 자신(자아)을 창조하는 정신 활동에 집중하고 있는 것이라는 차원에서 우리는 그의 철학을 정당하게 '정신의 철학(philosophie de l'esprit)'라고 부를 수 있는 것이다. 정신의 철학에서 삶의 본질은 정신적인 것이며, 존재의 풍요는 자신을 창조하는 정신 활동에서 기인한다. 자신을 창조하는 정신 활동을 라벨은 '자기의식(conscience de soi)', 즉 자아라고 부르는 것이다. 라벨 철학에서 의식은 지성

활동을 통해 세계를 포괄하는 자이다. 그래서 그는 '의식은 결국 세계의 총체를 자신에게서 포괄하기 위해서 항상 그에게 부과된 한계들을 넘어서고자 애쓰고 있다.'라고 생각하는 것이다.[참조: *Le mal et la souffrance*, p. 63] 나의 자아가 항상 새롭게 되고 항상 풍요롭게 될 수 있는 것은 의식의 고유한 특성 때문이며, 모든 구속을 넘어서 항상 자유로울 수 있는 것도 내가 의식을 가지고 있기 때문이다.

한 개별자로서 내가 존재한다는 것, 혹은 실존한다는 것은 결국 세계와 자신을 '의식한다'는 행위를 통해서이며, 이는 또한 '나의 존재'를 가지기 위해서 정신 활동을 통해 '총체적인 존재(시원적인 존재)'에 참여한다는 것을 의미한다. 이는 '반성적인 행위성'으로 총체적 존재의 한 부분을 차지한다는 것을 의미하는 것이며 동시에 '주어진 세계'와 분리된다는 것을 의미한다. 즉, 자아라는 내면성을 가지면서 나만의 세계(자아의식)를 가지게 되는 것이다. 존재에 참여하는 행위는 마치 나 자신을 하나의 개별적인 존재로 간주하면서, 즉 반성 가능한 존재로 고려하면서 외부 세계를 인간의 정신에 의미를 간직하고 있는 것으로 파악하게 하는 행위이다. 바로 여기서 진정한 도덕이 시작된다. 왜냐하면 의미가 있다는 것은 또한 '바랄만한 것', 즉 '가치가 있는 것'으로 나타나는 것이며, 나는 여기서 이 가치 있는 것에 대해서 답변을 해야만 하기 때문이다. 즉, 나의 존재는 세계의 총체적인 실존에 한 부분을 차지하면서 이 세계에 대한 어떤 책임성을 껴안게 되는 것이다.

2-5. 악과 고통의 현존, 그리고 책임성의 윤리학

라벨의 윤리학은 그의 존재론으로부터 출발한다. 즉, 인간 정신에게 나타나는 세계의 모습 중 결코 부정할 수 없는 사실은 세계란 곧 '악을 포함하고 있다'는 것이며, 이는 '악의 현존(la présence du mal)'에 대한 긍정을 야기한다. 부조리 철학자들에게는 이러한 악의 현존이 '세계란 그 자체 조리하지 않음', 즉 '부-조리함'에서 기인하겠지만 라벨에게는 그렇지 않다. 라벨은 세계를 '부조리한 것'으로 보지 않고, '부도덕한 것'으로 보고 있다. 즉, 세계에 필연적으로 존재하는 '악의 현존'을 '세계의 스캔들(le scandale du monde)[참조: *Le*

Mal et la Souffrance, p. 14]'로 규정하고 있는 것이다. 그렇다면 그 차이는 어디에 있을까? 전자는 악의 원인을 세계의 구조 그 자체에 있다고 보는 것이지만, 후자는 '부도덕함'이라는 말 그 자체를 통해서 악의 원인이 인간에게 있다고 보는 것이다. 왜냐하면 자연의 세계에 부도덕함이라는 말은 무의미한 것이기 때문이다.

라벨의 윤리학은 매우 낙관적인 태도를 견지하고 있지만 반면 그의 사유는 어떤 철학자보다 악의 현존과 인간의 고통에 대해서 깊이 관심을 가지고 있다. '존재론적 변증법'이란 그의 방법론이 암시하고 있듯이 도덕적인 주제에 있어서도 이러한 변증법적인 특성은 매우 강하게 부각되고 있다. 라벨은 '의식 안에서의 기쁨이란 삶에서 수용된 모든 고통으로부터 발생한 것, 즉 이 고통들을 극복하면서 창조적 행위를 산출하고자 한 것으로부터 야기된 것으로, 기쁨이 될 수 없는 고통은 없는 것[참조: *La Présence Totale*, p. 16]'이라 생각하고 있다. 이는 인간 실존의 양의성(兩意性)을 잘 드러내 주고 있다. 인간의 실존은 본질적으로 어둠과 고통 그리고 빛과 기쁨을 가지고 있는데, 후자는 오직 전자를 극복하기 위한 창조적인 노력으로부터 발생하는 것이다. 그렇기 때문에 만일 인간이 스스로 어둠과 고통을 초극하고자 하는 창조적인 노력을 감행하지 않는다면 그의 인생은 필연적으로 '고통과 어둠'이라는 비관론을 산출하고 말 것이다. 인생에서 어둠과 고통을 산출하는 것, 이것을 라벨은 '악의 현존'이라고 규정하고 있다. 악의 기원에 대한 라벨의 사유는 일차적으로는 마치 중세의 스콜라 철학에서처럼 '존재의 부족' 혹은 '존재 그 자체의 조건(le mal comme la condition de son être même)[참조: *La Présence Totale*, p. 15]' 혹은 어떤 '근원적인 한계(limitation originalle)'에서 발견한다. 이는 곧 중세 철학자들이 말하는 '형이상학적인 악'과 다른 것이 아니다. 하지만 라벨이 관심을 가지고 있는 악의 현존은 이러한 형이상학적인 악이 아니며, 현실의 삶 안에서 발생하는 인간의 의지가 산출하는 '도덕적인 악'에 관한 것이다. 라벨은 그것이 무엇이든 '악'이라고 규정될 수 있는 것은 인간의 의지와의 관계성을 통해서 규정된 것이라고 보고 있는데, 이는 존재의 부족 혹은 덕의 결여로 인한 '소극적인 악'이 아닌, 인간의 의지의 결과로 인한 '적극적인 악'에 대해 말하고 있음을 의미한다. 즉, 라벨에게 있어서 '악의 현존'이란 선의 부재나 덕의 결여로 인한 소극적인 것이 아닌, 모든 가치 있는 것과 인생을 파괴하는 적극적인 힘처럼 그렇게 나타나는 것이다. '세계의 스캔들'로서의 악은 그 누구도 이를 피해 갈 수 없는 것이며, 이 악의 현존은 그 자체로 고통을 유발하는 것이므로 라벨은 이를 설명하고 이를 제거하는 것은 철학자가 가진 사명처럼 생각하고 있다.

그렇다면 삶을 파괴하고 고통의 원인이 되는 이러한 악의 현존은 어디서 기인하는가? 즉, 인간의 의지는 왜 악을 유발하게 하는 무엇을 선택하게 되는가? 이는 아이러니하게도 '고통을 멀리하고자 하는 인간의 경향성' 그 자체에서 기인한다. 라벨은 고통(la douleur)을 의미하는 '감각적인 악(le mal sensible)'과 죄(le péché)를 의미하는 '도덕적인 악(le mal moral)'을 구분하고 이 둘 사이에 규칙적인 일치가 존재하지는 않는다는 것을 긍정하고 있다. 다시 말해서 죄를 짓는 사람이 반드시 자신의 죄로 인해 [감각적이든, 도덕적이든] 고통스러운 삶을 영위하지는 않는다는 것이다. 만일 그렇지 않다면, 고통을 싫어하는 인간의 본성으로 인해 언젠가는 악이 멈추어 버릴 것이기 때문이다. 마찬가지로 라벨은 덕과 행복 사이에도 하나의 이상한 불균형이 있다고 분석하는데, 이러한 불균형이 악을 산출하게 하는 계기가 된다고 보고 있다. 다시 말해서 인간의 삶의 체험은 [최소한 이 지상의 현실에서는] 악행의 결과가 반드시 고통이나 불행을 산출하지는 않는다는 것이다. 즉, 인간은 자신이 가져야만 할 고통을 피하기 위해서 어떤 악을 행하는 것이며, 비록 잠정적인 것이라 해도 이는 충분히 성공할 수 있는 것이며, 그리하여 세상에는 수많은 악이 산출되는 것이다. 하지만 라벨은 이러한 악과 불행의 불일치가 절대적인 것이거나 결정적인 것은 아니라고 통찰하고 있다. 왜냐하면 세계의 스캔들로서의 악은 어떤 식으로든지 그 자신에게도 고통을 야기하기 때문이다.

그렇기 때문에 인간이 이러한 악의 스캔들로부터 완전히 벗어날 수는 없으며, 악으로 인해 유발된 '고통'을 스스로의 노력으로 '선'으로 변환하는 수밖에 없다. 다시 말해서 세계 내의 악의 현존을 완전히 없앤다는 것은 불가능하지만, 악의 현존으로 발생한 자신의 고통을 일종의 정신의 변증법을 통해서 '선의 현존'으로 변모시키는 것은 가능한 것이다. 가령 '죄로 인한 정신적인 고통과 회개를 통한 내적인 평화와 기쁨'을 가지게 되는 종교적인 삶의 '회개'는 이러한 변증법의 전형적인 공식과 같은 것이다. 고통을 피하고자 하는 인간의 본성을 감안하자면, 세상에서 원하여진 고통은 없을 것이며, 또한 누구도 지속적으로 고통을 수용하면서 살고자 할 수가 없기 때문에 만일 인간이 충분히 오래 살 수 있다고 한다면 인간은 언젠가는 죄로 파생된 고통을 극복하게 될 것이다. 즉, 인간이 무한히 오래 살 수 있다면 누구나 자신의 실존을 선으로 가득 채우고 행복한 삶을 영위할 수가 있을 것이다. 하지만 인간은 누구도 그렇게 오래 살 수가 없다. 이것이 인간이 지닌 근본적인 불행함의 조건이다. 어쨌든 인간이 악을 행하는 것도 선을 행하는 것도 그 계기는 '고통과 불행을 싫어하는 인간의 고통과 불행에 대한 태도'이다.

그런데 인간의 정신 심리학에 대한 라벨은 분석은 매우 낙관적이다. 즉, 우선적으로 현실에 대한 인간의 의식에 나타나는 것은 '덕과 행복' 혹은 '선과 행복감' 사이의 이상한 불일치이지만, 만일 자신의 의식을 깊이 관조하게 된다면, 하나의 새로운 진리를 발견하게 되는 것이다. 즉, 이러한 불일치는 '일종의 시련'일 뿐이며, 이러한 시련을 극복하기만 한다면 결국 '감각성과 원하는 것 사이의 수렴(une convergence entre la sensibilité et le vouloir)', 즉 '행복감과 선에 대한 갈망 사이의 일치'를 산출할 것이라 확신하게 되는 것이다. 즉, 그것이 누구의 것이든지, 죄의 결과로 주어지는 고통이라는 시련을 극복하기만 한다면 최후로 주어지는 결과는 '행복과 덕(선에 대한 갈망)' 사이의 일치의 감정인 것이다. 라벨은 이는 증명할 수 있는 것이 아니라, 각자가 체험을 통해 획득할 수밖에 없는 '믿음의 고유함(le propre de la foi)[*Le Mal et la Souffrance*, p. 45]'이라고 말하고 있다. 따라서 우리는 이러한 라벨의 윤리학을 '도덕 심리주의(moral psychologism)'라고 부를 수 있을 것이다.

라벨은 죄로 인해 인간이 가지게 되는 '정신적인 고뇌(la souffrance)'는 그 사람의 성숙함의 척도라고 생각하고 있다. 육체적 혹은 심리적 아픔을 의미하는 고통(la douleur)은 나의 의지와 무관하게 내가 감내하여야만 하는 필연적인 것이다. 반면 나나 타인의 불의한 일로 발생한 사회적 불행에 대한 정신적인 괴로움을 의미하는 '고뇌'는 필연적인 것이 아니라, 나의 의지에 달린 것이다. 인간은 거의 모든 사회적 개인적인 불의와 고통에 대해서 관심을 가질 수도 있고, 또 관심을 철회할 수 있다. 자기 합리화를 통해서 나의 불의한 행위마저도 정당화하면서 고뇌를 던져 버릴 수 있다. 반면 "고뇌하고 있다."라는 사태는 나에게 아직 선한 마음이 있다는 것을 의미하며, 나의 양심이 건강하다는 징표이다. '도덕적인 고뇌'를 자기 합리화를 통해서 던져 버리지 않고 "나 자신의 것으로 만든다."라는 것은 곧 '나의 윤리적인 자기 동일성'을 확보한다는 것을 의미한다. 왜냐하면 '고뇌'를 적극적으로 수용한다는 것, 나의 고유한 존재의 속성으로 만든다는 것은 곧 내가 '도덕적인 인간'이 된다는 것을 말하며, '의로운 인간'으로 되는 사태를 의미하기 때문이다. 어떤 의미에서 인간은 '고뇌'를 통해서 고차적인 행복을 가지고자 하는 것이다. 레비나스는 이러한 내적이고 고차적인 행복을 전제하지 않았기 때문에 '책임성을 가진다는 것'을 힘겨운 자유(la liberté difficile)로 규정하였다. 하지만 라벨은 이러한 '도덕적인 고뇌'만이 우리를 도덕적인 존재가 되게 하는 것이라고 말하면서 여기에는 오직 자신만이 알 수 있는 내밀한 기쁨이 있다고 말하고 있다. 라벨은 "우리는 고통 받을 때 혼자이다."라고 말하며, 또한 "도덕적인 고뇌가 한 인간을 개별적인 존재로 만든다."라는 사실을 통찰하고 있다. '고뇌'하는 자는 고독하지만, 그러나 이러한 고독이 곧 한 개인의 개별성(자아)을 형성하는 긍정적인 요소이다. '도덕적 고뇌'는 한 개인의 '윤리·도덕적인 자기 동일성'을 형성하는 계기가 된다. 왜냐하면 '도덕적'이라는 말 그 자체가 '책임성' 혹은 '옳고 그름'에 대한 자각에서 비롯한 것이며, 이러한 책임성에 대한 자각은 또한 '자기 자신의 정체성 혹은 동일성'을 가정할 때에 가능한 것이기 때문이다. 이렇게 도덕적인 고뇌를 떠안음은 곧 책임성의 윤리학을 형성하고 있다. 라벨은 이를 '자기 쇄신(rénovation de soi)[참조: *Le Mal et la Souffrance*, p. 128]'이라고 부르고 있다.

자기 쇄신이란 새로운 '자기-자신'을 계시해 주는 '자기만족(complaisance)', 즉 자신이 도덕적인 존재라는 것에 대한 행복한 정서를 낳는다. '고뇌 안에서의 이러한 자기만족은 또한 우리 자신에 대한 자기만족이다.[참조: *Le Mal et la Souffrance*, p. 103]' 우리는 여기서 '심리적인 것'과 '윤리적인 것'의 일치를 확보할 수 있다. 즉, 그것이 도덕적으로 올바른 것이기 때문에 나에게 행복한 감정, 즉 심리적 정서를 유발하는 것이다. 라벨은 이러한 심리적인 것과 윤리적인 것의 일치를 가진 자만이 진정으로 선한 자이며, 그렇지 않은 경우를 '위선(바리사이즘)'이라고 말하고 있다. 물론 라벨은 고뇌만 하고 행동을 하지 않아도 된다고 말하는 것은 아니다. 그의 사유에는 '진정한 도덕적인 고뇌'는 진정한 도덕적인 행동을 낳는다고 보고 있기 때문이다. 이를 한 문장으로 요약하면 다음과 같이 될 것이다.

> 도덕적인 고뇌(la souffrance)는 인간의 영혼의 모든 능력을 일깨워 주고 있으며, 인간의 모든 능력을 실행하도록 요청하며, 우리의 영혼의 능력이 발전하는 데 있어서 놀라운 도약을 가능하게 한다.[참조: *Le Mal et la Souffrance*, p. 89]

2-6. 존재론적 미학 혹은 신학적 미학 [179)]

예술 활동의 의미에 대한 규정들은 시대마다 다르게 나타나고 있으며, 이는 당시의 철학적 사조와 밀접하게 연관되어 있다. 고대에는 예술을 일종의 탁월한 기술 또는 산출의 원리라고 생각하였다면, 중세에는 보아서 즐거운 어떤 형태를 산출하는 행위로 보았고, 근대에 와서 헤겔은 '정신이 가진 관념적인 내용을 감각적인 표현 양식으로 나타내는 것'이라고 규정하였다. 그리고 현대의 사상가인 러스킨(Ruskin)은 '예술가의 혼을 표현하는 것으로 타인과의 대화를 하는 고차적인 문화의 형태'라고 말하기도 하였다. 물론 이러한 규정들은 시대마다 다른 여러 가지 있을 수 있으며, 우리는 예술에 대한 규정들은 철학 사상들이 존재하는 만큼 다양하게 주어질 수 있을 것이라고 말할 수 있다. 아마도 근현대에 있어서 예술에 대한 철학자들의 사유에서 공통되는 것이 있다면 그것은 아마도 예술 행위에 있어서 예술가들의 '자유'가 보다 중요하게 되었고 또한 보다 이를 요청하고 있다는 사실일 것이다.

가령 베르그송은 예술가들의 정신에 대해서 '기존의 주어진 이해들에 대해서 전혀 집착하지 않는 영혼'이라 말하였고, 메를로-퐁티 역시 화가들의 정신에 대해서 '가공되지 않은 우물에서 순진무구하게 의미를 길어 내는 것 혹은 판단해야 한다는 의무 없이 모든 것을 바라볼 권리를 가진 것'이라 말하였

---

179 이 장은 전체적으로 본인의 다음의 논문을 참조하고 요약한 것이다. 이명곤, 〈루이라벨의 '존재론적 미학' 혹은 '신학적 미학'에 대한 전망〉, 《지중해 지역 연구》, 제19권 제3호, 지중해지역원 부산외국어대학교, 2017, pp. 89~114

다. 물론 이러한 진술은 구체적인 예술가들의 구체적인 예술 활동과 무관하지 않다. 제임스 루빈은 마네의 화풍을 언급하면서 '자연의 새로운 얼굴'이라 평하였고, 세잔은 인상주의를 '자신의 감각을 형상화하는 기법'이라고, 그리고 고갱은 '자연에서 끌어낸 추상'이라 말하였다. 이러한 언급들은 기존에 인정되고 있던 '일반적이고 보편적인 원칙이나 법칙'을 벗어나 예술가들이 자유롭게 자신들의 개별적인 실존을 표현하고자 하는 예술가들의 자유를 말해주고 있는 말이다. 이러한 예술가들의 '자유'는 현대 미술에 와서 더욱 극대화된다고 볼 수 있는데, 가령 허버트 리드(참조: 《현대미술의 원리》, p. 84)는 피카소의 예술 행위에 대해 '전통과의 돌연한 단절', '객관적인 세계와의 단절', '모든 구체적인 것에 대한 사랑이 의도적으로 팽개쳐진 것'이라고 말하며, 존 버거(참조: 《피카소의 성공과 실패》, p. 29)는 또한 '하나의 그림이란 파괴들의 총계'라고 표현하고 있다.

화가의 자율성과 자유가 보다 강조될수록 객관적인 외부 세계나 대상들의 외관이 무시되고 보다 추상적이 된다는 것은 필연적인 것이며, 현대로 올수록 예술 작품들이 추상적 형식을 띠게 되었다는 것은 당연해 보인다. 하지만 이러한 추상적 미술 형식이 보다 일반화되고 보편화되면서 하나의 역설적인 상황이 발생한다는 것 또한 사실이다. 그것은 고전 예술에 있어서 '아름다움의 구현'이었던 '예술'이 더 이상 아름다움을 관심의 대상으로 삼지 않는다는 점이다. 현대 예술이 아름다움을 던져 버린 이러한 아이러니한 상황에 대해서 미학자 마르그 짐머네즈(Marc Jimenez)는 '무수한 결과와 화려한 실패[참조: *Qu'est ce que l'esthétique?*, p. 9]'라는 함축적인 말로 비판하고 있다.

루이 라벨의 미학은 이상의 현대 예술의 동향에 대한 문제 제기로 시작하고 있다. 라벨이 예술가들의 예술 활동에서 주목하고 있는 것은 근현대 회화에서 관심의 밖이었던 '심미적 체험' 혹은 보다 정확히는 '존재의 가치에 대한 직접적인 체험'으로서의 '아름다움에 대한 체험'이며, 예술 작품이란 우선적으로 '존재에 대한 미학적인 체험을 증언하는 것'으로 이해하고 있다. 이러한 미학적인 체험은 존재에 대한 가치를 심미적인 지평에서 밝혀 주는 것이며, 그 궁극적인 목적은 존재의 최상의 가치인 '영적인 가치', 즉 존재에 대한 체험을 통해서 절대자의 현존을 관상(contempler, 정관, 명상)하는 것이다. 그렇기 때문에 라벨에게 있어서 미학적인 체험을 증언하는 예술은 존재의 최고 가치를 증언하기 위한 '매개(médiation)'의 역할을 한다. 라벨에게 있어서 각각의 존재가 가진 가치는 물질적(경제적), 심미적(미학적), 도덕적(윤리적) 그리고 정신적(영적) 차원에서 다양하게 나타나며, 이들은 하나의 최고 가치인 영적인 가치에 내포된 것으로 고려된다. 따라서 아름다움이란 사물의 객관적인 속성이거나, 서술 가능한 사태가 아니라, 존재가 가진 일종의 초월적인 속성이다. 그렇기 때문에 이는 신이 우리에게 주는 선물이며, 다만 관조의 대상이 될 뿐이다. 인간은 아름다움을 산출하는 것이 아니라 존재가 가진 아름다움에 대한 미학적인 체험을 가질 수 있을 뿐이며, 체험된 것을 예술이라는 통일된 형식을 통해 구현한다. 라벨에게 있어서 예술의 창조성이란 아름다운 것이나 아름다움을 창조하는 것이 아니라, 세계 안에서 체험된 존재의 미학적 가치, 즉 체험된 아름다움을 형상화하면서 존재의 가치를 증언하는 것이다.

따라서 라벨의 시선에서는 현대 예술이 '자율성'이란 명분하에 아래 존재에 대한 심미적 혹은 미학적 가치 실현이라는 '중재'의 기능을 망각하게 되면 이는 일종의 예술의 추락을 의미하는 것이 된다. 즉, '미술은 극단적인 형태 안에서 인상주의(l'impressionnisme)는 순수한 감각주의 안에서 그리고 입체주의(le cubisme)는 순수한 지성주의 안에서 실패하고 마는 것이다.[참조: *Traité des valeurs* II, p. 305]' 라벨은 이러한 현대 예술의 일반적인 경향성을 존재의 궁극적인 가치를 실현하는 것을 방해한다는 차원에서 '악마적인 것[참조: *Traité des valeurs* II, p. 446]'이라 비판하고 있다. 현대 예술이 대중과의 소통이 단절되고 특정한 의미를 공유하는 특정 집단의 전유물처럼 전락한 것에 대해서 라벨은 '인간의 보편적인 미적 체험에 대한 고려'가 망각되었기 때문이라고 말할 것이다. 현대 예술이 무가치한 것은 아닐 것이며, 현대 예술은 현대 예술만이 가진 어떤 특수한 목적과 가치를 지니고 있을 것이다. 하지만 예술이 보다 원래의 기능이나 목적을 회복하고, 보다 보편적인 인간성의 차원에서 그 가치를 회복하기 위한 노력은 항상 필요하다. 왜냐하면 모든 존재하는 것은 그 자체 변할 수 있는 것과 변할 수 없는 것을 지니고 있으며, 이 변할 수 없는 것은 항상 인류라는 차원에서 보편성을 가지고 있는 것이기 때문이다. 미학적 체험에 대한 고려와 이를 작품을 통해 형상화하려는 노력은 예술이 가진 가장 기초적인 목적이며 이를 회복하고자 노력해야 한다는 것이 루이 라벨의 생각이다. 왜냐하면 이러한 가장 기초적인 가치 위에서 인간은 보다 더 큰 가치인 도덕적인 가치와 영적인 가치, 즉 존재의 최종적인 가치로 나아갈 수가 있기 때문이다. 따라서 우리는 이러한 그의 미학 이론 혹은 예술론에 대해서 '존재론적인 미학(l'esthétique ontologique)' 혹은 '신학적인 미학(l'esthétique théologique)'이라고 부를 수 있을 것이다.

라벨은 미학적인 가치(la valeur esthétique)를 '이해관계를 떠난(désintéressé)' 혹은 '사심 없는' 기쁨을 제공하는 것이라 말하면서, '관조(혹은 정관, contemplation)'의 질서에 속하는 것이라 말하고 있다. 미학적 가치란 예술이라는 형식으로 사물들 그 자체에 속한 존재의 '원초적인 가치', 즉 '아름다운 것'을 드러내는 것이라고 보고 있다. 도구적인 이성이 대상을 어떤 유용성이나 실용성이라는 차원에서 제단하고 규정하는 데 비해, 미학적인 가치는 이해관계를 떠나 있는 것이라는 차원에서 '진실성'을 지니고 있으며, 존재가 현존하는 '사태 그 자체'에 우리의 정서를 연관시킨다. 과학이나 다른 여타 학문이 자신들의 특수한 관점이나 지평을 통해서 대상을 고찰하므로, 보다 추상적이 되고 따라서 우리로 하여금 '구체적인 것(le concret)'과 멀어지게 하는 데 비해서 미학적인 체험은 그 직접적인 특성을 통해 우리로 하여금 '구체적인 것'과의 접촉을 가능하게 한다. 바로 이 때문에 라벨은 '추상은 미학적인 감정의 죽음[참조: *Traité des valeurs* II, p. 296]'이라고 말하고 있다. 미학적 체험이 구체적인 것에 대한 정서와 '미와 추' '부드러움과 거침' '온유함과 폭력적임' 등의 가치 판단을 동반한다는 차원에서 미학적인 체험은 정서적 가치와 지성적 가치의 종합을 형성하는 것이다. 즉, 미학적인 가치는 단순히 주관적인 정서를 표현하는 것이 아니라, 정신적인 것이라는 보편성의 지평을 동시에 포함하고 있다. 이러한 사유는 과학자들의 진리와 예술가들의 진리를 분별하게 하는데, 과학이 사유를 통해서 자연을 일종의 메커니즘(기계론)으로 환원하면서 자연(본성)을 지배하고자 하는 데 비해, 예술은 자연이 제시하는 광경(외관)에 대한 관조를 통해 자연의 내면을 통찰하고 세계를 포착하며, 이를 작품이라는 형식으로 표현(구현)하는 것이다. 라벨의 예술에 관한 생각을 한 문단으로 표현하자면 다음과 같이 될 것이다.

예술가에게 '주어진 그대로의 세계'란 예술가 자신이 스스로 부과한 목적들에 봉사하는 것이 전혀 아니다. 예술가는 주어진 세계와 교감을 하고 감탄을 하며, 자신에게 나타내 보이는 세계의 숨겨져 있던 신비로운 모습에 매료되고 이를 보이는 방식으로 '표현'하고자 하는 것이다. 바로 이러한 이유로 사람들은 예술이란 순수한 표현성에 달려 있다고 말하고 있다. 나아가 이러한 이유로 예술은 본질적으로 사심이 없는 것(désintéressé)이라고 말하는 것이다.[참조: *Traité des valeurs* II, p. 300]

사실상 예술은 과학 안에서 상실한 정감의 특질(qualité)을 다시 회복하고자 하는 것이며, 이것이 미학적 가치가 가지는 사명이다. 예술 행위는 존재의 가치를 그의 순수성 안에서 파악하고자 하는 것이며, 기존에 주어진 모든 인위적인 '환경으로부터 우리의 인식을 해방[참조: *Traité des valeurs II*, p. 302]' 시키는 것이다. 즉, 존재의 체험에서 '미학적 체험'과 '예술 행위'가 가지는 의의는 존재의 최상의 가치(영성적인 가치)를 획득하기 위한 출발점으로서의 '존재의 가치에 대한 원초적인 체험'을 제공하는 것이며, 이는 곧 존재 자체를 체험하는 첫 매개체의 역할을 하는 것이다.

2-7. 존재론, 윤리학 그리고 미학의 종합으로서의 '가치론'

라벨 철학의 존재론과 윤리학 그리고 미학이 하나의 지평에서 수렴되고 있는 것은 그의 '가치론'에서이다. 그는 생의 마지막 시기에 2부작으로 된《가치론(Traités des valeurs)》을 저술하였는데, 1권은 그가 임종하던 해에 출간되었고, 2권은 임종 후 4년이 지나서야 출간되었다. 라벨에게 있어서 형이상학적 체험이란 곧 총체적인 존재에 대한 체험이지만, 이 총체적인 존재는 '무한한 것' 혹은 '무-규정적인 것'으로 나타나기 때문에 그 자체 일종의 '부정성 (négativité)'처럼 주어진다. 따라서 가치(la valeur)란 무엇보다 먼저 '부정성'으로서의 존재가 인간의 실존의 구체적인 범주를 통해서 긍정성(posivitité)의 형식으로 주어지는 데서 발생한다. 다시 말해서 존재에 대한 체험이 인간의 정신에 의해서 '미학적', '윤리적', '이성적', '영적' 등의 다양한 범주로 긍정되는 것을 말하는 것이다. 즉, 존재에 대한 참여의 체험을 의미하는 '근원적인 형이상학적인 체험(L'expérience métaphysique originaire)'에서 이 존재에 대한 참여가 창조적이고 자기 초월적인 행위로 이루어지는 데서 존재에 대한 긍정 혹은 가치가 발생하는 것이다.

그것이 무엇이든지 가치가 있다는 것은 바랄 만한 것이며, 추구되어질 만한 것이다. 물질적인 것, 심미적인 것, 윤리적인 것 그리고 정신적인 것 등이 가치가 있다는 것은 존재를 체험하는 인간 정신의 긍정(정당성)과 동의를 통해서 일종의 존재에 대한 '획득된 긍정적 형식들'이다. 지성의 정당화가 전혀 필요 없는 그 자체 '절대적인 가치'로 나타나는 것은 오직 '절대적인 존재' 혹은 '총체적인 존재'뿐이다. 이 절대적인 존재는 모든 존재하는 것의 기저에 놓여 있으며, 모든 존재자의 가치의 근원이 되며, 또한 모든 존재자는 자신들이 가진 그 가치를 통해서 이 절대적인 존재를 증언하고 또 긍정하고 있는 것이다. '절대적 가치'에 대한 그의 사유를 한 문장으로 요약하면 다음과 같이 될 것이다.

사람들은 지성적인 가치들, 미학적인 가치들 그리고 도덕적인 가치들을 마치 인간의 영혼에게 고유한 영적인(spirituelle, 정신적인) 가치들처럼 고려한다. 이렇게 고려하면서 이러한 가치들의 고유한 특수성의 이면에 하나의 심오한 진리, 즉 절대적인 가치가 놓여 있음을 증언하는 것이다.[참조: *Traité des valeurs* II, p. 446]

가치에 대한 체험이 인간의 정신에 있어서 다양한 양상으로 나타나고 있지만 엄밀한 의미에서 진정한 가치는 단 하나의 가치인 존재의 가치라고 할 수 있으며, 단 하나의 유일한 가치가 인간의 실존의 다양성을 통해서 다양하게만 나타나는 것이다. 생각해 보자. 만일 언어가 발명되기 이전의 원시인들에게 있어서 세계에 대한 체험이란 '아!' 혹은 '와!'라는 하나의 감탄사를 유발하는 체험일 것이다. 그리고 이러한 단 하나의 감탄사를 우리는 세계에 대한 '경외의 감정'이라고 말할 수 있을 것이다. 하지만 인간의 정신이 언어를 발명한 뒤 이러한 체험은 다양한 방식으로 구체화된다. '크다', '아름답다', '웅

장하다', '고상하다', '조화롭다', '선하다', '신비하다'는 등의 구체적인 방식
으로 표현되는 것이다. 그리고 이 모든 구체적인 표현들은 볼 만한 것, 바랄
만한 것, 존재할 만한 것, 즉 '가치 있는 무엇'으로 규정되는 것이다. 하지만
이 모든 가치의 양상은 사실상 유일한 하나의 총체적인 존재가 인간의 정신
과 실존에 포착되고 체험된 '다양성'에 지나지 않는다. 그렇기 때문에 모든
가치는 사실상 단 하나의 '존재의 가치'의 인간 정신에 의한 분화라고 할 수
있다. 따라서 다양한 가치는 서로 불가분한 관계성을 가지며, 서로 상호적인
체계를 이루게 된다. 그렇기 때문에 라벨에게 모든 가치는 하나의 위계적인
등급을 형성하면서 하나의 전체적인 가치를 형성하고 있다. 가치들의 등급
에 대한 그의 사유는 다음과 같이 요약될 수 있다.

> 다양한 가치들은 하나의 위계적인 등급으로 질서를 이루고 있다. 여기서 하위
> 적인 가치들은 보다 상위적인 가치들 안에 수렴되어야 한다. 즉, 하위적 가치
> 들은 상위적 가치들로부터 자신들의 가치가 실제적인 것이 된다. 비록 각각의
> 가치가 다른 가치들과는 다른 하나의 특권적인 국면을 표현하고 있지만, 이러
> 한 가치가 실질적이기 위해서는 다른 상위적인 가치들을 요청하고 있으며, 위
> 계를 이루고 있는 각각의 가치는 마치 하나의 총체적인 가치가 실제적으로 현
> 존하는 것처럼 존재한다.[참조: *Traité des valeurs* I, Préface, p. X]

라벨은 인간에게 나타나는 다양한 가치를 통상 6개의 범주로 구분하고 있
는데, 이를 도식화하면 아래와 같다.

객관적인 국면에서	주관적인 국면에서
경제적인 가치(valeur économique)	정서적인 가치(valeur affective)
지성적인 가치(valeur intellectuelle)	미학적인 가치(valeur esthétique)
도덕적인 가치(valeur morales)	종교적인 가치(valeur religieuse)
루이 라벨이 분류하는 6가지 일반적인 가치 *《Traité des valeurs* I》, **Préface**	

사실 존재는 그 자체 하나의 '긍정적인 무한성(infinité positive)'을 지니고 있지만, 이를 체험하는 인간의 정신은 유한하고 상대적인 지평에 존재하기 때문에 필연적으로 다양한 가치의 양상(modalité)으로만 체험할 수 있다. 그리고 마치 무형, 무색의 태양 빛에 다른 모든 색채가 잠재적으로 내포되어 있듯이 이러한 다양한 가치의 양상은 '무한한 존재'의 '능력(puissance)'이 인간 지성을 통한 '현실화(acte)'라고 말할 수 있다. 가치들의 위계는 상위적 가치들에 대한 하위적 가치들의 종속을 의미하기도 한다. 플라톤과 마찬가지로 라벨은 보다 정신적인 것이 보다 상위적이며, 다른 하위적인 가치들을 포함하고 있다. 가령 물질적인 가치(경제적인 가치)가 유효하거나 의미 있기 위해서는 이것이 미학적인 가치를 유발하거나 도덕적인 가치를 유발한다는 한에서이다. 자신보다 상위적인 가치를 전혀 유발하지 못하는 물질적인 것은 그 자체를 가치의 중립이거나 가치라고 할 수 없는 것이다. 하지만 우리는 이러한 라벨의 가치의 위계를 아리스토텔레스의 '목적론'에서의 목적 계열과 혼동해서는 안 될 것이다. 왜냐하면 엄밀한 의미에서 다양한 가치란 '하나의 인간 실존'이 잠정적으로 가지는 것이며, 논리상 시간상 동시적인 것이기 때문이다. 가령 우리는 사람들이 등반가들에게 "왜 산을 오르는가?"라는 질문을 던질 때, 침묵을 하거나 아니면 "산이 그곳에 있으니 오른다."라는 무의미한 답변을 주는 것을 볼 수 있다. 사실 이러한 답변은 무의미한 답변이 아니라, 이러한 질문에 대한 정확한 답변은 모든 가치가 "산에 오른다."라는 한 가지 사태에 집약되어 있기 때문이다. 사람에 따라서는 단순히 '건강상의 이유'일 수 있고, 또 어떤 이에게는 '심미적인 이유'가 또 어떤 이에게는 '정신적인 이유' 혹은 '영적인 이유'가 있을 수도 있다. 즉, 어떤 사람에게는 산을 오르는 행위가 곧 신의 영광을 찬미하는 시간이 될 수도 있을 것이기 때문이다. 그리고 라벨에게 있어서 이러한 영적인 가치 혹은 영성적인 가치(la valeur spirituelle)는 다른 모든 가치를 잠정적으로 내포하고 있는 최상의 가치이다. 즉, 하나의 영적인 가치 아래 다른 모든 가치가 포함되어 있으며, 다른 모든 가치가 진정한 가치를 가지는 것은 바로 이 영적인 가치를 통해서이다. 역으로 라벨에게 있어서 이 영성적인 가치는 다른 모든 가치 안에 심오한 근원처럼 내재해 있는 것이다.

그래서 우리는 라벨의 철학 안에서 인간이 영성적인 삶을 가진다는 것은 자신의 삶을 완성하는 것이라고 표현할 수 있다. 그리고 라벨은 이러한 삶을 '단적으로 사랑하는 삶'이라는 말할 것이다. 자기 인생을 사랑한다는 것 혹은 세상을 사랑한다는 것, 이것은 존재가 드러나는 형식인 다양한 가치를 긍정하고 수용하며 이를 구체적인 삶 안에서 실현하는 것이다. 모든 가치의 기저에 영적인 가치가 근원처럼 내재해 있다는 이 사실은 인간은 그 어떤 가치의 범주를 통해서도 영적인 가치를 실현할 수 있음을 말해 준다. 가령 라벨은 진정한 화가는 그의 작품을 통해서 '존재의 가치'를 계시해 준다고 보고 있는데, 그 이유는 그림이란 대상이 가진 질료와 정신의 구분을 없애 버리고 이 둘 사이의 하나의 종합을 실현해 내는 것이라 보기 때문이다. 즉, 라벨에게 있어서 예술이란 사물들의 한계를 제거하면서 우리에게 '실재 자체(réalité même)'를 나타내게 하고 또 우리를 '존재 안(dans Être)'에 설립하도록 하는 것 [참조: *Les Puissances du moi*, p. 224]'이다. 따라서 영성적인 관점에서 진정한 예술 작품이란 우리로 하여금 절대적인 지평으로 인도하는 것이며, 이 절대적인 지평에서 인간의 정신은 모든 판단이나 평가를 넘어선 지점에서 대상을 순수하게 관조(contemplation)할 수 있는 것이다. 그렇기 때문에 라벨에게 있어서는 그림을 그린다는 행위는 그것이 진정한 가치를 추구한다는 한에서 영성적인 삶과 유사한 것이다. 영적인 것과 예술적인 것 사이의 관계성에 대한 라벨의 사유는 다음과 같이 요약될 수 있다.

영성적인 삶(la vie spirituelle)의 본질적인 특성은 우리로 하여금 절대 안에(dans l'absolu) 위치시킨다는 것이다. 이와 유사하게 예술은 각각의 대상에게 다른 어떤 것에도 종속시키지 않으면서 하나의 절대적인 가치(une valeur absolue)를 부여해 준다. 미학적인 정서 안에서는 각각의 대상이 일체의 다른 것과의 연관성에서 물러나 우리 자신과 일대일로 마주 보게 된다. 여기서는 어떤 목적을 위한 방법론은 배제되고 초월되며, 각각의 대상은 그 자체로 우리에게 하나의 목적이 된다. 이렇게 하여 우리는 그 대상의 순수한 현존으로부터 순수한 기쁨을 체험하게 되는 것이다.[참조: *Les Puissances du moi*, p. 224]

이처럼 라벨의 사상 안에서 가치의 감정은 인간 실존의 가장 고유한 특질처럼 나타나며, 인간의 실존이 그 자체 하나의 통일체, 하나의 총체로 나타나듯이 다양한 가치라는 것도 사실상 삶의 가치라는 단 하나의 가치의 다양한 양태에 지나지 않는다. 즉, '삶의 가치' 혹은 '존재의 가치'라는 하나의 가치가 인간 정신의 프리즘을 통해 다양한 색채를 가지고 나타나는 것이다. 이렇게 라벨에게 있어서 삶이란 곧 가치들의 총체로 나타나고, 의미 있는 삶과 가치 있는 삶은 사실상 동일한 것의 다른 표현에 지나지 않는다. 아마도 라벨에게 있어서는 가치 있는 삶을 추구하는 것이 문제가 아니라, 산다는 것이 곧 가치를 추구하는 것이며, 따라서 "나는 살고자 한다. 고로 나의 삶은 가치가 있다." 혹은 "나는 살고자 한다. 고로 나는 존재한다."라는 등식이 성립하는 것이다.

3. 《나르시스의 오류》와 현대인의 비극

3-1. 저술의 목적

1939년에 출간된 《나르시스의 오류(L'erreur de Narcisse)》는 라벨의 비교적 초기 작품에 해당하는 것이나, 어떤 관점에서는 자신의 초기 사상을 종합해 주며, 이후 사상들의 방향을 예고해 주는 책이라고 할 수 있다. 그의 사상의 기초와 핵심을 제공하고 있는 초기의 주저들로는 《감각세계에 대한 변증법(1921)》,《존재론(1928)》,《자아의식(1933)》,《행위론(1934)》,《총체적 현존(1934)》,《자아와 그 운명(1936)》 등이 있다. 《나르시스의 오류》는 이러한 초기 저작들의 사유를 바탕으로 함축적이고 시적인 방식으로 다양한 주제를 종합적으로 제시해 주고 있다. 따라서 우리는 이 책을 라벨의 초기 사상을 종합해 주고 있는 저작이라고 할 수 있다. 특히 '자아의 형성'과 관련하여 '현대인들이 가진 오류'를 지적해 주고 있다는 차원에서 다른 전문 서적들에 비해 대중적인 서적이라고 할 수 있으며, 그런 연유로 독일어, 영어, 스페인어, 이태리어, 일본어 등 라벨의 저작 중 가장 많은 외국 언어로 번역된 책이다.

라벨은 이 책에서 인생의 목적이라는 차원에서 인간이 범할 수 있는 가장 일반적이고 보편적인 오류들에 대해서 논하고 있는데, 그렇기 때문에 이 책은 이러한 오류를 지적하면서 진정한 '인간됨의 의미' 혹은 '참된 삶'에 대해서 조명해 주고 있다고 할 수 있다. 현대인이 범하는 오류를 '나르시스'라는 고대의 신화 속의 상징적인 인물을 등장시켜서 말하고 있는 이유는 고대에나 현대에나 모든 인간은 동일한 방식으로 자신의 삶에 있어서 오류를 범하고 있으며, 다른 말로는 인간이란 본성적으로 어떤 오류에 빠질 경향성을 가진고 있는 존재라는 것을 말하고 있다. 이는 역사와 시대의 흐름에도 불구하고 변치 않는 인간성의 어떤 진리를 말하고, '인류'라는 차원에서 동일한 지혜, 동일한 빛을 제공하는 일종의 '영원의 철학(Philosophia perennis)'이 있음을 말해 주는 것이다.

'인간다운 삶', '잘 사는 삶'이 문제가 될 때, 이는 이를 논하는 주체의 세계관이나 인생관에 따라 그 논의의 방향이나 결과가 달라질 수밖에 없을 것이다. 그렇기 때문에 이러한 주제에 관하여서는 '일반성'이나 '보편성'의 지평에서 논한다는 것이 매우 어렵다. 반면 잘 사는 것을 논하기 이전에, 만일 우리가 무엇이 인생에서 고뇌와 고통을 야기하는 삶의 오류인가를 묻는 '부정적인 방식' 혹은 '소극적인 방식'으로 '의미와 가치가 있는 인생'에 대해 묻게 된다면 어떤 공통된 혹은 일반적인 지평이나 범주를 가질 수 있게 된다. 왜냐하면 다양한 오류를 통해서 삶의 의미와 가치를 파괴하는 그 오류는 모두에게 동일한 방식 혹은 유사한 방식으로 나타나기 때문이다. 즉, 우리는 '인간성'은 하나이나 이 인간성을 파괴하고 상실하게 하는 것은 다양한 방식으로 나타나고 있다고 볼 수 있으며, 이 다양한 방식에서 공통적으로 야기하는 그 파괴와 상실이 무엇인지를 분석하게 된다면, 진정한 인간의 삶 혹은 행복한 인간의 삶에 대해서 일반성 혹은 보편성의 지평에서 말할 수가 있는 것이다. 《나르시스의 오류》에서 루이 라벨이 겨냥하고 있는 것이 바로 이것이다. 즉, 인생과 자아에 관해 인간이 범하고 있는 오류들을 지적하면서 결국 '참된 혹은 진정한 인간의 삶이란 어떤 것이며, 어떻게 이를 실현할 수 있는가?'를 묻고 있는 것이다.

3-2. 《나르시스의 오류》의 철학사적인 의의

칸트는 전통적인 형이상학의 주제들, 신, 세계, 영혼의 문제는 서로 반대되는 견해가 양립할 수 있는 '이율배반'이 성립하므로 철학적으로 다룰 수 없다고 주장하였다. 이후 이러한 형이상학적인 주제들은 철학적 탐구의 대상에서 멀어진 것이 사실이며, 과학적 탐구의 방식을 철학적 탐구 방법에 도입한 실증주의의 등장은 현대 철학에서 전통적인 형이상학적 주제들을 철학의 고유한 영역에서 배제시켰다. 실증주의가 주장하는 과학적 방법이란 사실 분석과 정확성이다. 하지만 철학의 과학화라는 현대의 분위기는 형이상학적 반동을 야기하였는데, 예를 들면 헨리 베르그송의 '직관주의(intuitionnisme)로서의 형이상학'은 철학의 과학화는 곧 철학의 소멸이라 강하게 비판하였다. 베르그송은 철학적 주제란 본질적으로 형이상학적인 것이며, 그는 이를 '체험의 형이상학(métaphysique de l'expérience)'으로 규정하였다. 그는 학문적 탐구의 두 가지 방식을 '분석'과 '직관'으로 분류하고 과학이 분석적 방법을 취한다면 형이상학은 직관의 방식을 취하는 것이라 보았다. 인간에 대한 진정한 앎은 이 둘 모두를 요청하며, 어느 하나만을 통해서는 인간의 실재를 파악하는 데 한계가 있음을 역설하였다. 레옹 브랑쉬빅(Léon Brunschvicg)은 이러한 형이상학적 반동에 동참하면서 '인간 정신에 대한 반성'과 '과학적인 진보' 사이에서 화해를 시도하였다.

형이상학과 과학적 진보 사이에 화해와 일치를 추구하는 이러한 학문적인 태도는 전형적인 프랑스 철학의 특징이라고 할 수 있는데, 베르그송과 브랑쉬빅은 대표적인 철학자들이다. 반면 과학주의에 대한 반동으로 전통적인 형이상학적인 주제인 '존재(Être)'의 개념을 철학적 논의의 한 중심에 다시 부활시킨 이들이 있는데, 독일에서는 '하이데거'라고 할 수 있으며, 프랑스에서는 가브리엘 마르셀, 흐네 르 센느(René Le Senne) 그리고 루이 라벨이라고 할 수 있다. 물론 이들은 존재의 개념을 통해서 인간의 '실존'을 부각시키고 있기 때문에, 이러한 존재에 대한 논의를 '실존주의 운동'의 일환으로 볼 수가 있을 것이다. "실존주의는 휴머니즘이다."라는 하이데거의 말처럼, 실존주의자들은 하나같이 인간 실존의 비-규정성과 무한성에 집중하면서 인간 존재의 의의를 무신론의 경우 무(無)를 그리고 유신론의 경우 절대자(絕對者)와 관련시키면서 인간 존재의 탐구에 있어서 과학적 방법론의 한계를 지적하고 형이상학적 지평을 부각시키고 있다. 루이 라벨 역시 유신론적인 실존주의자의 대표적인 사상가라고 할 수 있으며, 그의 형이상학의 한 중심에는 '존재'의 개념이 자리 잡고 있다. 비록 가톨릭 철학자이지만 라벨의 철학에는 그리스도교의 신앙을 전제하거나 권유하는 형식은 전혀 발견되지 않으며, 그의 사상에서 신의 존재는 [최소한 철학적 지평에서는] 마치 범신론을 연상하게 하여 총체적인 존재의 현존 혹은 범우주적인 생명처럼 고려되고 있다. 그의 사상에서 신의 현존이 중요성을 가진다면 그것은 인간이 개별적인 의식을 가지고 자기 자신을 형성하는 데 있어서 중요한 계기로 작용하고 있기 때문이다. 그렇기 때문에 라벨의 형이상학에서 우선적인 주제는 항상 '자아에 대한 추구'이며, 자아의 형성에서 가장 중요한 계기는 곧 신의 현존(총체적 존재)에 대한 정신의 참여이다.

라벨의 형이상학을 '존재의 형이상학'과 '자아의 형이상학'이라는 큰 두 범주로 구분할 수 있다면, 전자는 후자를 위한 기초 작업이라고 할 수 있을 것이다. 자아에 관하여 라벨 사상의 핵심은 자아란 '이상적인 이미지(l'image idéale)' 혹은 '이상적인 관념(le concept idéal)'이 아니라 행위(acte)라는 것이며, 이 행위는 현실적인 삶 안에서의 구체적인 사건들 속에서의 행위이다. 헤겔에게 있어서 철학이란 '사유 안에서 당 시대를 요약하는 것'이라고 한다면, 라벨에게 있어서 철학이란 삶의 행위 혹은 삶 안에서의 행위를 통해 '자아를 형성하는 것'이라고 할 수 있다. 라벨의 사상에서 '자아의 형성'과 관련하여 당시의 사람들이 범하고 있는 공통된 오류를 한마디로 요약해 주고 있는 용어가 곧 '나르시스적(narcissique)', 즉 '자기애적'이라는 것이다. 바로 이러한 '자기애적인 삶의 양식'이 인간으로 하여금 '자아의 형성'을 불가능하게 하며, 인간 본래의 사명을 왜곡하고 있다고 비판하고 있는 책이 《나르시스의 오류》이다. 따라서 이 책이 '인간 실존의 본래적인 의미'를 추구한다는 차원에서 심오하게 '휴머니즘적인 것'이라고 할 수 있으며, 20세기의 '형이상학적인 갱신'을 보여 주고 있는 작품이라고 할 수가 있다. 이 책 안에서 라벨은 인생에 대한 서사적이고 변증법적인 분석을 통해서 인간의 실존이 어떻게 절대(l'absolu)에 참여하는지를 분석하고, 우연적인 실존을 초월하는 일종의 절대적인 행위(Acte)로서의 '정신의 사명(la vocation de l'esprit)'을 밝혀 주고 있다.

라벨이 '나(le moi)' 혹은 '자아'에 대해서 말할 때, 이 '나'란 운동(mouvement)이고, 실현(devenir)이며, 빛(lumière)이며 그리고 극복된 불안(anxiété surmontée)이다. 그렇기 때문에 자아는 본질적으로 초월(transcendance)적인 것이며 또한 자유(liberté)이다. 이러한 측면에서 루이 라벨은 최소한 자아의 문제에 있어서 만큼은 소크라테스, 아우구스티누스, 토마스 아퀴나스, 키르케고르, 베르그송 등의 전통의 유산을 충실히 이어 가고 있다고 말할 수 있다.[180] 《나르시스의 오류》에서 라벨은 물속에 있는 자신의 이미지에 매료된 '나르시스'의 오류를 통해서 자기-자신이나 과거에만 시선을 고정하고 그리하여 '자아의 죽음'이라는 위협에 노출된 현대인의 어두운 모습을 상징적으로 보여 주고 있다. 이는 '나 자신인 것' 혹은 '자기 자신에게 있는 가장 내밀한 것'이란 타자와의 관계성 안에 있으며, 이 타자란 세계와 이웃들 그리고 이 세계에 내재하는 절대자(신)의 현존이다. 자기에 대한 의식 혹은 자아의식은 영혼의 자유를 회복하기 위해서 나르시스적인 자아를 극복하고 영적인 지평(l'espace spirituel)으로 나아가야 한다. 라벨이 말하고 있는 자아와 영혼의 자유에 대한 사유는 신비주의의 역사에서 지속적으로 언급되어 온 '영혼의 첨단(la fine pointe de l'âme)'을 말하는 것으로, 선택된 특수한 영혼들의 문제가 아니라 정신을 그 본질로 가진 모든 인간에게 공통되는 운명이다. 바로 이러한 차원에서 라벨의 사유는 "종교적 인간(*Homo religiosus*)이란 무엇인가?"에 답하고 있는 종교적 인간학의 전형을 순수하게 철학적인 지평에서 보여 주고 있다고 할 수 있다.

---

180 라벨은 《나르시스의 오류》 이전에 출간한 《자아와 그 운명(*La consciencde de soi et son déstin*)》에서 '자아'에 관해 고대부터 현대에 이르기까지 다양한 철학자의 사유를 분석하고 이들과 담론을 이어 가고 있다. 이러한 노력은 그의 철학적인 작업이 [최소한 자아의 문제에 있어서 만큼은] 항상 '인간성이라는 보편적인 지평'에서 시대와 장소를 초월하는 일종의 '영원의 철학(philosophia perennis)'을 지향하고 있음을 말해 주고 있다.

3-3. 《나르시스의 오류》와 '자기 동일성에 대한 질문'

《나르시스의 오류》는 각각의 개인이 자기 자신과 타인들과의 관계성 안에서 어떻게 고유한 자아를 형성할 수 있는가를 질문하면서, 일종의 '자기 동일성(l'identité de soi)'에 대한 질문을 던지고 있다. '사회적 정체성'이 본질적으로 객관적인 사회적 위치나 타인의 시선을 통해서 주어지는 것이라면, '자기 동일성에 대한 감정'은 본질적으로 내적인 것이고 타인의 시선은 통찰할 수 없는 내밀한 나만의 것이며 일종의 '숨겨진 총체적인 자기 정체성'이라고 할 수 있다. 이러한 자기 동일성은 "나는 어떤 사람인가?", "나의 존재 이유나 의미는 무엇인가?" 하는 질문들에 대해 답할 수 있는 것이며, 나의 삶의 제 가치에 대한 의식을 전제하는 것이다. 이러한 자기 동일성에 대한 감정은 자신의 존재에 대한 가치의 감정, 즉 한마디로 '존재감'을 형성해 주는 것으로, 의미 있는 삶을 살아가는 데 있어서 필수적인 것이다. '나르시스의 오류'는 이러한 자기 동일성을 가지는 데 있어서 수려한 자신의 외모만으로 충분하다고 생각한 데에 있다. 자신이 자기 동일성에 대한 갈증을 느낄 때마다 나르시스는 연못으로 달려가고 연못 속에 비친 자신의 '아름다운 이미지'를 확인하고는 만족하였다. 하지만 인간은 본질적으로 정신적인 존재라는 이유로 이러한 외모의 자기-자신, 즉 외적이고 감성적인 지평에 있는 자기-자신만으로는 결코 만족하지 못하는 존재이다. 나르시스의 오류는 정신적인 존재로서의 자신에 대해서 자각하지 못하고 연못 속에 비치는 자신의 아름답고 이상적인 이미지로 이를 대신하고자 한 것에 있다. 이것이 나르시스가 범한 가장 근원적인 오류이다. 첫 단추가 잘못 끼워질 때 나머지 모든 단추가 잘못 끼워지듯이 이러한 근원적인 오류는 이후 자아를 왜곡하는 모든 오류를 연이어 발생하게 하는 것이다.

나르시스의 오류를 통해서 라벨이 말하고 있는 '자기 동일성'에 대한 추구는 본질적으로 정신의 행위, 즉 자기 자신에 대한 그리고 타인에 대한 관계성이라는 정신적인 행위를 전제하는 것이다. 다시 말해서 "나는 나를 어떤 사람이라고 여기는가?" 나는 "타인에 대해 어떠한 사람인가?"라는 자신과 타인에 대한 관계성을 질문하는 것에서 주어지는 것이다. 라벨은 이러한 질문이 곧 '정신의 삶(la vie de l'esprit)'이라고 규정하고 있다. 따라서 자기 동일성에 대한 추구에 있어서 가장 중요한 것은 '자기-자신과의 관계'와 '타인과의 관계'를 통해서 '어떤 구체적인 사람이 된다는 것'에 있다. 라벨은 이러한 논의를 통해 존재(l'être)에 관한 두 가지 성찰을 제기하고 있다. 하나는 타자와 관계하는 자신의 존재이며, 다른 하나는 나 자신의 미래에 관련된 나 자신과 관계하는 존재이다. 그는 "타인들에 대해 내가 지니고 있는 앎은 내가 나 자신에 대해서 지니고 있는 앎보다 나은 것이다."라고 말하고 있다. 따라서 자기-자신에 대한 앎의 추구에서 그 주체는 '나와 타인' 모두가 된다. '나'라는 말이 의미가 있으려면 '너'라는 대립하는 타자가 존재해야 한다. 만일 '너'라고 말할 수 있는 타자가 전혀 없다면 '나 자신'이라는 말도 무의미하다. 이러한 사유는 일종의 '상호 주관성(inter-subjectivité)'을 말하고 있다. 한 개인의 자아는 다양한 정체성을 가질 수 있다. '생물학적 자아', '가족적 자아', '민족적 자아', '사회적 자아', '정치적 자아', '종교적 자아' 등 무수한 자기 정체성을 생각해 볼 수 있다. 이렇게 '나'라는 존재는 무수한 지평을 공유하고 규정할 수 있는 범주가 거의 무한하다고 해도, 이러한 '나의 존재'가 의미 있는 무엇으로 다가오기 위해서는 이를 바라보고 인정해 주는 '너'를 전제하여야 한다. 나 자신이 가진 가능성으로서의 무수한 '정체성' 중 어느 하나가 나에게 의미 있는 것으로 다가오는 것은 바로 나와 관계하는 상대방이 누구인가에 달려 있다. 그것이 자연이든, 사람이든, 신이든 인간은 자신의 정체성에 의미를 가지게 하는 '너'와의 관계성을 통해서 '자기-자신'을 가질 수 있으며, 이러한 관계성은 상호적인 것이다. 하지만 나르시스에게는 이렇게 자기의식을 가져다줄 '너와의 관계성'이 결여되어 있다. '자기-자신'에 대한 사랑에 매몰되어 세계와 타자로부터 단절되어 더 이상 의미 있는 '자기-자신'을 가질 수 없게 되자 나르시스의 의식은 마비되어 버리고, 더 이상 살아갈 힘이 상실하고 만 것이다. 아마도 보다 문학적으로 표현하자면 나르시스는 과도한 자기-자신에 대한 사랑에 매몰되어 자기-자신에 대한 극도의 피로함에 지쳐 버린 사람이라고 할 수 있을 것이다.

라벨이 말하는 '자기의식(la conscience de soi)'은 거울 속에 비친 자신의 이미지를 인지하는 것에서 주어지는 것이 아니라, 자신과의 대화, 세계와의 대화

그리고 신과의 대화를 통해서 지속적으로 자신을 형성하는 창조적인 행위에서 주어지는 것이다. 그는 이러한 자아의 형성을 '창조의 행위를 의미하는 영원한 행위에 대한 참여(la participation à un acte éternel, celui de la Création)'라고 규정하고 있다. 따라서 자아의 형성에서 유일하게 문제가 되고 있는 것은 '내적이고 고차적인 규범에 대한 해석이나 추상적인 법칙들의 산출'이 아니라, 자신의 개별적이고 사회적인 삶을 통해서 야기된 '삶에 대한 지혜(la sagesse de vie)'를 획득하는 것이며, 이러한 지혜는 '영원한 진리들(les vérités éternelles)'로부터 획득되어야 한다. 즉, 자아가 관계성에서 주어지는 것이라고 할 때, 자아가 본래적이고 최종적인 것으로 나타나는 것은 곧 총체적인 존재 혹은 절대자와의 관계성을 통해서이다. 따라서 자기의식은 중단 없이 형성되고 새롭게 밝혀져야 하며, 보다 깊어져야 하고, 진정한 자신이 아닌 일체의 허상이나 가식 그리고 거짓 영광으로부터 물러나 지속적으로 '마음의 순수성(la pureté du coeur)' 혹은 '정신의 성실성(la sincerté de l'esprit)'을 회복하고자 하는 정신적이고 내적인 노력을 요하는 것이다. 이러한 자유로운 정신의 노력이야말로 '진정한 자유'가 의미하는 것이요, 이러한 정신의 노력이 배제된 것은 곧 철학적으로 말해 가장 근원적인 오류 혹은 죄, 즉 자아에 무관심한 '정신의 나태함'의 죄인 것이다. 마음의 성실성 혹은 정신의 성실성은 오직 하나이지만 이러한 성실성을 교묘하게 회피하거나 파괴하는 것은 다양한 방식으로 주어질 수 있다. 현대 사회의 삶의 양상은 그 어느 때보다도 이러한 '자아 상실'의 위협이 다양하게 주어지고, 인간의 정신은 그 어느 때보다도 이러한 오류에 노출되어 있다는 것을 라벨이 《나르시스의 오류》를 통해 지적하고 있다.

Lavelle Louis, *La Dialectique du monde sensible*, Paris, Les Belles Lettres, 1922.

Lavelle Louis, *La conscience de soi*, Paris, Paris, Grasset, 1933.

Lavelle Louis, *La Présence Totale*, Paris, Aubier, 1934.

Lavelle Louis, *Le mal et la souffrance*, Paris, Plon, 1940.

Lavelle Louis, *De L'Être*, Paris, Aubier, 1947.

Lavelle Louis, *Les Puissances du moi*, Paris, Flammarion, 1948.

Lavelle Louis, *Traité des valeurs* I, Paris, PUF, 1951.

Lavelle Louis, *Traité des valeurs* II, Paris, PUF, 1955.

Lavelle Louis, *De l'Acte, Paris*, Broché, 1992.

Lavelle Louis, *L'erreur de Narcisse*, Paris, Table Ronde, 2003.

Bergson H., *Le Rire*, Paris, Alcan, 1924.

Brunschvicg Léon , *Introduction à la vie de l'esprit*, Paris, Alcan, 1920.

Hamelin Octave, *Essai sur les éléments principaux de la représentation*, thèse présentée à la Faculté des lettres de l'Université de Paris, 1907.

Jimenez Marc, *Qu'est-ce que l'esthétique?*, Paris, Gallimard, 1997.

모리스 메를로-퐁티, 《눈과 마음》, 김정아 옮김, 마음산책, 2008, 32쪽.

존 버거, 《피카소의 성공과 실패》, 김윤수 역, 서울, 미진사, 1984.

허버트 리드, 《현대미술의 원리》, 김윤수 역, 열화당, 1996.